本书受贵州师范大学博士科研启动项目（社科博〔2014〕13号）和贵州师范大学马克思主义学院建设项目（215/0919001）资助

现代性论域中的社会自我批判

基于马克思批判思想的研究

吕敬美 著

中国社会科学出版社

图书在版编目(CIP)数据

现代性论域中的社会自我批判：基于马克思批判思想的研究／吕敬美著．
—北京：中国社会科学出版社，2023.6
ISBN 978-7-5227-2121-7

Ⅰ.①现… Ⅱ.①吕… Ⅲ.①社会批判论 Ⅳ.①C91

中国国家版本馆 CIP 数据核字（2023）第 112751 号

出 版 人	赵剑英
责任编辑	田　文
责任校对	杨莎莎
责任印制	王　超

出　　版	中国社会科学出版社
社　　址	北京鼓楼西大街甲 158 号
邮　　编	100720
网　　址	http://www.csspw.cn
发 行 部	010-84083685
门 市 部	010-84029450
经　　销	新华书店及其他书店

印　　刷	北京君升印刷有限公司
装　　订	廊坊市广阳区广增装订厂
版　　次	2023 年 6 月第 1 版
印　　次	2023 年 6 月第 1 次印刷

开　　本	710×1000　1/16
印　　张	16
插　　页	2
字　　数	238 千字
定　　价	85.00 元

凡购买中国社会科学出版社图书，如有质量问题请与本社营销中心联系调换
电话：010-84083683
版权所有　侵权必究

序　言

陈新汉

吕敬美博士要我为他即将出版的以博士学位论文为基础的著作《现代性论域中的社会自我批判——基于马克思批判思想的研究》写序言，我欣然同意。我门下的学生要我为他们以博士学位论文为基础出版的著作写序，我把此看成是我作为导师的题中应有之义，并且感到很愉悦。我在大学教书生涯中，共指导过50多名硕士和博士研究生，为数不多的学生在我门下读完了硕士又读了博士，敬美是其中的一位，并且是我印象相当深刻的一位。在我指导硕士和博士学位论文的印象中，一些优秀学生的学位论文都不需要我花费很大精力予以指导，我对于敬美硕士和博士学位论文指导的印象就是如此。记得当时敬美的博士学位论文初稿递交给我看时，眼睛似乎一亮，尽管我还是认真地提了不少修改意见。我把敬美的博士学位论文请复旦大学哲学学院邹诗鹏教授审阅并参加毕业论文答辩，目的是想让他能指导敬美在他门下继续做博士后研究，后来敬美如愿以偿。我有两位学生的博士学位论文入选"上海市马克思主义理论学科研究生人才培养登峰计划"（我们学院迄今为止一共只有五篇），敬美的论文是其中的一篇，该论文也是2015年入选该计划的四篇博士学位论文之一。

学生的学位论文选题很重要，我的原则是在所属学科的范围内，把导师的研究课题方向与学生的学术兴趣结合起来，如此导师对学生的论文指导就会有质量，学生就能在导师的肩膀上看得更远。我对社会自我批判的思考在21世纪初就开始了，当时读马克思的《〈政治经济学批判〉导言》，印象尤其深刻的是"人体解剖是猴体解剖的一把钥匙"，"资产阶级经济学只有在资产阶级社会的自我批判已经开始时，才能理解封建的、古代的和东方的经济"。绝大多数学者都把"人体解剖"命题理解为认识前资本主义社会的方法论即"不理解现在，就不能理解过去"。这样的理解当然是对的，但仔细分析马克思这两个命题前后的阐述文字，其中所蕴含的社会自我批判思想就凸显了，这是马克思的一个十分重要的思想。为此，经过十多年的研究，我的近40万字的《社会自我批判论》于2021年年底出版。敬美在其学位论文中把从传统性社会到现代性社会的转型即中国现代性建构与现实形态的社会自我批判结合起来，从而使对社会自我批判的理解有了新的深度。

我认为，敬美在论文中的创新至少有以下几点：首先，把社会自我批判理解为一种观念活动，其"有机形式"与意识形态相联系，其"无机形式"与社会心理相联系，二者的共同作用"集中表现为意识形态和社会心理的张力"。其次，基于社会与个人的关系，把社会自我批判与三条进路的分析联系起来，即个人主义进路、整体主义进路和社会主义进路，"后一进路主张'每个人的自由发展是一切人的自由发展的条件'，因而是对前两条进路的超越"。最后，也是最重要的，把社会自我批判与在中国现代性建构过程中的当代中国社会主义改革联系起来。体现为社会自我批判的社会主义改革的一个重要理论贡献，就是确立了社会主义在人类历史上的地位。根据马克思的社会发展"三形态说"和邓小平的当代中国的社会主义"改革是第二次革命"思想，对于跨越"卡夫丁峡谷"后的社会主义的重新认识是，社会主义的建立就在于"避免遭受资本主义制度所带来的一切极端不幸的灾难"，然而不能跨越"以物的依赖性为基础的人的独立性"的社会形态，即不能跨越处于社会发展第二阶段的以商品经济为基础的社会形态。论文着重研究了与社会经济基础改革相联系的"完善市场经济以培育市民社会"，并由此拓展，在社会细胞层面上通过社会自我批判"深化启蒙以促进个体自我觉醒"的问题，在社会上层建构层面上通过社会自我批判以"迈向政治现代性"的问题。由此论文构建了一个体现社会自我批判的现代性建构的理论模型。还值得一提的是，论文在"结语"中提出了社会自我批判的限度，"批判的武器"必须落实到"武器的批判"，作为"武器的批判"所指向的社会理想不是一蹴而就的，其实现要经过极其漫长的历史过程，因此作为社会理想的"共产主义"就不是当前应当确立的状况，而是"消灭现存状况的现实的运动"。这就能解释为什么作为社会自我批判的社会主义改革是一个现成目标的十分艰苦的探索过程。

恩格斯说，拨开意识形态的繁芜丛杂就会发现，"历史进程是受内在的一般规律支配的"。在价值世界构建所形成的历史进程中，作为实践在社会意识中历史积淀的人文精神的展开，使得历史进程在主体意识的不断凸显中由必然王国向自由王国转化，就成为历史总趋势中的"内在的一般规律"。黑格尔说，"历史上这一个向前进展的'精神'，是一切个人内在的灵魂"。人文精神作为"一切个人内在的灵魂"，必然会使价值世界构建活动的主体"感受着他们内在的'精神'不可抗拒的力量"，从而对价值世界的构建活动发生作用。在历史进程顺利进行时，它会以较为平和的方式发生作用；在历史进程产生危机时，它会以较为激烈的方式发生作用。在传统性社会向现代性社会转型中所体现出来的社会自我批判，必然体现作为"内在的一般规律"的人文精神，也就是说，人文精神以社会自我批判的方式在社会进程中发生作用。把人文精神与社会自我批判联系起来，就有可能使现代性论域中的社会自我批判进入到新的深度。

目　录

导论　何种社会自我批判？谁之现代性？ …………………… (1)
　一　研究缘起：对当代中国社会向何处去的追索 …………… (2)
　二　研究对象：社会自我批判与现代性的内在关联 ………… (5)
　三　研究现状 …………………………………………………… (8)
　　（一）现代性的研究现状 …………………………………… (8)
　　（二）社会自我批判的研究现状 …………………………… (13)
　四　研究方法 …………………………………………………… (15)
　五　研究难点 …………………………………………………… (17)

第一章　马克思批判思想及其出场语境 ……………………… (20)
　一　马克思批判思想的特质所在 ……………………………… (20)
　　（一）马克思批判思想的理论渊源 ………………………… (21)
　　（二）马克思批判思想的逻辑进路 ………………………… (26)
　二　从社会自我批判角度重释马克思批判思想 ……………… (34)
　　（一）马克思社会自我批判思想的提出 …………………… (35)
　　（二）马克思社会自我批判思想的体现 …………………… (38)
　　（三）马克思社会自我批判思想的特点 …………………… (44)
　三　马克思批判思想的现代性语境 …………………………… (49)
　　（一）西欧现代性的历史生成 ……………………………… (49)
　　（二）马克思对西欧现代性的回应 ………………………… (56)
　　（三）以马克思批判思想推进中国现代性建构 …………… (61)

第二章　社会自我批判的内涵与机制 (67)
一　社会自我批判的主要内涵 (67)
（一）从意识到自我意识 (68)
（二）从自我意识到社会自我意识 (71)
（三）从社会自我意识到社会自我批判 (75)
（四）社会自我批判所直面的核心问题 (80)
二　社会自我批判的特定条件 (83)
（一）社会自我批判的主体及其条件 (83)
（二）社会自我批判的客体及其条件 (92)
三　社会自我批判的两种方式 (97)
（一）有机方式及其意识形态表现 (98)
（二）无机方式及其社会心理表现 (102)
（三）意识形态与社会心理之间的相互作用 (107)
四　社会自我批判的其他机制 (112)
（一）社会自我批判的参照系统 (112)
（二）社会自我批判的两个向度 (118)

第三章　社会自我批判的三条进路 (127)
一　社会自我批判的个人主义进路 (127)
（一）发现个体自我 (127)
（二）原子个人及其发展 (133)
（三）个人主义及其局限 (138)
二　社会自我批判的整体主义进路 (146)
（一）强化国家理性 (146)
（二）民族国家及其兴起 (151)
（三）整体主义及其困境 (156)
三　社会自我批判的社会主义进路 (161)
（一）超越抽象社会 (161)
（二）从现实的个人出发 (165)

（三）社会与国家的关系 …………………………………（170）

第四章　社会自我批判对中国现代性建构的意义 …………（176）
　一　百年现代化进程对中国现代性的求索 …………………（176）
　　（一）寻找民族国家：现代性的奠基 …………………（176）
　　（二）转入社会主义：现代性的选择 …………………（181）
　　（三）思入现代化深处：现代性的建构 ………………（187）
　二　社会自我批判的当代吁求 ………………………………（192）
　　（一）深化启蒙以促进个体自我觉醒 …………………（192）
　　（二）完善市场经济以培育市民社会 …………………（200）
　　（三）通过体制改革迈向政治现代性 …………………（208）

结语　社会自我批判的缘起、进路及限度 ………………（214）

主要参考文献 ……………………………………………………（219）

后　记 ……………………………………………………………（240）

导论　何种社会自我批判？
谁之现代性？

迄今为止，在我并不漫长的读书生涯中，对很多问题的追索使我跨学科地进行了大范围阅读。一度，"我无法变得谦虚谨慎，我心里有太多的东西在燃烧；旧的解决问题的办法不再管用；新的方法尚未找到。因此，我开始同时四面出击，仿佛自己还能活上一百年似的"①。尽管如此，仍然没有任何理论框架能够解释我所看到的和经历过的那种充满生机而又异常嘈杂的混乱，即真实现实。换句话说，这些令人目眩的复杂多元的真实现实②似乎根本无法用任何单一的理论框架来加以解释。可以确定的是，改革开放和现代化建设以来，这些真实现实一定意义上反映了当代中国社会的去向。而回答当代中国社会向何处去的问题，就涉及我们的研究主题，即现代性论域中的社会自我批判。

---

① 英国作家埃利亚斯·卡内蒂语，转引自［美］苏珊·桑塔格《在土星的标志下》，姚君伟译，上海译文出版社2006年版，第177页。

② 赵汀阳说："当下中国这个现代社会是一个尤其难以理解的社会，是一种难以置信的组合，它有着从接近远古的社会、传统社会到发达的现代社会的各种生活和生产方式，有着从前现代、现代到极端后现代的精神和观念；有着古代的各种权术和现代的各种骗术，有着从自信到自卑、开放到保守、自由与专制、贵族和民主、和平与暴力、迂腐和变态、无耻和面子、麻木和过敏、巫术迷信和信仰迷信，还有极度愚昧和极度智慧等等各种心理或精神的几乎所有版本，有着从马车到internet、从油条到可口可乐、从秘方到伟哥、从气功到洲际导弹的各种时代物质；有着穷到连一只碗都没有的家庭，有着由于村长和会计出外当民工而导致再无一人识字的村庄，有着五星饭店林立的都市和挤满后现代艺术家的酒吧或聚集'新人类'的网吧，有着不知道周末应该去非洲打猎还是去加勒比海钓鱼的大佬；甚至，中国人比美国人更关心伊拉克、南斯拉夫和爱尔兰问题，德里达、哈贝马斯和布尔迪厄在中国比在西方更有名，如此等等。"参见赵汀阳主编《现代性与中国》，广东教育出版社2000年版，前言，第2页。

一 研究缘起：对当代中国社会向何处去的追索

自 1840 年鸦片战争以来，中国遭遇三千年未有之大变局。面临着内忧外患，无数仁人志士以自己的方式寻找着近代中国社会①向何处去的答案。必须注意的是，正是这种内忧外患使得传统的"天下"观念开始裂变，而实体意义上的中华帝国也慢慢为近代意义上的民族国家所代替。要而言之，对近代中国社会向何处去这个问题的追索正是寻找民族国家的过程，它是中国现代化（modernization）过程的一部分。

尽管近代中国社会的现代化过程有其自主性，但是也难掩费正清所谓"冲击—回应说"的痕迹。换句话说，中国的现代化进程并不是内源自生型而是外源植入型的。当然，这个过程充满着双重裂痕：它既显示为古今（传统与现代）之争，也显示为中西之争。②跟世界各民族的现代化运动一样，中国近代社会的百年现代化进程含有两大现代性价值目标：其一，个体自我的觉醒；其二，民族国家的建立。毋庸置疑，近代中国社会正是围绕着这两大价值目标而展开对现代化的追寻的。这种追寻遵循着从器物到制度、再深入到文化观念的过程。

在现代化进程之中，如果说个体自我的觉醒指向启蒙，那么民族国家的确立则指向救亡。诚如李泽厚所说，近代中国社会上演了"启蒙与救亡的双重变奏"，但相较而言，其主调是"救亡压倒启蒙"③。救亡指向的是民族国家的确立。而中国的马克思主义者把马克思主义的普遍真理和中国的具体实践结合起来，通过民族革命而建立了近代意义上的民族国家。在完成了民族国家的确立后，个体自我的觉醒无疑成为马克思

---

① 为了明确起见，虽然西文中 modern 可以译为"现代"或者"近代"，但是本书所谓的近代以 1840 年鸦片战争为起点，以 1949 年中华人民共和国的成立为终点。而 1949 年中华人民共和国的成立以降，乃是指现当代。

② 刘小枫：《现代性社会理论绪论——现代性与现代中国》，上海三联书店 1998 年版，第 2 页。

③ 李泽厚：《中国现代思想史论》，生活·读书·新知三联书店 2008 年版，第 21—38 页。

主义中国化的时代担当。毕竟在马克思那里，个人的自由而全面发展与社会的繁荣进步乃是不可偏废的，他甚至认为"每个人的自由发展是一切人的自由发展的条件"①。

值得注意的是，中国现代化实践的深入发展，积累并不断暴露出许多深层次问题，比如资源消耗、贪污腐败、贫富差距等。毋庸置疑，曾经"四个现代化"的提法作为中国经济社会发展的指导理念，为中国带来了举世瞩目的变化。虽然"四个现代化"的提法在一定历史阶段显示出其进步性，但是随着社会的发展，这种提法已显得狭隘。尤其是在现代化建设之中，经济建设起着根本的作用，而政治生活的现代化显得十分滞后。这就要求我们，继续深化体制改革，尤其是经济体制改革基础上的政治体制改革。当然，"中国式现代化"②还不止这些，它既要保持自己的特殊性，又要吸纳现代化的普遍性；它既要解决自身现代化过程中所暴露的问题，又要直面全球现代化所带来的困境。

众所周知，现代化始于西欧，但它造成的影响却是世界性的，以至很多国家争相追求现代化。当今时代，全球化浪潮（包括作为去全球化、逆全球化表现的全球化运动）的席卷给地区发展和民族国家的崛起带来了机遇和挑战。毋庸讳言，一方面，在欧洲文明的冲击下，出现了少数的排斥和反抗；另一方面，现代化在充分展现自己积极的一面时，也不可避免地包含内在的冲突和风险性后果。当前，一系列全球性问题的出现，如生态危机、文明冲突、贫富差距、恐怖袭击等给21世纪人类生存和发展蒙上了深厚的阴影。这些困境，反映了人类文明既有发展理念和道路的危机。那么，当代中国社会向何处去？尤其是在苏东剧变后，究竟是不是像福山所说的"历史终结"③了？实质而言，要回答后一个问题还是关系到前一个更为根本的问题。

---

① 《马克思恩格斯选集》第1卷，人民出版社1995年版，第294页。

② 邓小平同志曾经在1979年会见日本首相大平正芳时有"中国式的四个现代化"的提法（《邓小平文选》第2卷，人民出版社1994年版，第237页），这里为照顾到现代化的整体性，我们取"中国式现代化"一说。

③ ［美］弗朗西斯·福山：《历史的终结及最后之人》，黄胜强、许铭原译，中国社会科学出版社2008年版。

当代中国社会向何处去这个问题不断拷问国人（尤其是中国学人），从而激活了国人的社会意识，增强了国人的社会批判意识。其中，个人对社会的批判是社会总体的自我批判（简称社会自我批判）的现实形式。而且，只有在特定条件下的现实个人对社会所展开的批判取得一定程度上的普遍性效应时，社会自我批判才能发生。此处的社会自我批判当然是观念形态的，它指导和促进着现实形态的社会自我批判（即中国式现代化）。换句话说，观念形态的社会自我批判实质是服务于现实形态的社会自我批判、社会自我发展和社会自我超越的。像现代化一样，社会自我批判包含着一种社会不断地改造自身、不断地发展自身、不断地超越自身的内在要求。当然，对于一个民族而言，只有通过自我洞察才可能进一步自我超越。[1]

赵汀阳说："马克思主义就是现代社会自我批判的一个重要范式。"[2]因此，立足于当下中国的现实，从文本阐释的角度回溯马克思关于社会自我批判的思想，对于研究社会自我批判的主要内涵、一般机制、具体进路无疑具有重要启示，对分析中国现代化进程之中的社会自我批判也有深远意义。需要注意的是，任何研究都是在一定思想的因缘背景中展开的。如果说以上问题潜藏了许久并直接引发了本研究的话，那么对马克思经典著作的阅读则促进了我对问题的追索。尤其值得一提的是，在此过程中陈新汉教授从评价论视域对马克思社会自我批判思想的发掘也激发了我的思考。

正是以上所有的因素达成了一种视域融合。当然，任何视域融合都是建立在一定的问题式（problematic）[3]之上的。所谓问题式是指思考者提出问题时自觉不自觉地使用的概念架构。路易·阿尔都塞曾经谈到青

---

[1] 石元康：《从中国文化到现代性：典范转移?》，生活·读书·新知三联书店2000年版，第35—36页。

[2] 赵汀阳：《长话短说》，东方出版社2001年版，第136页。

[3] 也译为"总问题""问题结构""问题构架""问题设定"等。笔者取张一兵的译法，即"问题式"。参见张一兵《问题式、症候阅读与意识形态》，中央编译出版社2003年版，第24—25页。

年马克思时说，他的哲学问题式在本质上也是费尔巴哈的问题式。① 平心而论，我的问题式就来源于以上的因缘背景。不过，其中最为主要的源泉，乃是最初看来漫无边际但实则具有针对性的阅读。

二 研究对象：社会自我批判与现代性的内在关联

对于国人来说，"现代化"可谓耳熟能详了，但是"现代性（modernity）"却更多是一部分学人笔下口中的概念术语。实质而言，现代性与现代化无论从字面上还是实质上都纠缠在一起。如果说把现代性社会理解为现代化的目标，那么现代化则可把握为不断获取现代性、构建现代性社会的过程。换句话说，现代性是现代化的主导性价值理念，现代化是现代性的现实性展开过程。明白这一点，对深入思考现代化大有裨益。

不难发现，国内学界普遍将当代中国问题表述为中国的社会转型（Social Transformation）问题，进而认为社会转型就是从传统到现代的转换。不过，所谓"社会转型就是从传统到现代的转换"这种说法有失笼统，如果说它对"什么是现代社会"语焉不详的话，那么它对"社会转型是向何处转以及如何转"则付诸阙如了。鉴于概念的明确与清楚，社会转型最好表述为如下：从一个前现代性（传统性或者称之为古典性）社会转变为一个现代性社会。因为现代性作为一种社会发展状态的规定，它规定了中国社会转型的目的、目标和任务。②

诚然，研究社会转型就跟现代化及其理论联系在一起。不过，把中国现代化简单地理解为科学技术的发展、传统农业社会向现代工业社会的转变，是很不够的。毋庸讳言，中国改革开放四十多年所取得的成就

---

① ［法］路易·阿尔都塞：《保卫马克思》，顾良译，商务印书馆2010年版，第53—58页。
② 吕敬美、韦岚：《社会转型：现代化还是现代性——当代中国"社会转型"问题述评》，《山西师大学报》（社会科学版）2013年第6期。

集中表现为"四个现代化",它为中国现代性建构准备了充分的物质基础。然而,这只是现代性的表层内容,在金耀基看来,"中国的现代化旨在建立一个中国的现代性,惟中国现代性之建构不仅是国家之富强,中国现代性之建构,讲到底,是在求建立一个中国的现代文明秩序。"①究其实质,现代性在最广义的尺度上可划分为精神性维度和制度性维度,其中精神性维度具体表现为:个体的主体性与自我意识、理性化和契约化的公共文化精神和意识形态化的社会历史叙事;制度性维度具体表现为经济运行的理性化、行政管理的科层化、公共领域的自律化和公共权力的民主化和契约化。②

谈中国现代性建构,需要明白现代性最早作为西欧现代社会(地方性)的规定性,自有其普遍性。对于这样的现代性,马克思无疑是其激烈的批判者。虽然他并没有使用过"现代性"这一概念,但是作为现代性的产儿,他对启蒙运动以来的现代性思想家(包括黑格尔、青年黑格尔派等在内)进行了彻底的批判。而且,他对现代社会的资本主义表现有着深刻洞察,其中蕴含着对现代性的彻底批判。只不过,在马克思那里,现代性并非某一领域、某一方面的碎片化问题,而是一个关于现代社会的总体性问题。一言以蔽之,现代性乃是马克思批判思想的出场语境。

毋庸讳言,中国正置身于现代化进程之中,现代性不可避免。换句话说,对现代性问题的深入关注是与中国现代化实践进程的不断加快以及这一进程所引发的一系列问题密切联系的。不过,当前的问题并非要不要现代性,而是要何种现代性。或者更进一步,要自觉地发问:是谁之现代性?这里必须明确:对于中国来说,现代性观念需要重写。在利奥塔那里,重写现代性集中体现为以下两层意思:其一,"回归起点",即在发生学上对现代性的整个生成过程重新加以审视;其二,"深度加工",即对于先前事件及其意义建构所遮蔽的东西加以系统发

---

① 金耀基:《从传统到现代》,法律出版社2010年版,增订版序,第4页。
② 衣俊卿:《现代性的维度及其当代命运》,《中国社会科学》2004年第4期;衣俊卿:《现代性的维度》,黑龙江大学出版社2011年版。

掘和深入思考。① 这两点都是不可偏废的，我们必须重视之。

虽然现代性研究在当今中国可谓方兴未艾，但是现代性本身作为一种社会事实和观念事实在西欧社会并不新鲜。因此，通过追溯西欧现代性的历史生成以进一步研究中国现代性，这是情理之中的。原因在于，中国现代性并非与西欧现代性决然不同，尽管前者有其历史具体性。总的来说，带着中国问题进入西方问题乃是为了再返回中国问题。而中国问题的关键就是中国现代性的建构。

必须明确的是，其一，我们把现代性而不是现代化作为研究视角的主要原因在于以下两方面：一方面，自中国现代化以来，即从传统社会向现代社会的转化（正是社会转型）以来，自身现代性的问题也提上议事日程；另一方面，虽然当代中国集前现代性、现代性与后现代性于一身，但总的来说，作为一种主导性文化理念和精神价值，现代性在中国境遇中尚未全方位地渗透到社会运行机制和个体现实生存中。因此，中国现代性建构需要继续深化，而关于现代性及其中国命运的研究就尤为迫切。

其二，"当代中国向何处去"的社会转型问题，究其实质是中国现代性建构的问题。② 而本质上，中国现代性建构就是中国社会的自我发展、自我超越，亦即现实形态的社会自我批判。显然，这里已经揭示出现代性与社会自我批判的内在关联。正是基于此，如果说社会自我批判是我们的研究对象，那么现代性（尤其是中国现代性）本身不仅是研究视野，也是研究对象。当然，我们的主要研究对象是社会自我批判。因此，我们的主要任务在于，沉入马克思的经典著作，从历史唯物主义的观点出发来重释社会自我批判思想，进而去研究社会自我批判的本质规定、一般机制和具体进路，并揭示其当代价值，也即对中国现代性的意义。

---

① 汪民安、陈永国、张云鹏主编：《现代性：基本读本》上册，河南大学出版社2005年版，第140页。
② 吕敬美、韦岚：《社会转型：现代化还是现代性——当代中国"社会转型"问题述评》，《山西师大学报》（社会科学版）2013年第6期。

三 研究现状

（一）现代性的研究现状

学术话语体系与社会现实本身往往内在地联系在一起。20世纪90年代以来，现代性及其相关话语作为学术对象的兴起，跟现代化作为社会现象的不可避免直接相关。虽然学界中人能够批判现代性，但是无法回避现代化，"因为现代化已经物化为存在的命运"[①]。现代性的进程孕育着现代性学术研究。一方面，随着改革开放和现代化建设，考察和分析由前现代性社会向现代性社会的转型以及由此衍生的种种后果，成为更复杂也更富吸引力的焦点话题之一。另一方面，20世纪80年代以降，后现代主义思潮来袭，对学界的影响日增。但是，由于它的种种设问和辩答无法摆脱现代性的纠缠，因此它所引发的争论非但没有使现代性问题淡化，反而使重新理解现代性问题显得尤为迫切。从历史和现实两方面来看，现代性最早生成于西方，而且在西方发展得尤为典型。因此，把西方国家当做研究现代性问题的样本，也是情理之中的事情。[②]

现代性这一术语非常复杂，以致歧义丛生。[③] 据考证，在西方文化史上最早使用"现代性"一词的是波德莱尔。他通过"现代性"概念来表达人或事物所具有的某种品格、特殊性质或存在状态。[④] 不过，作为

[①] 赵汀阳主编：《现代性与中国》，广东教育出版社2000年版，前言，第1页。

[②] 现时代的中国学人，无论明确意识到否，他们在坐而论道时总难免置身于"现代性"和"全球化"的语境之中。而讨论现代性，不可避免地就转移到对现代化的争鸣。现在一般认为我国的现代化理论是舶来品。诚然，近来讨论的"现代化"大多流于引介西方流行的现代化理论。但是，我们忘记了：中国现代化运动曾从自身实践中提出现代化的概念和观点（纵然有点费正清所谓"冲击—回应说"的痕迹），要早于西方现代化理论约20年。当然，种种原因导致了我国理论界对于自己的历史经验的总结和现代化实践的探索远远落后了。可以肯定的是，对这些原因的研究是意义重大的课题。参见罗荣渠主编《从西化到现代化》（上、中、下），黄山书社2008年版。

[③] 谢立中：《"现代性"及其相关概念词义辨析》，《北京大学学报》（哲学社会科学版）2001年第5期。

[④] ［法］波德莱尔：《现代生活的画家》，载《波德莱尔美学论文选》，郭宏安译，人民文学出版社1987年版，第485页。

一种时代的划界，现代性首先表现为一种特定的时代意识。凭借这种时代意识，现代将自身根本区别于过去的时代。诚如哈贝马斯在《现代性的哲学话语》中所指出的，黑格尔正是以上述用法来讨论现代性概念的："现代"（modene Zeit）就是"新的时代"（neue Zeit）。① 值得一提的是，这个过去的时代指的是中世纪，因此现代可以用一句话来概括：走出中世纪。也正是在此基础上，很多人认为现代性具有神学语境。②

现代性的展开过程对应着特定的历史阶段。一些学者通常把这个阶段确定为中世纪结束、文艺复兴以来的现代时期。部分学者喜欢把最早始于英国、后推及法德的广义启蒙运动看作现代性的界碑。③ 比如，鲍曼认为现代性进程是由西欧 17 世纪一系列社会结构和知识样式的深刻转型所开启，后来逐渐成熟。④ 相较而言，吉登斯认为，大约起源于 17 世纪的欧洲，而后程度不同地在世界范围内产生影响的现代性，究其实质是一种社会生活或组织的模式。⑤ 这些定义表明，现代性在西方社会的呈现，虽含有特定社会的历史向度，但某种类型的结构模式则是其实质性的内容。在古典社会学理论中，这些实质性方面是通过与传统的张力关系而得以勘定的，这就是共同体与社会（滕尼斯）、有机团结与机械

---

① ［德］于尔根·哈贝马斯：《现代性的哲学话语》，曹卫东译，译林出版社 2011 年版，第 5 页。

② ［美］马泰·卡林内斯库：《现代性的五副面孔》，顾爱彬、李瑞华译，商务印书馆 2002 年版；［美］埃里克·沃格林：《没有约束的现代性》，谢华育译，华东师范大学出版社 2007 年版；［美］埃里克·沃格林：《政治观念史稿卷 1：宗教与现代性的兴起》，霍伟岸译，华东师范大学出版社 2009 年版；［德］约纳斯等：《灵知主义与现代性》，张新樟等译，华东师范大学出版社 2005 年版；［德］特洛尔奇：《基督教理论与现代》，朱雁冰等译，华夏出版社 2004 年版。

③ ［美］詹姆斯·施密特编：《启蒙运动与现代性》，徐向东、卢爱萍译，上海人民出版社 2005 年版。

④ ［英］齐格蒙特·鲍曼：《现代性与矛盾性》，邵迎生译，商务印书馆 2003 年版；［英］齐格蒙特·鲍曼：《流动的现代性》，欧阳景根译，上海三联书店 2002 年版。

⑤ ［英］安东尼·吉登斯：《现代性与自我认同》，赵旭东、方文、王铭铭译，生活·读书·新知三联书店 1998 年版，第 16 页；［英］安东尼·吉登斯：《现代性的后果》，田禾译，译林出版社 2011 年版，第 1 页；［英］安东尼·吉登斯、［英］克里斯多弗·皮尔森：《现代性——吉登斯访谈录》，尹宏毅译，新华出版社 2001 年版，第 69 页。

团结（涂尔干）、自然经济与货币经济（齐美尔）、休戚与共与自由竞争（舍勒）、巫魅与理性（韦伯）、身份与契约（梅因）等等的二元分析模式。①

总的来说，现代性可追溯到中世纪，它发端于文艺复兴和宗教改革，后经工业革命和启蒙运动而最终确立起来。自文艺复兴以来，人不断主体化，自然则愈益受到宰制。正如海德格尔所言："对于现代之本质具有决定性意义的两大进程——亦即世界成为图像和人成为主体——的相互交叉，同时也照亮了初看起来近乎荒谬的现代历史的基本进程。这也就是说，对世界作为被征服的世界的支配越是广泛和深入，客体之显现越是客观，则主体也就越主观地，亦即越迫切地突现出来，世界观和世界学说也就越无保留地变成一种关于人的学说，变成人类学。毫不奇怪，唯有在世界成为图像之际才出现了人道主义。"② 可见，人成为主体、世界成为图像与哲学成为人类学，共同构成了现代性的主要表现形式。③

现代性所带来的世俗化进程促进了科学技术等领域的高度发展和社会理性化程度的空前提升。现代性体现于经济领域中，因此利奥塔指出："资本主义是现代性的名称之一。"④ 作为现代社会形成的一个关键要素，资本主义的兴起实质是建基于原子个人的经济领域的现代性。与经济领域的现代性相伴而生，政治领域的现代性则指向现实个人与民族国家对独立自主的强劲诉求。换句话说，作为现代社会中的两个基本单位，个人与民族要求自由和解放。如此一来，现代国家的概念就奠基于其上。比如，康德把个人构想为能动自律的理性主体，把国家构想为通过法治而处于良好秩序的法权主体，把整个人类生活构想为永久和平并不断进

---

① 刘小枫：《现代性社会理论绪论——现代性与现代中国》，上海三联书店1998年版，第6—25页。
② ［德］马丁·海德格尔：《海德格尔选集》下卷，孙周兴选编，上海三联书店1996年版，第903页。
③ 俞吾金：《海德格尔的现代性批判及其启示》，《江海学刊》2008年第5期。
④ 包亚明主编：《后现代性与公正游戏——利奥塔访谈、书信录》，谈瀛洲译，上海人民出版社1997年版，第147页。

步的世界历史。①

无可否认,康德意义上自由主义的实质是高扬主体性。如果说笛卡尔是现代主体性话语的奠基者,那么康德则是发展了现代主体性话语的建构者。然而,康德没有看到现代性所带来的科学、道德、艺术的内在分裂及其冲突的实质,或者说他试图找到弥合这一冲突的路径。而黑格尔将现代性的核心原则界定为主体性原则,并看到了主体性的内在分裂。值得注意的是,尼采从另一个角度说明了理性主义的主体性话语很容易落入虚无主义的窠臼,并把虚无主义的诞生作为现代的典型特征。②

理性化进程就是现代性进程,随着现代性的程度越高,理性也逐渐暴露出自己的弊端,甚至走向自己的反面,法国大革命就是其弊端的显现。③ 基于此,康德开始了对启蒙的反思,并形成了其独特的启蒙理性。尽管如此,把理性作为现代性的动力至少是片面的。于是,启蒙现代性让位于审美现代性,直至今天的后现代主义。在审美现代性模式中,身体与感觉一跃成为检验真理的唯一标准。身体与感觉的跃然登场,更为明确地表明了现代性的一贯追求,即生命解放空间的不断拓展。然而,这种解放也逐步催生了崭新的问题,即社会的个体化。④

那么,我们不禁要问,这意味着现代性终结了吗?⑤ 我们同意哈贝

---

① 唐文明:《何谓现代性?》,《哲学研究》2000 年第 8 期。
② [德]尼采:《权力意志》上卷,孙周兴译,商务印书馆 2007 年版,第 400 页;[德]马丁·海德格尔:《林中路》,孙周兴译,上海译文出版社 2004 年版,第 223—280 页;[德]马丁·海德格尔:《尼采》下卷,孙周兴译,商务印书馆 2010 年版,第 716—781 页。
③ 朱学勤:《道德理想国的覆灭:从卢梭到罗伯斯庇尔》,上海三联书店 2003 年版。
④ [法]米歇尔·福柯:《词与物——人文科学考古学》,莫伟民译,上海三联书店 2001 年版,第 505—506 页;[美]弗莱德·R. 多尔迈:《主体性的黄昏》,万俊人等译,上海人民出版社 1992 年版;[加]查尔斯·泰勒:《本真性的伦理》,程炼译,上海三联书店 2012 年版;[德]诺伯特·埃利亚斯:《个体的社会》,翟三江、陆兴华译,译林出版社 2008 年版;[英]齐格蒙特·鲍曼:《个体化社会》,范祥涛译,上海三联书店 2002 年版;[德]乌尔里希·贝克、[德]伊丽莎白·贝克-格恩斯海姆:《个体化》,李荣山、范譞、张惠强译,北京大学出版社 2011 年版;[法]路易·迪蒙:《论个体主义:对现代意识形态的人类学观点》,谷方译,上海人民出版社 2003 年版。
⑤ [美]伊曼努尔·沃勒斯坦:《什么样的现代性终结》,载《现代性:基本读本》上册,汪民安等主编,河南大学出版社 2005 年版。

马斯所言，现代性乃是未竟之业。① 值得关注的是，曾经与哈贝马斯激烈争论的利奥塔也不得不承认：现代性包含着一种超越自身，进入一种不同于自身的状态的冲动。② 而福柯认为，"现代性"是一种注重现在的精神气质，它包含着一种超越自身、不断地改造世界的内在要求。③ 必须注意的是，以上的简单罗列是为了阐述清楚，实质上，有关现代性的论争具有交叉性，它们是互相缠绕的。不同领域的研究者已经洞察到，我们面对的许多理论和实践方面的重大问题，实质上都直接地或间接地与现代性问题有深刻的关联。许多著名批判性思想家都在以不同方式关注现代性问题。究其实质，无论是现代性的捍卫者还是批评者，他们的理论都是直接地或者间接地对现代性危机（或困境）的回应。

诚然，现代性可以从不同角度、不同层面加以描述和阐释，但它最终仍然不能单靠某一方面的考察所能概括。作为现代社会发展过程的基本特征，现代性囊括了社会生活的方方面面，是一个覆盖了经济、政治、文化、社会等多方面的总体性概念。④ 马克思在现代性论域中的位置何在？正是基于对社会历史发展的总体性考察，马克思具体阐发了自己的现代性批判。⑤ 虽然没有使用过"现代性"这一概念，但是作为现代性的产儿，马克思是第一位使现代与前现代形成概念、并在现代性方面形成全面理论观点的主要的社会理论家。⑥ 他对启蒙运动以来（包括黑格尔、青年黑格尔派在内）的现代性思想家进行了彻底批判。不仅如此，他从观念的批判降到现实的批判，从"副本"的批判深入到"原本"的

---

① ［德］尤尔根·哈贝马斯：《现代性——未完成的工程》，载《现代性：基本读本》上册，汪民安等主编，河南大学出版社 2005 年版。

② 包亚明主编：《后现代性与公正游戏——利奥塔访谈、书信录》，谈瀛洲译，上海人民出版社 1997 年版，第 153—154 页。

③ ［法］米歇尔·福柯：《福柯集》，杜小真编选，上海远东出版社 2003 年版，第 534 页。

④ 丰子义：《马克思现代性思想的当代解读》，《中国社会科学》2005 年第 4 期；衣俊卿：《现代性的维度及其当代命运》，《中国社会科学》2004 年第 4 期。

⑤ 赵剑英、庞元正编：《马克思哲学与中国现代性建构》，社会科学文献出版社 2006 年版；罗骞：《论马克思的现代性批判及其当代意义》，上海人民出版社 2007 年版。

⑥ ［美］斯蒂芬·贝斯特、［美］道格拉斯·科尔纳：《后现代转向》，陈刚等译，南京大学出版社 2002 年版，第 100 页。

批判。

正是通过把对现代性的系统反思与对资本主义制度的彻底批判结合起来,马克思深刻地揭示了现代性的分裂与矛盾,指出那个时代每一事物好像都包含有自己的反面。值得注意的是,马克思的现代性批判既正视历史发展的现实过程,又坚持对人类价值理想的终极关切。他特别强调现代化实践既是理性与价值两个维度冲突不断生成的过程,又是这种冲突不断消解的过程,从而在理性与价值的二维审视中达到对社会历史发展规律的深入把握。① 当然,马克思所批判的"现代社会",就特指资本主义社会。这即是说,在马克思那里,现代性是一个现代社会的总体性问题。

马克思对资本主义的彻底批判集中体现于异化劳动和资本增殖的深刻阐述,而这种阐述又是与其对共产主义的论证密切联系的。他的思想观念表现在以下两个方面的浓缩:一方面,批判性思想集中在市民社会批判;另一方面,建设性思想集中在人类解放的理想。随着他对政治经济学批判的展开,前述两个方面就具体化为一体,并清晰地体现在《1844年经济学哲学手稿》之中。"异化劳动"思想中所内蕴的对市民社会的批判,后来"清晰化"地转化为资本批判的逻辑,即对市民社会所展开的政治经济学解剖;而人类解放的理想同时浓缩并成功地转移到"共产主义"概念主导下的革命逻辑中。②

(二)社会自我批判的研究现状

综上所述,马克思的现代性思想主要渗透和体现在对"现代社会"的深入解剖中。换句话说,他的现代性思想集中体现在他对自己所置身于其中的现代性社会的发现、批判与重构。③ 他对现代性社会的批判本身指导着现代社会的自我批判,即资产阶级社会的自我批判。在《〈政

---

① 参见[英]伯尔基《马克思主义的起源》,伍庆、王文扬译,华东师范大学出版社2007年版。
② [英]伯尔基:《马克思主义的起源》,伍庆、王文扬译,华东师范大学出版社2007年版,第164—165页。
③ 邹诗鹏:《马克思对现代性社会的发现、批判与重构》,《中国社会科学》2009年第4期。

治经济学批判〉导言》中，马克思明确提出了"资产阶级社会的自我批判"这一命题：

"最后的形式总是把过去的形式看成是向着自己发展的各个阶段，并且因为它很少而且只是在特定条件下才能够进行自我批判，——这里当然不是指作为崩溃时期出现的那样的历史时期，——所以总是对过去的形式作片面的理解。基督教只有在它的自我批判在一定程度上，可说是在可能范围内完成时，才有助于对早期神话作客观的理解。同样，资产阶级经济学只有在资产阶级社会的自我批判已经开始时，才能理解封建的、古代的和东方的经济。"①

卢卡奇、阿尔都塞、河上肇等国外学者主要引证该段文字并理清其内在逻辑，并没有作进一步发挥。② 国内学者一般引述马克思的这段话，进而作具体阐发，但并没有专题探讨这一思想以及这一思想在马克思理论里的位置所在。③ 更为惯常的做法是，把马克思与韦伯、涂尔干等经典社会理论家并列，然后去解读马克思对资本主义社会的批判。④ 因此，从社会自我批判的角度系统重构马克思的批判思想，无疑具有重要的理

---

① 《马克思恩格斯选集》第 2 卷，人民出版社 1995 年版，第 23—24 页。
② ［匈］卢卡奇：《历史与阶级意识》，杜章智、任立、燕宏远译，商务印书馆 1999 年版，第 329 页；［法］路易·阿尔都塞、［法］艾蒂安·巴里巴尔：《读〈资本论〉》，李其庆、冯文光译，中央编译出版社 2001 年版，第 142 页；［日］河上肇：《资本论入门》（上），何仲珉译，人民出版社 1983 年版，第 12 页。虽然美国学者伯特尔·奥尔曼提醒人们这一思想在马克思理论里的位置所在，但也没有重点阐述这一思想（参见［美］伯特尔·奥尔曼《辩证法的舞蹈——马克思方法的步骤》，田世钉、何霜梅译，高等教育出版社 2006 年版，第 149 页）。
③ 刘奔：《刘奔文集》，中国社会科学出版社 2008 年版，第 174 页；俞吾金：《实践诠释学》，云南人民出版社 2001 年版，第 38 页；俞吾金：《论马克思对德国古典哲学遗产的解读》，《中国社会科学》2006 年第 2 期；俞吾金：《人体解剖是猴体解剖的一把钥匙》，《探索与争鸣》2007 年第 1 期。值得注意的是，更多研究成果试着诠释马克思的社会批判思想，但并非从对《〈政治经济学批判〉导言》的引述中所得。
④ ［法］雷蒙·阿隆：《社会学主要思潮》，葛智强、胡秉诚、王沪宁译，上海译文出版社 2005 年版；［英］安东尼·吉登斯：《资本主义与现代社会理论——对马克思、涂尔干和韦伯著作的分析》，郭忠华、潘美凌译，上海译文出版社 2007 年版；［英］尼格尔·多德：《社会理论与现代性》，陶传进译，社会科学文献出版社 2002 年版；［德］亨利希·库诺：《马克思的历史、社会和国家学说——马克思的社会学的基本要点》，袁志英译，上海人民出版社 2006 年版；王小章：《经典社会理论与现代性》，社会科学文献出版社 2006 年版；童星：《发展社会学与中国现代化》，社会科学文献出版社 2005 年版。

论价值和现实意义。然而，就笔者所知，较为系统地发掘马克思社会自我批判思想的研究成果极为鲜见，①遑论更进一步研究社会自我批判的主要内涵、一般机制、具体进路及中国价值了。

总而言之，现代性本身是一个不断演变的历史过程，但它也正是马克思社会自我批判思想的出场语境，并且渗透到马克思理论建构之中，甚至对目前中国的现代性建构具有深远的影响。虽然已有一些较有价值的研究成果可供参考，但是在现代性论域下系统地发掘马克思社会自我批判思想，无疑仍具有很大的探索空间。再者，从对马克思社会自我批判思想的挖掘中获得深刻的理论资源，对系统地分析中国现代化进程中的社会自我批判（这几乎是当前研究的空白），可谓不无裨益。

四　研究方法

毋庸讳言，无论现代性还是社会自我批判，都是具有跨学科性质的话题。理所当然，国内外学术界围绕此话题提出和阐发的观点和见解具有纷繁复杂性。因而，在研究过程中，我们要打破哲学、社会学、政治学等学科的壁垒，融合多学科视野。因为这直接涉及研究方法，而研究方法决定研究能走到何种地步。诚然，一部博士论文乃是研究方法和叙

---

① 最早的是李亚宁、王仲士的《关于马克思的社会自我批判的思想》（《四川大学学报》1995年第4期），吕世荣的《马克思社会发展理论研究》（中国社会科学出版社2001年版），专辟一章"社会批判思想"，其主要观点和研究结构直接采用了《关于马克思的社会自我批判的思想》一文的主要思想。赵泳的《社会自我意识研究》（陕西人民出版社1998年版）主要是从其研究的社会自我意识的视角研究一般性社会自我批判问题，只是触及但没有专门分析马克思的社会自我批判思想。相关研究还可以参考陈新汉的《论社会的自我批判——马克思社会自我批判思想引出的思考》（《学术交流》2008年第3期），后来密切关联的一些论文集中体现在《自我评价论》一书中，论者把社会自我批判作为社会自我评价的范畴来考虑，可以说该书对社会自我批判的一般机制有较为系统和深刻的阐述（参见陈新汉《自我评价论》，上海人民出版社2011年）。谭清华、郭湛的《马克思的社会自我批判思想》（《中国人民大学学报》2008年第5期）也有深入讨论，但篇幅不够。值得一提的是，何海兵的《马克思现代社会自我批判思想研究》（硕士学位论文，上海大学，2008年）只是一般地梳理了马克思现代社会自我批判思想，但并没有从社会自我意识角度来处理。实质而言，观念形态的社会自我批判属于社会自我认识的范畴。欧阳康虽然提到了个体自我意识与社会自我认识的关系，但并没有进一步深究（参见欧阳康《社会认识论导论》，中国社会科学出版社2010年版，第32—33页）。

述方法的统一。至于统一得怎样,这首先需要廓清研究方法与叙述方法的区别。关于此点,马克思如下说法能对我们有所启示:

"在形式上,叙述方法必须与研究方法不同。研究必须充分地占有材料,分析它的各种发展形式,探寻这些形式的内在联系。只有这项工作完成以后,现实的运动才能适当地叙述出来。这点一旦做到,材料的生命一旦观念地反映出来,呈现在我们面前的就好像是一个先验的结构了。"①

从中我们不难作出如下结论:第一,抽象地、笼统地谈论方法并不可取,因为方法总是体现在具体的著作中,且总是作者叙述方法与研究方法的统一,因此应当对二者进行严格区分。第二,研究方法的主旨是尽量充分地占有材料,并系统地考察其不同发展形式之间的内在联系;相较而言,叙述方法的主旨则是把研究所得用语言叙述出来,力求让读者容易理解和接受。第三,对于研究者来说,时间次序是研究方法在前、叙述方法在后;对于阅读者而言,时间次序是叙述方法在前、研究方法在后,即通过了解研究者的叙述方法去把握其研究方法。而好的叙述方法往往注重各部分之间的结构关系,从而使材料在叙述中重新获得自己的生命。②

正是基于以上的理由,我们力求做到以下几点:首先,动用多学科的资源,通过文献阅读法对搜集来的资料进行整理分类。其中,吃透马克思的经典文本尤为重要。而任何吃透都仰赖于对文本的解读。所谓解读,一方面,从文本的细微处切入,细致揣摩文本的每片枝叶及其相互连接的内在机理,进而理清整体结构;另一方面,从文本或隐或显的对话对象出发,从与其他文本之间的密切关联出发,逐步梳理出其中所要解决的重要问题,尽可能从总体上把握这些问题相互关联的脉络和理据。③

---

① 《马克思恩格斯选集》第 2 卷,人民出版社 1995 年版,第 111 页。
② 俞吾金:《论马克思的研究方法与叙述方法之间的关系》,《马克思主义与现实》2000 年第 6 期。
③ 渠敬东、王楠:《自由与教育:洛克与卢梭的教育哲学》,生活·读书·新知三联书店 2012 年版,自序,第 6 页。

其次，利用学科内的纵向比较法了解理论的演变史，用学科之间的横向比较法把握理论之间的异质性。这是因为，现代性并不是一种性质单纯的现象，而是一幅包罗万象的图景。诚然，这引起了包括哲学、社会学、政治学等学科的重视，尽管它们的侧重点不一。如果要全面观察和准确理解现代性，就要用总体性分析法对现代性现象作一个整体把握，以发生学的方法对现代性的生成、演变进行深入探究。

最后，在前面的基础上，运用历史—逻辑相统一的方法，展开马克思所置身其中的现代社会的发展变迁、揭示马克思社会自我批判思想。紧随其后，从历史唯物主义的观点出发深入论述社会自我批判的主要内涵、一般机制与具体进路，并运用这一理论来分析中国的现代化进程。毋庸讳言，整个研究逃不开理论与实践之间反思平衡法的检验。这里所谓"反思平衡"跟罗尔斯意义上的"反思的平衡"有所差异：如果后者只是局限于道德哲学中正义理论是不是与我们的正义感相符合，[①]那么前者无疑要广泛得多，它关注整个哲学理论是不是跟实践相契合。正是基于此，马克思所谓"光是思想力求成为现实是不够的，现实本身应当力求趋向思想"[②]显然更贴近之。

五　研究难点

中国正在发生从传统性社会到现代性社会的深刻变革，这需要马克思主义研究者作出当代阐释，因为理论照应现实乃是历史唯物主义的重要品格。历史唯物主义的当代阐释应该从以下两方面来展开：其一，通过深入研究经典著作，来发现既往未被发现、未受重视、甚至长期被误读的思想，进而揭去林林总总的观念覆盖物，努力还原马克思主义创始人对它的论述；其二，在前面的基础上，去直面当代的社会现实本身，创造性地回答时代赋予的新课题，进而凸显其理论旨趣和现实意义，并

[①] ［美］约翰·罗尔斯：《正义论》，何怀宏、何包钢、廖申白译，中国社会科学出版社2009年版，第38—39页。

[②] 《马克思恩格斯选集》第1卷，人民出版社1995年版，第11页。

以此丰富和发展历史唯物主义。本研究正是在此基础上的尝试性展开，不可不提的是，在研究过程中以下难点不可回避：

其一，现代性的概念界定。"现代性"本身是一个歧义丛生的术语，它从侧面反映了现代社会的纷繁复杂性，以至于哲学、社会学、政治学、文学等学科都纷纷从现代性论域出发去思考这一复杂性。毋庸置疑，现代性起源于西欧社会，但是有关其起源时间、生成机制等深层问题诸家说法不一。不仅如此，现代性作为一种总体性的论域，许多社会文化问题（尤其是中国的社会文化问题）都和它纠缠在一起。因此，把握现代性在西欧社会的生成历史，进一步理解中国现代性与西欧现代性的关系，无疑需要正本清源。

其二，马克思社会自我批判思想的发掘。马克思的经典文献浩若烟海，其理论也博大精深，并且散见于各时期的著作之中，特别是那些标题或副标题中带有"批判"二字的著作。毋庸置疑，系统发掘这一思想对指导当下中国社会主义实践（即社会主义现代化，亦即现实形态的社会自我批判）具有深刻的理论启示和现实意义。然而，目前对这一思想的系统研究几乎是一片空白，尽管有屈指可数的几篇研究成果可资参考。因此，这就需要笔者沉入经典文本。

其三，揭示社会自我批判的主要内涵、一般机制和具体进路。冯友兰曾在《新理学》中论述到"照着讲"和"接着讲"。从中不难知道，如果说"照着讲"是"接着讲"的前提条件或理论准备，那么"接着讲"是"照着讲"的突破方向和理论高地。本研究中"社会自我批判"作为一个少见的术语，并非笔者所创，而是对马克思思想的"照着讲"。沉入经典著作，乃是为了"接着讲"——即动用马克思的相关理论资源，从历史唯物主义的观点入手，揭示社会自我批判的主要内涵、一般机制和具体进路。毫不夸张，这既是难点也是重点所在。

其四，分析社会自我批判对中国现代性建构的重要意义。动用马克思社会自我批判的思想遗产，来回溯中国百年现代化进程对现代性价值的求索，这不光要求笔者对马克思思想要足够熟悉，还要求笔者对中国传统文化得足够了解，而且对这一传统在中国百年现代化进程中的惯性有足够把握。这就需要笔者打破学科壁垒，以跨学科的视野整合相关文本。在学风日下的今天，沉入经典已非易事；在学科分化的时代，打破学科壁垒更是难上加难。

必须强调的是，本研究可能的突破在于以下三点：其一，从现代性论域来探讨社会自我批判，一方面是为了表明现代性问题是马克思社会自我批判思想的出场语境，另一方面是为了揭示当代的社会自我批判与中国现代性建构的内在关联。其二，从社会自我意识的角度来解读观念形态的社会自我批判的主要内涵，① 力图展现现代个人的个体自我意识与社会自我意识之间的张力。其三，通过援引马克思对个人、社会与国家的关系的论述，进一步揭示社会自我批判的社会主义进路是对个人主义进路和整体主义进路的超越。

---

① 除非特别强调，后文提及的社会自我批判就是观念形态的社会自我批判。

第一章　马克思批判思想及其出场语境

批判乃是马克思思想的特质。把握这一点，对于理解马克思批判思想的理论渊源和逻辑进路尤为重要。以往，人们主要从社会批判的角度来阐释马克思的批判思想。然而，如果要体现一个社会的自我意识，并从自觉层面来探讨社会的发展问题，那么挖掘马克思的社会自我批判思想，并从社会自我批判的角度来重释马克思批判思想甚为关键。不仅如此，马克思批判思想的出场语境是现代性及其问题。把握到这一点，我们才能进一步探讨马克思对现代性是如何回应的。更进一步，激活马克思批判思想尤其是社会自我批判思想以促进中国现代性建构，这不仅是马克思主义中国化的题中之义，而且是我国社会主义社会健康发展的内在要求。

一　马克思批判思想的特质所在

众所周知，在马克思的著作中，批判是一个尤为关键的字眼。这从其著作的标题就可明显看出：首先，《黑格尔法哲学批判》《政治经济学批判大纲》《哥达纲领批判》等经典文本的题目就带着"批判"的字眼；其次，马克思与恩格斯合作的第一部著作《神圣家族》的副标题为"对批判的批判所作的批判"，他与恩格斯合作批判意识形态的重要著作《德意志意识形态》的副标题就是"对费尔巴哈、布·鲍威尔和施蒂纳所代表的德国哲学以及各式各样先知所代表的德国社会主义的批判"，被誉为工人阶级圣经的巨著《资本论》的副标题则是"政治经济学批判";再次,在马克思其他著作的标题中,虽没有"批判"的字眼,其行文却渗透着批判的内容。显而易见,批判本身是马克思思想的特质。不过,欲明白马克思批判思想的特质所在,我们需要厘清其理论渊源和逻辑进路。

(一)马克思批判思想的理论渊源

词语自有其语境和命运。在中国语境中,"批判"一词更是如此。一方面,马克思主义的经典论著渗透着批判的内容,无论是文本阅读还是官方意识形态的宣传都使得人们耳濡目染了批判的特质;另一方面,在日常生活中对批判的理解过于僵化和片面化,使得人们在批判的道路上离正轨越来越远。对以上两方面的混淆,在以阶级斗争为纲的"文化大革命"中尤为典型。"文化大革命"中的"批判"一词跟日常生活中的"批判"概念并无二致,它蕴含着极其浓烈的否定色彩,以至于所谓批判成了全盘否定。因此,"文革"之后,人们一度谈批判而色变,因为他们习惯于从这个词里面立刻或首先感知到某种具有否定性的意思,仿佛批判就是对错误的东西的责难或清算,对不充分的东西的揭露和相应的排斥。正是基于此,邓小平曾经鲜明而深刻地说:"过去那种简单片面、粗暴过火的所谓批判,以及残酷斗争、无情打击的处理方法,决不能重复。无论是开会发言、写文章,都要进行充分的说理和实事求是的科学分析。"[1]

实质而言,在《汉语大词典》中,"批判"主要有以下三层含义[2]:其一,批示判断;其二,评论、评断;其三,对所认为错误的思想、言行进行批驳否定。然而,如果细心观察,我们将不难发现人们主要是在第三种含义上来使用"批判"概念的。当然,更为惯常的做法是,把"批判"改成较为温和的"批评"[3],以为这样就可以祛除"批判"较为

---

[1] 《邓小平文选》第3卷,人民出版社1993年版,第47页。
[2] 罗竹风:《汉语大词典》第6卷,汉语大词典出版社1990年版,第366页。
[3] 在英语中,"批判"与"批评"常不加区分,都是 criticize。

浓烈的否定色彩。然而，这毕竟是不得要领的。因此，有必要对批判的涵义做正本清源式的考察。

从词源学上来说，"批判"的德文是 kritik，英语是 criticize，其原意是区分、选择性地评判、分隔并加以筛选。在古希腊语境中，"批判"主要被用于文学批评之中；在中世纪时期，"批判"则主要用来表示病情危急等危险迹象；及至文艺复兴时期，"批判"的含义重新被用于文学批评之中。① 而据高宣扬考证，"批判"一词在哲学上的正式使用要追溯到17世纪。洛克首次将批判引入认识论研究，并将人的观念区分为"第一性质"和"第二性质"。这种做法对休谟产生了深远影响，他将此方法运用于对人的专门活动的批判。② 而康德在前人的基础上确立了"批判"在哲学领域的基础地位，他这样说："我坦率地承认，就是休谟的提示在多年以前首先打破了我教条主义的迷梦，并且在我对思辨哲学的研究上给我指出了多年以前完全不同的方向。"③ 这无疑道出了休谟的经验论怀疑主义对康德批判哲学的影响。

康德哲学是对休谟、卢梭等人哲学的继承与发展。这种继承与发展跟其哲学的批判特质密不可分。关于此特质，康德的论著"三大批判"就是明证。当然，指出这一点是完全不够的，因为它只是对了解标题有用，而无助于理解何谓批判。在康德那里，始终面对着对经验论和唯理论的划分、鉴定和审查。可以说，正是基于此，他才提出了自己特有的哲学即批判哲学，从而完成了对前二者的否定、扬弃和超越。这里，康德本人是如何走上批判哲学的道路，由于主题所限，我们也不想追踪并加以赘述。但是，有一点是确定的，即我们不能从流俗的和错误的含义去理解康德的"批判"。

那么，康德的"批判"所指为何？用海德格尔的话来说，康德所谓

---

① 参见［美］雷内·韦勒克《批评的概念》，张今言译，中国美术学院出版社1999年版，第20—21页。

② 参见［法］高宣扬《德国哲学通史》第1卷，同济大学出版社2007年版，第200—202页。

③ ［德］康德：《未来形而上学导论》，庞景仁译，商务印书馆1997年版，第8页。

"批判"实质上"意味确立标准、规范,意味着给予法则,而这同时就意味着在一般的东西中凸显特殊的东西。""'批判'这个词几乎没有消极的意义,它意味着积极的东西最积极的方面,意味着那种设定活动,即在所有进行设定的时候,都必须先行确定被确立为确定者或决定者的东西,所以,批判是这种设定意义上的确定。正是由于批判所分离和突出的是特别的东西,是非同一般并同时给予尺度的东西,所以它同时也是对习惯的和无尺度的东西的反驳。"① 正是在这种意义上,康德把自己的形而上学(科学的形而上学)称之为批判的形而上学。②

必须强调的是,康德的批判哲学乃是对笛卡尔、培根所开拓的近代哲学的继承和发展。如果说笛卡尔的"我思故我在"确立了面向主体内在世界的理性原则,那么培根的"知识就是力量"则彰显了面向外在世界的科学精神。当然,无论是理性原则支配下对神性的祛魅,还是科学精神引导下对宗教的拒斥,都表征着一种强烈的主体批判意识。康德无疑继承了这种批判意识。这种批判意识无疑是植根于理性原则的。启蒙学者把 18 世纪称之为"理性的时代",理性可谓 18 世纪的表征,也是当时启蒙学者批判精神的形成根基和检验标尺。因此,卡西尔说:"'理性'成了 18 世纪的汇聚点和中心,它表达了该世纪所追求并为之奋斗的一切,表达了该世纪所取得的一切成就。"③ 对于启蒙学者而言,人的理性是衡量一切的唯一尺度,用恩格斯在《反杜林论》中的话来说:"宗教、自然观、社会、国家制度,一切都受到了最无情的批判;一切都必须在理性的法庭面前为自己的存在作辩护或者放弃存在的权利。思维着的知性成了衡量一切的唯一尺度。"④

不过,理性无限膨胀的现实后果就是法国大革命。正是基于此,康德进行了深刻的反思,其哲学可称之为法国革命的德国理论版本。用黑

---

① [德]马丁·海德格尔:《物的追问》,赵卫国译,上海译文出版社 2010 年版,第 109 页。
② [德]康德:《未来形而上学导论》,庞景仁译,商务印书馆 1997 年版。
③ [德]卡西尔:《启蒙哲学》,顾伟铭等译,山东人民出版社 2007 年版,第 4 页。
④ 《马克思恩格斯选集》第 3 卷,人民出版社 1995 年版,第 355 页。

格尔在《哲学史讲演录》中的话来说："康德哲学是在理论方面对启蒙运动的系统陈述。"① 此言不虚,康德在对启蒙进行追问的著作中说:"启蒙运动就是人类脱离自己加之于自己的不成熟状态。不成熟状态就是不经别人的引导,就对运用自己的理智无能为力。当其原因不在于缺乏理智,而在于不经别人的引导就缺乏勇气与决心去加以运用时,那么这种不成熟状态就是自己所加之于自己的了。Sapere aude! 要有勇气运用你自己的理智,这就是启蒙运动的口号。"② 这即是说,所谓启蒙即是敢于使用自己的理性并从某种不成熟状态(自己不敢运用自己的理性而导致的)中脱离出来,成为一个自己为自己负责的人即自由的人。

康德把启蒙时代称之为"批判时代"亦即"理性时代",在他看来:"我们的时代是真正的批判时代,一切都必须经受批判。通常,宗教凭借其神圣性,而立法凭借其权威,想要逃脱批判。但这样一来,它们就激起了对自身的正当的怀疑,并无法要求别人不加伪饰的敬重,理性只会把这种敬重给予那经受得住它的自由而公开的检验的事物。"只不过,这种批判乃"是对理性的吁求,要求它重新接过它的一切任务中最困难的那件任务,即自我认识的任务,并委任一个法庭,这个法庭能够受理理性的合法性保障的请求"。进而言之,这种批判并非"对某些书或体系的批判,而是对一般理性能力的批判,是就这批判可以独立于任何经验而追求的知识来说的,因而是对一般形而上学的可能性和不可能性进行裁决,对它的根源、范围和界限加以规定"③。换句话说,康德的"批判"既不是流俗意义上的直接否定,也不是一般意义上的纯粹拒绝,而是分析、考察和划界。一言以蔽之,康德所谓的"批判"乃是澄清前提、划定界限。

正是在上述意义上,康德把人的认识能力划分为感性、知性和理性三个阶段,在他看来:"人类的一切知识都是从直观开始,从那里进到

---

① [德]黑格尔:《哲学史讲演录》第4卷,贺麟、王太庆译,商务印书馆1978年版,第258页。
② [德]康德:《历史理性批判文集》,何兆武译,商务印书馆1990年版,第22页。
③ [德]康德:《纯粹理性批判》,邓晓芒译,人民出版社2004年版,第3—4页。

概念，而以理念结束。"① 康德把知识限制在经验范围内，并为信仰留下地盘。而哪怕是宗教信仰也被限定在单纯理性界限内。不仅如此，康德还把理性的不同运用划分为理论理性和实践理性，把世界划分为感性世界和理智世界，等等。他甚至把批判哲学主要划分为如下四个问题：第一，我知道什么？第二，我应当做什么？第三，我可以期待什么？第四，人是什么？关于这四个问题的所属领域，学界一直争论不休，但是康德认为："形而上学回答第一个问题，伦理学回答第二个问题，宗教回答第三个问题，人类学回答第四个问题。"② 毋庸置疑，康德以批判哲学为标的所开创的德国古典哲学运动具有非凡的意义。针对此，海涅曾这样说："康德引起这次巨大的精神运动，与其说是通过他的著作的内容，倒不如说是通过在他著作中的那种批判精神，那种在当前已经渗入于一切科学之中的批判精神。"③

康德之后，黑格尔从反思的角度扩展了批判哲学。对于后者来说，所谓反思无非是"以思想的本身为内容，力求思想自觉其为思想"④。换句话说，所谓反思是对思想进行再思想，对认识进行再认识，这是跟批判同源的。当然，哲学的批判是辩证的，不是一味的否定，而是积极的扬弃，是批驳中带着肯定。在黑格尔那里，批判总是与辩证法中的否定环节联系在一起。他认为："思辨的东西（das Spekulative），在于这里所了解的辩证的东西，因而在于从对立面的统一中把握对立面，或者说，在否定的东西中把握肯定的东西。"⑤

马克思认为，在黑格尔那里，辩证法不仅被神秘化了，而且被颠倒了。因此，"必须把它倒过来，以便发现神秘外壳中的合理内核"。尽管如此，他承认黑格尔是"第一个全面地有意识地叙述了辩证法的一般运动形式"的哲学家。这里所谓辩证法的一般运动形式就是："在对现存

---

① ［德］康德：《纯粹理性批判》，邓晓芒译，人民出版社 2004 年版，第 544—545 页。
② ［德］康德：《逻辑学讲义》，许景行译，商务印书馆 1991 年版，第 15 页。
③ ［德］海涅：《论德国宗教和哲学的历史》，海安译，商务印书馆 1972 年版，第 113 页。
④ ［德］黑格尔：《小逻辑》，贺麟译，商务印书馆 1980 年版，第 39 页。
⑤ ［德］黑格尔：《逻辑学》上卷，杨一之译，商务印书馆 1996 年版，第 39 页。

事物的肯定的理解中同时包含对现存事物的否定的理解,即对现存事物的必然灭亡的理解;辩证法对每一种既成的形式都是从不断的运动中,因而也是从它的暂时性方面去理解;辩证法不崇拜任何东西,按其本质来说,它是批判的和革命的。"① 因此,通过这种否定性辩证法深入揭示事物内在的否定环节,可以促进我们对事物发展的规律和本质的认识。

总而来说,无论是康德的批判哲学,还是与之同源的黑格尔的反思思想和辩证法,无疑都为马克思批判思想提供了理论的滋养。哲学是时代精神的精华,马克思正是站在所处时代的制高点,把握时代脉搏,思入社会深处,继而创立了具有批判性的历史唯物主义。然而,作为历史唯物主义,马克思批判哲学并不是横空出世,而是有其思想背景的,换句话说,它建基于德国古典哲学尤其是康德批判哲学之上。如果说,康德所谓批判即是澄清前提、划定界限,那么批判哲学的基本任务就是告诫我们:决不可以让思辨理性超越经验的限度。在此基础上,马克思则直接把自己的批判哲学指认为"对当代的斗争和愿望作出当代的自我阐明"②。

(二) 马克思批判思想的逻辑进路

毋庸置疑,马克思思想是对社会历史状况的批判性回应。值得注意的是,马克思对时代问题的把脉,始于很早的时候。从中学时代的毕业论文到大学时代的博士论文,他的兴趣和追求都主要集中于社会历史领域,即使写作也主要在于更具有直接意义的"政治和哲学方面的著作"。马克思曾用诗歌来表达自己的追求:"康德和费希特喜欢在太空遨游,/寻找一个遥远的未知国度;/而我只求能真正领悟/在街头巷尾遇到的日常事物!"③ 这里所谓日常事物就是满足人的基本需求的物质生产活动。而马克思对此世日常事物的关注,是与他的宗教批判所内在地关联的。

青年时期的马克思正置身于一个基督教国家。换句话说,作为宗教

---

① 《马克思恩格斯全集》第44卷,人民出版社2001年版,第22页。
② 《马克思恩格斯全集》第47卷,人民出版社2004年版,第67页。
③ 《马克思恩格斯全集》第1卷,人民出版社1995年版,第103、736页。

的一种特定类型,基督教是普鲁士国家世俗政权的精神支柱和政治支柱。因此,宗教问题间接地涉及政治问题。受宗教改革特别是启蒙运动的深远影响,马克思生活在一个宗教普遍受到批判的时代。在启蒙思想家看来,人的理性乃是衡量包括宗教在内的一切的尺度。如前所述,德国古典哲学家康德虽然相对温和,但是他把宗教限制在单纯理性界限之内。谢林虽然对宗教加以赞美,但是其天启哲学起到了涣散正统基督教的作用。黑格尔接着康德的工作,把宗教信仰理性化,并把上帝等同为绝对精神。而费尔巴哈,可谓宗教批判的集大成者,他为此写下了《基督教的本质》等著作。在他看来,上帝的本质就是人的本质,而基督教的本质就是人的本质的异化,基督教无非是人的自我异化的产物。这直接影响了青年黑格尔派对宗教的看法,当然也深深触动了受青年黑格尔派影响的青年马克思(纵使青年马克思包括恩格斯也曾是青年黑格尔派的一员)。恩格斯这样说:"费尔巴哈的《基督教的本质》出版了。它直截了当地使唯物主义重新登上王座","那时大家都很兴奋:我们一时都成为费尔巴哈派了"。①

在博士论文《德谟克利特的自然哲学和伊壁鸠鲁的自然哲学的差别》中,马克思曾借用普罗米修斯的话这样说:"总而言之,我痛恨所有的神!"② 必须申明,青年黑格尔派虽然反对上帝的最高神性,但反过来把人的自我意识看作最高神性,也就是说,他们用人的自我意识(后来是唯一者、类本质)取代了上帝。不过,马克思后来连这一点也抛弃了,它不同于青年黑格尔派把批判局限在宗教领域,而是在讨论政治、经济、社会和历史问题时,力图去揭示宗教等人的观念表现与社会现实的内在关联。正是把握到宗教本身的无内容性,马克思认为宗教的"根源不是在天上,而是在人间"③,从而把宗教神学问题转化为社会世俗问题。诚如他在《论犹太人问题》中所说:"宗教已经不是世俗局限性的

---

① 《马克思恩格斯选集》第4卷,人民出版社1995年版,第222页。
② 《马克思恩格斯全集》第1卷,人民出版社1995年版,第12页。
③ 《马克思恩格斯全集》第47卷,人民出版社2004年版,第43页。

原因，而只是它的现象。"①

正是因为宗教的基础不在天上而在人间，所以马克思在《〈黑格尔法哲学批判〉导言》中开门见山地说："对宗教的批判是其他一切批判的前提。"原因在于，宗教乃是此世的安慰剂，"是被压迫生灵的叹息，是无情世界的心境，正像它是无精神活力的制度的精神一样。宗教是人民的鸦片"②。这里所谓鸦片的隐喻，实际上不仅道出了鸦片的毒品特质，更是揭示了鸦片的药品作用，即通过医治此世的苦痛来慰藉心灵。③正是基于此，"反宗教的斗争间接地就是反对以宗教为精神抚慰的那个世界的斗争"。进而言之，"对天国的批判变成对尘世的批判，对宗教的批判变成对法的批判，对神学的批判变成对政治的批判"④。一言以蔽之，对宗教神学的批判理应转化为对政治国家的批判、对现实社会的批判。

尽管如此，马克思的政治批判是从批判黑格尔法哲学和国家哲学开始的。在古代，市民社会和政治国家乃是一体的，而现代市民社会是"个人私利的战场"，"一切人反对一切人的战场"。现代市民社会就是一个表现需求和满足需求的市场经济的社会。在其中，个人的特殊利益和社会的公共利益相互依赖。一方面，个人对私利的追求有助于公共利益的达成，这是市民社会的积极面。另一方面，"市民社会也是私人利益跟特殊公共事务冲突的舞台，并且是它们二者共同跟国家的最高观点和制度冲突的舞台"，这可谓市民社会的消极面。黑格尔直接指出："市民

---

① 《马克思恩格斯全集》第 3 卷，人民出版社 2002 年版，第 169 页。
② 《马克思恩格斯选集》第 1 卷，人民出版社 1995 年版，第 1—2 页。
③ 需要注意的是，马克思超越了那种对"宗教是人民的鸦片"的幼稚解读，即宗教是少数统治者为了欺骗和压迫人民而炮制出来的工具。这种解读无疑把马克思的宗教批判降低为 18 世纪无神论者的"政治阴谋论"。如霍尔巴赫就认为，宗教的"唯一目的就在于保卫暴君和僧侣的利益，而损害社会的利益"（参见北京大学外国哲学史教研室编译《西方哲学原著选读》下卷，商务印书馆 1982 年版，第 202 页）。显然，这种解读把宗教诠释为少数人编造出来以达到社会控制的心理幻象。对此，马克思如此告诫所谓无神论者："如果真要谈论哲学，那么最好少炫耀'无神论'的招牌，而多向人民宣传哲学的内容。"（参见《马克思恩格斯选集》第 4 卷，人民出版社 1995 年版，第 528 页）所谓哲学的内容不是全盘否定宗教，而是肯定宗教是此世的人的产物，是此世的人的世界观和情感，继而揭示宗教在此世的成因。
④ 《马克思恩格斯选集》第 1 卷，人民出版社 1995 年版，第 2 页。

社会是在现代世界中形成的"。作为具有特殊性的利己社会，市民社会是特殊利益的代表；而作为普遍性的公共利益的代表，国家是理念发展的最高阶段。因此，在黑格尔的逻辑体系中，国家高于市民社会，市民社会必须被国家所扬弃。如此，黑格尔把超越市民社会的任务托付给国家。不过，他所谓的国家既不是法治国家，也不是民主共和制国家，而是君主立宪制国家。他认为："国家成长为君主立宪制乃是现代的成就。"① 不难看出，黑格尔是把国家与市民社会的分离作为现代的产物，然后力图将市民社会置于国家的控驭之下。究其实质，他认为国家高于市民社会，进而保守地把普鲁士君主立宪制当作现代国家的最高成就。

马克思在批判地继承黑格尔哲学的基础上，重建了自己的市民社会批判理论，该理论最早展开于《黑格尔法哲学批判》，吉登斯认为此书是"孕育历史唯物主义概念的处女之作"②。而马克思本人强调该著作是"同立宪君主制这个彻头彻尾自相矛盾和自我毁灭的混合物作斗争"③。需要指出的是，从黑格尔哲学到马克思观点，其"中间环节"是费尔巴哈哲学。为什么这样说呢？正如基督教把人的本质神化一样，黑格尔把国家的本质神秘化。如此一来，体现为"普遍性权利"的国家具有跟宗教同等性质的虚幻性，马克思说："政治制度到现在为止一直是宗教的领域，是人民生活的宗教，是同人民生活现实性的人间存在相对立的人民生活普遍性的上天。"④ 虽然现实的政治制度的本质体现为民主制，但也只是异化的形式，因为人民只是在"天国"才有平等和自由权利，在尘世中为资产阶级所大肆宣扬的平等和自由权利是虚幻不实的。

在破除了国家迷思之后，马克思如此说："实际上，家庭和市民社会是国家的前提，它们才是真正的活动者；而思辨的思维却把这一切头足倒置。"为什么这样说呢？究其实质，"家庭和市民社会是国家的真正的

---

① ［德］黑格尔：《法哲学原理》，范扬、张企泰译，商务印书馆1961年版，第309、197、287页。
② ［英］安东尼·吉登斯：《资本主义与现代社会理论——对马克思、涂尔干和韦伯著作的分析》，郭忠华、潘华凌译，上海译文出版社2007年版，第7页。
③ 《马克思恩格斯全集》第47卷，人民出版社2004年版，第23页。
④ 《马克思恩格斯全集》第1卷，人民出版社1956年版，第283页。

构成部分，是意志所具有的现实的精神实在性，它们是国家存在的方式。家庭和市民社会本身把自己变成国家。它们才是原动力"。显而易见，马克思并没有像黑格尔那样，把市民社会作为绝对理念的一个发展阶段，而是把在黑格尔那里被颠倒了的政治国家与市民社会的根本关系再翻转过来。虽然马克思沿用了黑格尔对市民社会和政治国家的二分，但是在他看来，"现代的国家则是政治国家和非政治国家的相互适应"。正是这种相互适应，使"政治生活同市民社会"的现代分离得以完成。①

不仅如此，在马克思看来，市民社会与政治国家的分离是以资产阶级政治革命为直接背景的，虽然"旧时市民社会直接地具有政治性质"，但是资产阶级政治革命之后，"市民社会的政治性质"也就消失不见了。通过资产阶级政治革命，消灭了政治性质的市民社会成了一个私人活动的领域。在这一领域中，具有利己冲动的孤立个人既把别人看作工具，也把自己降为工具。因此马克思认为政治解放尽管"在迄今为止的世界制度的范围内，它是人类解放的最后形式"②，但并没有克服市民社会的难题，其本身还不是人类解放。通过对市民社会中阶级结构的内在分析，马克思才在《〈黑格尔法哲学批判〉导言》中真正提出克服市民社会问题、迈向人类解放的不同路径，即依赖于无产阶级及其革命。

虽然马克思致力于对普鲁士君主立宪制进行批判并扩展到人类解放，而不是像黑格尔一样，去迷恋官僚政治并得出国家理想主义的结论。但是在《黑格尔法哲学批判》中，马克思"还没有把市民社会同物质生产直接联系起来考察，没有把财产关系看作物质生产关系的表现，没有从财产关系中进一步追溯出社会物质生活关系，也没有弄清现存生产关系与其法律用语'财产关系'的联系和区别"③。后来，恩格斯指出："要获得理解人类历史发展过程的锁钥，不应当到被黑格尔描绘成'整个大厦之顶'的国家中去寻找，而应当到黑格尔所那样蔑视的'市民社会'

---

① 《马克思恩格斯全集》第 1 卷，人民出版社 1956 年版，第 250—251、283、344 页。
② 《马克思恩格斯全集》第 1 卷，人民出版社 1956 年版，第 441、429 页。
③ 转引自李光灿、吕世伦《马克思恩格斯法律思想史》，法律出版社 1991 年版，第 130—131 页。

中去寻找。"① 这很符合马克思在《〈政治经济学批判〉序言》中的自我陈述:"法的关系正像国家的形式一样,既不能从它们本身来理解,也不能从所谓人类精神的一般发展来理解",而是要从"物质的生活关系的总和"即黑格尔按照18世纪的英国人、法国人所概括的"市民社会"来把握。正是把握到市民社会的解剖应该到政治经济学中去寻求②,马克思把现实社会政治批判转换为政治经济学批判。

需要注意的是,虽然马克思在《莱茵报》时期就遭遇到"对所谓物质利益发表意见的难事",但是他所接触的经济学不过是由政治辩论而涉及一些经济问题。他真正进行政治经济学研究是在《德法年鉴》时期,而且一定程度上受恩格斯《国民经济学批判大纲》的思想刺激。而在巴黎所撰写的《1844年经济学哲学手稿》就是其最初的研究产物。在该书中,马克思把矛头直接指向了"国民经济学"。阿尔都塞如此说:"马克思同政治经济学的接触也是对政治经济学的批判,是孜孜以求地要找到政治经济学的根据。"③ 正是把握到现代社会中普遍存在的异化现象是时代的错误,马克思说:"我们的时代即文明时代,却犯了一个相反的错误。它使人的对象性本质作为某种仅仅是外在的、物质的东西同人分离,它不认为人的内容是人的真正现实。"为此,他分析了现代性的生存条件下异化劳动的四种表现形式:其一,劳动产品与劳动者的异化;其二,劳动过程与劳动者的异化;其三,人与人之间社会关系的异化;其四,人与自己的类本质的异化。进一步,正是把握到"异化劳动是私有财产的直接原因"④,马克思认为只有扬弃异化劳动才能消灭私有制本身。

在《神圣家族》中,马克思(和恩格斯)揭示了"尘世的粗糙的物

---

① 《马克思恩格斯全集》第16卷,人民出版社1964年版,第409页。
② 《马克思恩格斯选集》第2卷,人民出版社1995年版,第32页。恩格斯也指出:"决不是国家制约和决定市民社会,而是市民社会制约和决定国家,因而应该从经济关系及其发展中来解释政治及其历史,而不是相反。"(《马克思恩格斯选集》第4卷,人民出版社1995年版,第196页)
③ [法] 路易·阿尔都塞:《保卫马克思》,顾良译,商务印书馆2010年版,第148页。
④ 《马克思恩格斯全集》第3卷,人民出版社2002年版,第102、278页。

质生产"① 是历史的发源地。在《关于费尔巴哈的提纲》中，他强调了全部社会生活的实践本质，并这样认为："凡是把理论导致神秘主义的神秘东西，都能在人的实践中以及对这个实践的理解中得到合理的解决。"显而易见，他把握到实践之于理论的基础性、决定性地位。在《德意志意识形态》中，马克思（和恩格斯）将实践一般具体化为特定实践即物质生产。他们说："全部人类历史的第一个前提无疑是有生命的个人的存在。"不仅如此，现实的个人是从事活动的、进行物质生产的。他们再次强调，"应当根据经验来揭示社会结构和政治结构同生产的联系，而不应当带有任何神秘和思辨的色彩。"在《哲学的贫困》中，马克思如此写道："劳动阶级在发展进程中将创造一个消除阶级和阶级对立的联合体来代替旧的市民社会；从此再不会有原来意义的政权了。因为政权正是市民社会内部阶级对立的正式表现。"在之后的《共产党宣言》中，马克思（和恩格斯）认为由于资本主义生产方式的深入发展，资本作为一种支配性的社会权力，越来越成为威胁和奴役人的异己力量。换句话说，在资本逻辑的支配下，"生产力已经不是生产的力量，而是破坏的力量（机器和货币）"②。与之相对应的是，马克思在《1857—1858年经济学手稿》中断言：只有"在社会之外"，人"才是人"③。这里所谓的社会指的是资产阶级社会。而取代资产阶级社会、真正属于人的社会是一种崭新的社会形式——生产力得到高度发展和私有制得到积极扬弃的共产主义社会，亦即自由人的联合体。因此，马克思（和恩格斯）在《共产党宣言》中说："代替那存在着阶级和阶级对立的资产阶级旧社会的，将是这样一个联合体，在那里，每个人的自由发展是一切人的自由发展的条件。"④

马克思对政治经济学的批判过程，既是清理自己的哲学信仰的过程，又是奠定自己历史唯物主义的过程，而他的新唯物主义的立脚点则是

---

① 《马克思恩格斯全集》第2卷，人民出版社1957年版，第191页。
② 《马克思恩格斯选集》第1卷，人民出版社1995年版，第60、67、71、194、90页。
③ 《马克思恩格斯全集》第30卷，人民出版社1995年版，第221页。
④ 《马克思恩格斯选集》第1卷，人民出版社1995年版，第294页。

"人类社会或社会的人类"。所谓"人类社会或社会的人类",无非是马克思对未来社会的构想。需要注意的是,马克思在科学意义上的政治经济学批判与价值层面的人道主义是联系在一起。因为政治经济学批判的要旨是对异化劳动的揭示、批判和扬弃,而异化劳动不是简单的一部分人对另一部分人的剥削和压迫,相反,剥削和压迫的社会制度乃是异化的产物。而在那样的社会制度中,有产阶级和无产阶级同是人的自我异化。

所谓异化的扬弃,本质上是为了实现人类的解放。而真正的人类解放即是共产主义社会的建立,是历史之谜的解答,是向作为社会的人即合乎人的本性的人的自身的复归。这种复归"是人同自然界的完成了的本质的统一,是自然界的真正复活,是人的实现了的自然主义和自然界的实现了的人道主义"[①]。必须注意的是,"共产主义对我们来说不是应当确立的状况,不是现实应当与之相适应的理想。我们所称为共产主义的是那种消灭现存状况的现实的运动"。毕竟在马克思(包括恩格斯)看来,"对实践的唯物主义者即共产主义者来说,全部问题都在于使现存世界革命化,实际地反对并改变现存的事物"[②]。虽然他并不反对解释世界的重要性,但是他所说的实践并不是后来阿尔都塞所竭力发挥的意识实践或者理论的实践甚至哲学实践,而是感性的活动,即改造世界的现实的人类活动。

值得注意的是,国内外很多学者都看到了马克思批判思想的社会历史背景及其重要性。卢卡奇称该思想为社会存在本体论,而在他的影响下,古尔德通过对马克思少有人问津的《大纲》(即《1857—1858年经济学手稿》)的解读,试图用社会本体论去重建马克思思想。[③] 法兰克福学派尽管有文化决定论的嫌疑,但是力图从社会批判理论的角度去继承和发展马克思思想,其中哈贝马斯甚至声称要重建历史唯物主义。而吉

[①] 《马克思恩格斯全集》第3卷,人民出版社2002年版,第301页。
[②] 《马克思恩格斯选集》第1卷,人民出版社1995年版,第87、75页。
[③] [美]古尔德:《马克思的社会本体论:马克思社会实在理论中的个性和共同体》,王虎学译,北京师范大学出版社2009年版。

登斯从社会理论的角度切入，试图去做哈贝马斯的工作。① 当前，国内不少人以社会批判理论来为马克思批判思想冠名，进而去探讨该理论的组成要素、逻辑进路、重要特征、方法论意义及当代启示等。② 而王南湜更是从实践唯物主义的角度入手，竭力论述社会哲学之于当代社会的理论价值和现实意义。③ 尽管如此，不无遗憾的是，从社会自我批判的角度自觉地去重释马克思批判思想的系统研究，据笔者目力所及尚属空白。因此，这一工作的尝试性努力便显得尤为迫切。

二　从社会自我批判角度重释马克思批判思想

毋庸置疑，马克思的社会批判理论主要表现为对资本主义社会的批判。而在当今时代，一方面，资本全球化的高歌猛进和世界社会主义的曲折发展使得马克思主义在理论和实践上遭受挑战；另一方面，随波逐流、明哲保身的社会思想和社会行为不断腐蚀着社会主义社会有机体，也不断侵蚀着马克思主义理论的生产、传播与信仰的健康机制。基于此，我们不仅要发掘并激活马克思批判思想，更要从社会自我批判的角度来重建马克思批判思想，并用之来自觉探讨当代中国的社会发展问题。值得一提的是，马克思提出的"资产阶级社会的自我批判"命题本身就内

---

① ［德］尤尔根·哈贝马斯：《重建历史唯物主义》，郭官义译，社会科学文献出版社 2000 年版；［英］安东尼·吉登斯：《历史唯物主义的当代批判》，郭忠华译，上海译文出版社 2010 年版。

② 参见丰子义《马克思社会批判的历史深蕴》，《社会科学战线》2007 年第 3 期；丰子义《社会批判视域中的马克思社会发展理论》，《江苏大学学报》（社会科学版）2012 年第 3 期；王新生《马克思哲学观中的社会批判之维》，《学术研究》2002 年第 12 期；仰海峰《马克思社会批判理论的科学视界》，《哲学研究》1997 年第 8 期；仰海峰《从价值悬设的伦理冲击到社会历史的现实解放》，《中州学刊》1998 年第 2 期；仰海峰《社会批判理论——从马克思到法兰克福学派》，《理论视野》2011 年第 2 期；陈胜云《马克思社会批判理论初探》，《求索》1997 年第 1 期；陈胜云《〈哲学的贫困〉中的社会批判方法》，《南京社会科学》1997 年第 10 期。较为系统的论著参见张振鹏《马克思的社会批判理论及其当代价值》，博士学位论文，河北师范大学，2009 年；荣剑《社会批判的理论和方法——马克思若干重要理论研究》，中国社会科学出版社 1998 年版；孙显薇《批判性思维的现代辨识：马克思社会批判理论方法论研究》，中国地质大学出版社 2012 年版。

③ 王南湜：《社会哲学：现代实践哲学视野中的社会生活》，云南人民出版社 2001 年版。

蕴着社会自我批判的思想。

（一）马克思社会自我批判思想的提出

从"社会批判"到"社会自我批判"，并非玩文字游戏。"社会自我批判"作为一个少见的术语，并非笔者所创。事实上，社会自我批判思想是马克思在中后期的著作《〈政治经济学批判〉导言》（以下本节简称《导言》）之中提出的。只不过，他将这一概念作为一个现成的东西拿来即用，并没有对其做系统的分析。因此，沉入马克思的经典著作，从历史唯物主义的观点入手，得出社会自我批判的主要内涵尤为必要。现在，让我们先回到马克思关于社会自我批判的论述：

"人体解剖对于猴体解剖是一把钥匙。反过来说，低等动物身上表露的高等动物的征兆，只有在高等动物本身已被认识之后才能理解。因此，资产阶级经济为古代经济等等提供了钥匙。"

"资产阶级经济学只有在资产阶级社会的自我批判已经开始时，才能理解封建的、古代的和东方的经济。"①

显而易见，马克思所谓"资产阶级社会的自我批判"的命题内蕴着"社会自我批判"的思想。然而，这一思想却长期处于遮蔽状态。卢卡奇、阿尔都塞、河上肇等国外学者主要引证上述引文并理清其内在逻辑，并没有做详细阐发。② 国内学者一般引述马克思的这段话，进而发挥之，但并没有重点阐述之，更遑论其在马克思思想里的位置所在。③ 因此，

---

① 《马克思恩格斯全集》第30卷，人民出版社1995年版，第47页。
② ［匈］卢卡奇：《历史与阶级意识》，杜章智、任立、燕宏远译，商务印书馆1999年版，第329页；［法］路易·阿尔都塞、［法］艾蒂安·巴里巴尔：《读〈资本论〉》，李其庆、冯文光译，中央编译出版社2001年版，第142页；［日］河上肇《资本论入门》（上），何仲珉译，人民出版社1983年版，第12页。虽然伯特尔·奥尔曼提醒人们这一思想在马克思理论里的位置所在，但也没有重点阐述这一思想，参见［美］伯特尔·奥尔曼《辩证法的舞蹈——马克思方法的步骤》，田世钉、何霜梅译，高等教育出版社2006年版，第149页。
③ 刘奔：《刘奔文集》，中国社会科学出版社2008年版，第174页；俞吾金：《实践诠释学》，云南人民出版社2001年版，第38页；俞吾金：《论马克思对德国古典哲学遗产的解读》，《中国社会科学》2006年第2期；俞吾金：《人体解剖是猴体解剖的一把钥匙》，《探索与争鸣》2007年第1期。

有必要把这一思想从遮蔽状态中澄明出来。

以上两段文字出现在马克思《导言》的"政治经济学的方法"一节中。而《导言》被编入马克思《1857—1858 年经济学手稿》。这一著作像《1844 经济学哲学手稿》一样,它不是马克思为了公开出版,而是为了弄清楚问题才写的。① 从 1843 年算起,马克思用 16 年的时间来为撰写《政治经济学批判》做准备。虽然《导言》作为马克思的《1857—1858 年经济学手稿》的开头部分,是一篇没有完成的经济学巨著"总导言"草稿,但是作为未竟之稿的《导言》是马克思"一生的黄金时代的研究成果"② 的特定表现,在马克思思想中无疑占有重要地位。在与恩格斯合著的《德意志意识形态》中,马克思对"从前的哲学信仰"进行了清算,而清算开始于被恩格斯称之为"包含着新世界观的天才萌芽的第一个文件"③ 的《关于费尔巴哈的提纲》。人们公认《德意志意识形态》乃是唯物主义历史观的初步完成,实质而言唯物主义历史观的最终创立与对从前哲学的彻底清算是同步的。从《关于费尔巴哈的提纲》到《德意志意识形态》,再到《1857—1858 年经济学手稿》,以至后来的未竟之作《资本论》,马克思的唯物主义历史观日臻成熟。因此,我们不难理解恩格斯如下的论断,马克思的政治经济学"本质上是建立在唯物主义历史观的基础上的"④。基于此,我们可以说,马克思的社会自我批判思想是植根于唯物主义历史观的,卢卡奇直接这样说:"历史唯物主义是资本主义社会的自我认识。"⑤

那么,如何理解马克思上述的两段话呢?这需要把它们放在马克思研究政治经济学的方法论中去理解。在《导言》中的"政治经济学的方法"一节中,马克思说:"具体的东西之所以具体,因为它是许多规定

---

① [美]古尔德:《马克思的社会本体论:马克思社会实在理论中的个性和共同体》,王虎学译,北京师范大学出版社 2009 年版,第 6—7 页。
② 《马克思恩格斯全集》第 29 卷,人民出版社 1972 年版,第 546 页。
③ 《马克思恩格斯选集》第 4 卷,人民出版社 1995 年版,第 211、213 页。
④ 《马克思恩格斯选集》第 2 卷,人民出版社 1995 年版,第 38 页。
⑤ [匈]卢卡奇:《历史与阶级意识》,杜章智、任立、燕宏远译,商务印书馆 1999 年版,第 321 页。

的综合,因而是多样性的统一。"这里所谓具体的东西区别于实在的具体的东西,是作为思想的、理解的产物,是把直观表象加工成概念这一过程的产物。因此马克思说:"从抽象上升到具体的方法,只是思维用来掌握具体、把它当作一个精神上的具体再现出来的方式。"由此,所谓"科学上正确的方法"是,首先"完整的表象蒸发为抽象的规定",接着"抽象的规定在思维行程中导致具体的再现"。①

马克思用以上方法来研究已经形成的并"在自身基础上运动的资产阶级社会"。因此,在研究中,作为"最发达和最多样性的历史的生产组织"的资产阶级社会可以在那些抽象的规定即范畴中得到具体的再现。而各种关系的范畴是与历史上各种已经覆灭的社会形式的结构和生产关系联系在一起的。通过对范畴体系中"各种关系的范畴"的理解,我们就能"透视一切已经覆灭的社会形式的结构和生产关系"。不仅如此,"资产阶级社会借这些社会形式的残片和因素建立起来,其中一部分是还未克服的遗物,继续在这里存留着,一部分原来只是征兆的东西,发展到具有充分意义"。② 在此意义上,对过去的社会组织的有效理解依赖于对现时复杂社会的理解。而对现时的资产阶级社会的批判同时提供了正确理解过去的钥匙。

然而,马克思不是一般地强调"资产阶级经济为古代经济等等提供了钥匙",而是特殊地强调"资产阶级经济只有在资产阶级社会的自我批判已经开始时,才能理解封建社会、古代社会和东方社会"。显然,马克思的辩证历史观区别于庸俗进化论,因为在自然史与社会史中,低级形式中表露出来的高级发展形式的征兆,只是在高级发展形式得到理解后才能充分地显示其意义,所以对已经形成的既定的高度复杂的社会结构的把握是理解过去一切世代的社会结构的基础。换句话说,只有在"资产阶级社会的自我批判"中对资产阶级社会作"人体解剖"后,才能进一步理解资产阶级社会以前的经济形式,从而为"猴体解剖"提供

---

① 《马克思恩格斯选集》第2卷,人民出版社1995年版,第18、19页。
② 《马克思恩格斯全集》第30卷,人民出版社1995年版,第208、46—47页。

"一把钥匙"①。然而，社会自我批判只有在特定条件下才能进行。马克思指出："作为崩溃时期出现的那样的历史时期"之外，历史"很少而且只是在特定条件下才能进行自我批判"。② 在此意义上，历史上的"文艺复兴""宗教改革""启蒙运动"……都是在封建社会还未崩溃条件下进行的自我批判，这些形态的自我批判成为世界各主要民族走出中世纪历史的必由之路。③

需要注意的是，马克思揭示了资产阶级经济学家"总是对过去的形式作片面的理解"，他们认为所谓的历史发展总是建立在这样的基础上："最后的形式总是把过去的形式看成是向着自己发展的各个阶段"。从而，他们把资产阶级社会的经济形式永恒化。马克思提醒人们：不要像这些经济学家那样，"抹杀一切历史差别、把一切社会形式都看成资产阶级社会形式"。资产阶级的社会形式同已经过去了的社会形式一样，是历史的、暂时的。早期形式的各种关系，"在它里面常常只以十分萎缩的或者完全歪曲的形式出现"。如果说资产阶级经济的范畴适用于一切其他社会形式这种说法是对的，那么，"这也只能在一定意义上来理解。这些范畴可以在发展了的、萎缩了的、漫画式的种种形式上，总是在有本质区别的形式上，包含着这些社会形式"。④ 总的来说，马克思对资产阶级社会的批判是与对继承下来的范畴体系的批判有机地结合起来的。他所用来批判资产阶级社会的范畴体系不仅是对既定社会进行分析的结果，也是对历史上的范畴体系的批判继承的产物。

（二）马克思社会自我批判思想的体现

伽达默尔认为，文本的真正存在只在于被展现的过程（Gespieltwerden）。⑤

---

① 陈新汉：《论社会的自我批判——马克思社会自我批判思想引出的思考》，《学术交流》2008年第3期。

② 《马克思恩格斯全集》第30卷，人民出版社1995年版，第47页。

③ 李亚宁、王仲士：《关于马克思的社会自我批判的思想》，《四川大学学报》1995年第4期。

④ 《马克思恩格斯全集》第30卷，人民出版社1995年版，第47页。

⑤ ［德］汉斯－格奥尔格·伽达默尔：《真理与方法》第1卷，洪汉鼎译，商务印书馆2010年版，第172页。

马克思的经典文本也不例外。因此，在沉入马克思文本的同时，与"自己时代的现实世界接触并相互作用"①，进而对马克思思想予以诠释，激活其思想的生命力，将其对现实社会的批判力充分地展现出来，这是马克思主义研究者的使命所在。毋庸置疑，学界从社会批判入手去重释马克思批判思想，取得了很多阶段性的研究成果。然而，满足于此是不够的，因为我们迫切的任务在于"深入到存在者之被解蔽状态和解蔽过程的那个尚未被把握的东西那里"②。因此，我们的任务在于深入到经典文本之中解蔽马克思社会自我批判思想。

然而，解蔽马克思社会自我批判思想的宗旨在于重释其批判思想，并激活其批判力。必须明确的是，任何重释都是试图按马克思所理解的意思来解释、阐明马克思的学说。在此意义上来说，重释就是重建。此处，我们同意哈贝马斯如下说法，所谓重建"是把一种理论拆开，用新的形式重新加以组合，以便更好地达到这种理论所确立的目标"③。因为新的形式需要以新的概念作为牵引，以便重新对整个概念体系加以组合。唯有如此，思想理论才会不落窠臼地葆有其生命力，并达到其目标，即对现实的积极回应。

思想的重释需有其必要性。我们认为，基于以下几个方面，从社会自我批判的角度来重释马克思的批判思想尤为必要：第一，社会自我批判并非资产阶级社会特有的现象，因为任何一种社会形式，一旦发展到某个历史阶段，历史条件成熟了，社会自我批判便应运而生。只不过，在世界历史的前提下，社会自我批判更为普遍，也显得尤为迫切。第二，在全球化的今天，为什么苏东剧变使得全球社会主义事业遭遇重大挫折，而资本主义反而获得了很大的发展呢？这个问题也应该从社会自我批判的角度来回答。第三，当今时代，以马克思主义为指导的我国社会主义

---

① 《马克思恩格斯全集》第 1 卷，人民出版社 1995 年版，第 220 页。
② [德] 马丁·海德格尔：《海德格尔选集》上卷，孙周兴编，上海三联书店 1996 年版，第 223 页。
③ [德] 尤尔根·哈贝马斯：《重建历史唯物主义》，郭官义译，社会科学文献出版社 2000 年版，第 3 页。

社会正处于社会主义初级阶段，理应自觉地汲取百年来现代化进程中的经验和教训，积极地进行自我批判，以保障自身的健康发展。第四，马克思的社会自我批判思想是对现代西方资产阶级社会的回应，因此跟西欧现代性密切相关。而现代性在中国仍处于建构之中。因此，应把社会自我批判纳入到中国现代性建构的视野之中。第五，在社会主义现代化建设中，应兼顾个人的自由而全面的发展和社会的繁荣进步，马克思说："每个人的自由发展是一切人的自由发展的条件。"① 当然，这需要深化社会自我批判，而这种深化又反过来促进个人的自由而全面的发展和社会的繁荣进步。

当进一步思考社会自我批判时，首先遇到的问题是其主要内涵、一般机制和具体进路，这些内容将在第二章和第三章去作重点阐述。我们首先关注的是马克思社会自我批判思想的体现。显然，马克思对资产阶级社会的理性批判成为全世界无产阶级联合起来革命的思想武器，换句话说，现实的个人对社会的批判最终普遍化为社会总体的自我批判。因为作为历史活动的社会自我批判"是群众的事业，随着历史活动的深入，必将是群众队伍的扩大"②。此处，社会自我批判的现实主体就是无产阶级，而客观历史条件就是资产阶级社会里不可调和的生产力与生产关系之间、经济基础与上层建筑之间的矛盾。资本主义内在矛盾的暴露迫使马克思对资本主义社会关系及其占统治地位的思想观念（或意识形态）进行揭露和批判。这种批判，究其实质是批判政治社会现实本身，是批判"现存的财产关系、家庭关系和其他的私人关系"，"它不仅在各个阶级的关系上，而且在当前交往的一切范围和形式上，指出了现代生活的矛盾和反常现象"③。我们认为，马克思社会自我批判思想体现在以下几点：

首先，从对象上来说，马克思的社会自我批判思想以市民社会批判为旨归。青年马克思在《黑格尔法哲学批判》中提到，不是国家决定市

---

① 《马克思恩格斯选集》第1卷，人民出版社1995年版，第294页。
② 《马克思恩格斯全集》第2卷，人民出版社1957年版，第104页。
③ 《马克思恩格斯全集》第42卷，人民出版社1979年版，第300页。

民社会，而是市民社会制约和决定国家，从而进行了市民社会的解剖和分析。这几乎贯穿了马克思整个思想历程，以至于望月清司把马克思的市民社会概念发掘出来以对其思想进行整合。众所周知，在后来的《〈政治经济学批判〉序言》中，马克思坦承对市民社会的解剖应该到政治经济学中去寻找。此后，他继续展开了长达20多年的资产阶级政治经济学批判。通过这种批判，马克思发现了资本主义崩溃的政治经济学根源，从而为社会主义从空想到科学提供了牢靠根据。

市民社会批判是贯穿和融合马克思思想三个组成部分的逻辑中轴：第一，传统哲学的"立脚点是市民社会"①，市民社会中的个体是抽象的平等的个体，而德国古典哲学中的个体自我意识只不过是法国启蒙运动中所呼吁的平等精神的思辨表达："自我意识是人在纯思维中和自身的平等。平等是人在实践领域中对自身的意识"②。第二，政治经济学是"现代资产阶级社会的理论分析"③，正是通过深入的政治经济学批判，资产阶级社会解体的根本矛盾和共产主义社会生成的革命因素（资产阶级社会的掘墓人）凸显出来。第三，在批判旧世界中发现新世界即科学社会主义——它是超越市民社会的崭新的社会组织形式，即"人类社会或社会的人类"④。

其次，从原则上来说，马克思的社会自我批判思想是"批判的武器"和"武器的批判"的统一。马克思是在批判旧世界的过程中发现新世界的，正是批判使得社会的现实状况与社会的理想图景形成一道鸿沟，即理想与现实的落差。因此，新世界的诞生不仅取决于简单的现实本身，而且直接源于超越现实的观念，即"批判的武器"。正如马克思所言："光是思想力求成为现实是不够的，现实本身应当力求趋向思想。"⑤ 如果说"思想力求成为现实"是按照一套概念体系来解释世界，那么"现

---

① 《马克思恩格斯选集》第1卷，人民出版社1995年版，第57页。
② 《马克思恩格斯全集》第2卷，人民出版社1957年版，第48页。
③ 《马克思恩格斯选集》第2卷，人民出版社1995年版，第36页。
④ 《马克思恩格斯选集》第1卷，人民出版社1995年版，第57页。
⑤ 《马克思恩格斯选集》第1卷，人民出版社1995年版，第11页。

实本身应当力求趋向思想"乃是按照某种理想图景来改造世界。而真正的社会自我批判，将得出"必然改造社会的结论"①。换句话说，社会自我批判是改造世界的动力源泉，是"武器的批判"的助推器。

作为解释世界的具体表现，社会自我批判是理论的产物，是在"理性的法庭"上将那些失去现实性因而不具备合理性的社会关系揭露出来，并揭穿它们在实践中阻碍社会发展的不合理的本质。尽管如此，"批判的武器当然不能代替武器的批判，物质力量只能用物质力量来摧毁"。理论何以达到这一层次呢？马克思接着说："理论一经掌握群众，也会变成物质力量。理论只要说服人［ad hominem］，就能掌握群众；而理论只要彻底，就能说服人［ad hominem］。所谓彻底，就是抓住事物的根本。"②所谓抓住事物根本就是把事物的内在冲突和矛盾运动的规律揭示出来，使之暴露在力求使现实本身趋向思想的人面前。

再次，从内容上来说，马克思的社会自我批判思想是意识形态批判与政治经济学批判的统一。我们知道，黑格尔把世界历史看作绝对精神的外化过程，把人还原为自我意识，而费尔巴哈相反，把人还原为肉体，但是他们都是从抽象的人出发，而没有去探究现实的人的社会历史基础。青年黑格尔派更是流连于语词游戏，以为在观念世界作斗争就可以推翻他们所置身的那个世界，而不是凭借改造现实的运动。马克思批评黑格尔、费尔巴哈等人"离开实在的历史基础而转到思想基础上去"，他们都是"不能摆脱意识形态羁绊的人"③。然而，"要想站起来，仅仅在思想中站起来，而现实的、感性的、用任何观念都不能解脱的那种枷锁依然套在现实的、感性的头上，那是不行的"④。不仅如此，"凡是把理论导致神秘主义的神秘东西，都能在人的实践中以及对这个实践的理解得到合理的解决"⑤。

---

① 《马克思恩格斯全集》第42卷，人民出版社1979年版，第358页。
② 《马克思恩格斯选集》第1卷，人民出版社1995年版，第9页。
③ 《马克思恩格斯全集》第3卷，人民出版社1960年版，第536—537页。
④ 《马克思恩格斯全集》第2卷，人民出版社1957年版，第105页。
⑤ 《马克思恩格斯选集》第1卷，人民出版社1995年版，第60页。

及至后来,马克思的意识形态批判最终落实到政治经济学批判,他说:"在发表我的正面阐述以前,先发表一部反对德国哲学和迄今的德国社会主义的论战性著作(即《德意志意识形态》——引者注),是很重要的。为了使读者对于我的同迄今为止的德国科学根本对立的经济学观点有所准备,这是必要的。"① 必须指出的是,虽然意识形态批判和政治经济学批判所谈论的话题、所指向的目标有所不同,但基本上都是围绕着现代社会的问题而展开的。不仅如此,正是意识形态批判为政治经济学批判打下基础或者说扫清道路。某种意义上来说,政治经济学批判是意识形态批判的具体化和深化,因为资产阶级的政治经济学恰恰是资产阶级维护自身统治地位的一套意识形态。

最后,从视角上来说,马克思的社会自我批判思想是超越性视角与理解性视角的统一。所谓理解性视角表现在以现实个人的具体生产为出发点而展开的对资产阶级社会的实证分析,而超越性视角表现在以共产主义社会为参照系而展开的对资产阶级社会的价值批判。早在1843年,马克思就说要对"现存的一切进行无情的批判",要对"当代的斗争和愿望作出当代的自我阐明(批判的哲学)"②。之后,他对资本主义的批判集中体现为对异化劳动和资本增殖的描述,而这种批判又是在共产主义的规范下进行的。马克思的思想表现在以下两方面的浓缩:批判思想集中于对市民社会的剖析,而他的建设性思想集中于人类解放的理想。随着马克思开始政治经济学的研究,前述两者具体化为一体,并清晰地体现在《1844年经济学哲学手稿》之中。"异化劳动"概念中的对市民社会的批判,后来更为深入地具体化为资本逻辑的揭示。不仅如此,人类解放的理想浓缩并成功地转移到"共产主义"或"自由人联合体"概念之中。③

在《共产党宣言》中,马克思阐述了"两个必然"即资本主义社会

---

① 《马克思恩格斯全集》第47卷,人民出版社2004年版,第383页。
② 《马克思恩格斯全集》第47卷,人民出版社2004年版,第64、67页。
③ [英]伯尔基:《马克思主义的起源》,伍庆、王文扬译,华东师范大学出版社2007年版,第164—165页。

的必然灭亡和共产主义社会的必然胜利。其中他把资本描述为一种"社会力量",把资本看作"资产阶级社会的支配一切的经济权力"①。当然,这种描述本身透着价值批判的意蕴,因为这种描述是在共产主义的规范下进行的。在《1857—1858年经济学手稿》中,马克思对资产阶级社会这一典型的市民社会做了具体剖析,并得出了在此社会中所谓人不是人的结论。因此,我们不难理解马克思在《〈政治经济学批判〉序言》中把共产主义社会之前的时期称之为"人类社会的史前时期"②。总的来说,超越现实存在之路只有通过对现实存在的彻底理解;反过来说,要达到对这个世界的彻底理解就必须牢牢抓住它所不是的事物,即它的"否定",亦即它的超越本身。③

(三) 马克思社会自我批判思想的特点

在论述了马克思社会自我批判思想的体现之后,我们来分析该思想的特点。其一,方法上的总体性。此处所谓总体性范畴并不是一个单纯的思想运动原则,它意味着作为具体总体的实在与方法的辩证统一。马克思社会自我批判思想的总体性特点跟他将现代社会历史看作一个不断总体化的过程密切相关。不仅如此,马克思将黑格尔思辨哲学的总体性概念同现实历史的辩证过程联系起来,进而在社会自我批判思想中贯彻一种总体性原则。总的来说,方法上的总体性表现在以下几个方面。

第一,马克思以生产方式的变更来探讨历史变迁,并将现代社会共时性地看作世界历史时代,从而将人类历史的总体相互勾连起来。第二,在马克思那里,资本的内在原则贯穿了现代社会的政治、经济、文化等领域,资本已经代替了黑格尔的理性范式而具有总体意义。第三,马克思将各个专业学科内在地贯穿起来,而不是孤立地涉及政治、哲学、经济等的某一方面,他(有时跟恩格斯合作)的很多作品如《1844年经济

---

① 《马克思恩格斯全集》第30卷,人民出版社1995年版,第49页。
② 《马克思恩格斯选集》第2卷,人民出版社1995年版,第33页。
③ 以上两部分的论述,参见吕敬美《马克思的社会自我批判及其当代意义》,《上海行政学院学报》2013年第4期。

学哲学手稿》《哲学的贫困》《共产党宣言》《资本论》等很难被定位是单纯的政治学、哲学、经济学等现代学科的著作。第四，马克思使用了抽象与具体的辩证统一的总体性方法，即应该从抽象的整体出发，继而"抽象的规定在思维的行程中导致具体的再现"。比如，以商品为逻辑起点，然后再逐渐展开现代资本主义生产方式运动的各个具体环节。第五，在现代社会中，资产阶级的统治催生出自己的掘墓人即无产阶级，从而导致了资产阶级社会严重的两极分化，形成了两大阶级之间总体性的对抗性矛盾。因此，需要总体性的革命也即全世界无产阶级联合起来革命，从而争取总体性的解放即人类解放。

需要注意的是，一些西方学者把马克思的总体性解读为以一种总体性的方法来控制和重建社会历史。比如，哈耶克就如此认为："马克思主义已经导致了法西斯主义和国家社会主义，因为就其全部本质而言，它就是法西斯主义和国家社会主义。"① 这明显是在总体性与社会专制之间建立联系，该思想的基础是把总体性范畴看作绝对的、毫无差别的同一，从而在思想原则和现实历史之间画等号。因此，在伊格尔顿看来，哈耶克等人"只把注意力集中于法西斯主义或者斯大林主义，他们能够想象的唯一一种总体就是一种完全赤裸裸的'极权主义'。"究其实质，马克思所展望的未来社会既不是以集体主义的总体性来排斥个体和他者，也不是以一种目的性来强制消除丰富的差异性。伊格尔顿说得好，在那里"普遍性和多元性携手并进"②。确切地说，马克思并不是任何抽象意义上的总体主义者（或整体主义者），更不是纯然不相信集体人格的个体主义者。实质而言，总体性（或整体性）和个体性在马克思的社会自我批判思想中都有位置，并且他真正实现了对似乎截然对立的二者的超越。③

---

① ［英］哈耶克：《通往奴役之路》，王明毅、冯兴元等译，中国社会科学出版社 1997 年版，第 33 页。译文有改动。
② ［英］特里·伊格尔顿：《后现代主义的幻象》，华明译，商务印书馆 2000 年版，第 146、78 页。
③ 有关这一点，我们将在第三章详加论述。

其二，立场上的阶级性。马克思在对资产阶级社会的批判中，明确宣布了自己所代表的是无产阶级的利益，所追寻的是无产阶级的解放，而无产阶级的解放承担着人类解放的总体性使命。因此，由无产阶级所定位的价值立场是马克思社会自我批判思想中的鲜明特征。当然，这得益于早期马克思所具有的启蒙定向，而后者又得益于人道主义对他的深刻影响。可以说，他在博士论文甚至《莱茵报》时期的政论文章中都是以法国启蒙运动所主张的自由、平等为基本的价值取向。而在《莱茵报》时期遭受到由自由、平等、博爱等资产阶级的理性原则和人道原则与现实利益和物质关系的冲突后，马克思在《黑格尔法哲学批判》中重新阐述了市民社会与政治国家的关系问题。在之后的《德意志意识形态》等著作中沿着这样一条阐释路径，即在现实的物质关系中把握政治国家、法律制度以及观念的上层建筑等。最终，这一阐释路径直接引向长达近四十年的政治经济学批判。

自由、平等、博爱等资产阶级的意识形态，因为与现实制度的同谋而并未落到实处，因此马克思的政治经济学批判仍延续着无产阶级革命话语。该话语的核心主题即通过无产阶级革命实现整个人类的解放。为什么无产阶级革命本该只是实现一个阶级的解放，却承担着实现人类解放的使命呢？马克思说："无产阶级宣告迄今为止的世界制度的解体，只不过是揭示自己本身的存在的秘密，因为它就是这个世界制度的实际解体。"[①] 换句话说，无产阶级体现着资产阶级社会本身的分裂和解体，直接宣布了资产阶级社会中人的价值的失落，具体体现了资产阶级社会中人的全面异化。然而，无产阶级作为资产阶级社会的产物，是该社会的掘墓人，因为只有无产阶级才是真正革命的阶级，只有通过它的解放才能够进一步实现人类的解放。显然，这里体现出无产阶级的总体性地位。作为未来历史的承担者和创造者，无产阶级将从其他一切领域中解放出来从而解放其他一切领域，若不如此他们也无法真正解放自身。因为资产阶级社会中人的全面异化只是为新的社会创造物质基础，所以，

[①] 《马克思恩格斯选集》第1卷，人民出版社1995年版，第15页。

只有无产阶级汲取了资产阶级所创造的优秀成果后，社会才能摆脱异化的性质。①

其三，原则上的实践性。马克思社会自我批判思想的实践性是区别于其他任何一种社会批判理论的根本特点。这当然不是说其他理论并不关注实践和现实，而是说它们往往停留于以理论的方式切入实践和现实，而理论批判和实践批判是有根本区别的。诚如前面所分析的，马克思社会自我批判思想是"批判的武器"（理论批判）和"武器的批判"（实践批判）的统一。对马克思来说，理论批判是改造现实世界的革命实践活动的有机组成部分，它直接指向作为感性活动的革命性的现实运动本身。因此，马克思（和恩格斯）指出，无产阶级的革命话语和反抗意识并不是革命家所发明的，而是"现存的阶级斗争、我们眼前的历史运动的真实关系的一般表述"②。

诚然，从中学时代到博士论文，马克思都有一种强烈的现实关怀，更不必说《莱茵报》时期的政论文章了。然而，这种以理论切入现实社会的方式还不具"实践性"的本质。正是无产阶级革命话语的出场，使得直接参与改造现实社会的感性的革命实践活动呼之欲出。他（和恩格斯）甚至批判当时的青年黑格尔派只是间接地用词句来反对词句，止步于用观念来反对观念，而不是实际地反对现实世界本身。青年黑格尔派对现实的批判和关注是理论批判，而不是实践批判，即不是实际地改变社会的现实状况。众所周知，在《关于费尔巴哈的提纲》的第十一条中，马克思说："哲学家们只是用不同的方式解释世界，问题在于改变世界。"③这完全可以看作他本人进行实践批判的宣言，及至后来的《德意志意识形态》等著作都坚持并贯彻着实践批判的原则，并以此开辟了历史唯物主义的致思路径。总的来说，马克思（和恩格斯）进行实践批判的过程，本身就是历史唯物主义不断生成的过程。

---

① 参见《马克思恩格斯选集》第1卷，人民出版社1995年版，第773页。
② 《马克思恩格斯选集》第1卷，人民出版社1995年版，第285页。
③ 《马克思恩格斯选集》第1卷，人民出版社1995年版，第61页。

其四，态度上的辩证性。马克思对资产阶级社会的批判，乃是在社会运动的客观逻辑和阶级革命的主体诉求之间建立辩证联系的过程。所谓社会运动的客观逻辑，必然要求把握资产阶级社会的历史进步性，所谓阶级革命的主体诉求则建立在对资产阶级社会的历史局限性的阐释上。在马克思看来，现代资产阶级社会乃是生产方式和交换方式的产物。不仅如此，它是历史的、暂时的。虽然从资产阶级社会向共产主义社会的发展乃是一个自然历史过程，人们可以减轻和缩短这一未来社会分娩的痛苦，但是不能取消这一自然的发展阶段。在此意义上，马克思的批判思想不仅跟保守的浪漫主义相对立，而且跟自鸣得意的自由主义相抵触，他旗帜鲜明地坚持了辩证法思想，即现代历史是文明和野蛮不可分离的历史。① 在马克思的辩证视野中，他那个时代的每一种事物好像都包含着自己的反面。② 正是基于此，通过对黑格尔法哲学和国家哲学的批判，他不仅肯定了现代的政治解放的意义，也揭示了其局限性。不仅如此，通过意识形态批判，他把握了观念革命的进步和保守的双重面向；通过政治经济学批判，他理解了现代资产阶级社会的巨大经济成就和现代人的全面异化。

其五，理论上的开放性。首先，马克思社会自我批判思想是在批判地继承和发展过去时代和同时代人的优秀理论成果的基础上逐步形成的，它本身具有鲜明的向社会历史的开放性。这种向社会历史的开放性，使得马克思的思想不只是致力于解释世界，而且趋向于改造世界。其次，该思想是在不断地接受社会实践检验的基础上展开自我批判、自我完善和自我发展的，它体现出强烈的自我开放性。早在 1843 年，马克思就公开宣布："我不主张我们树起任何教条主义的旗帜。"③ 无独有偶，恩格斯这样说："我们的理论是发展着的理论，而不是必须背得烂熟并机械

---

① ［英］特里·伊格尔顿：《历史中的政治、哲学、爱欲》，马海良译，中国社会科学出版社 1999 年版，第 108 页。
② 参见《马克思恩格斯选集》第 1 卷，人民出版社 1995 年版，第 775 页。
③ 《马克思恩格斯全集》第 47 卷，人民出版社 2004 年版，第 64 页。

地加以重复的教条。"① 显然，马克思恩格斯深知理论不能封闭自我，不能像黑格尔等哲人那样致力于理论体系的构建。再次，马克思思想并未终结真理，而是为真理的进一步丰富和发展开辟道路、清理路基甚至设置路标，这体现出独特的向未来社会的开放性。因此，在资本全球化愈演愈烈的趋势下，虽然世界社会主义事业一度遭遇挫折，但是马克思思想的前景不是更加黯淡，而是更加光明。

三　马克思批判思想的现代性语境

马克思批判思想的重要意义表现在何处？仅仅追溯这一批判思想的演进历程，并发掘这一批判思想以激活其批判力，这是完全不够的。如果不把这一批判思想的出场语境、历史任务和当代命运勾连起来，那么即使对这一思想发掘得足够好，也还停留在学院的文本阐释层面，而没有揭示出该思想对现代社会的历史生成、现实状况和未来走向的整体回应。因此，我们认为应该把这一思想的出场语境还原出来，亦即把马克思的批判思想与资产阶级社会的现实状况，尤其是与资本全球化背景下日益尖锐的现代性问题的内在关联展现出来。从此处出发，去理解马克思批判思想的世界历史意义——当然首先是西欧，以及它在世界历史中的中国命运，无疑对当下的中国现代性建构将大有裨益。

（一）西欧现代性的历史生成

一旦讨论现代性，首先遇到的是术语上的困难。现代性从何时开始，学界中人也"没有一致的看法"。不仅如此，这一概念"充满着意义的不确定性"，它"所指的内涵不清，外延不明"②。可以确定的是，现代性最早生成于西欧社会。一般来说，在西方文化史上最早使用"现代性"一词的是法国人波德莱尔。在他看来："现代性就是过渡、短暂、

---

① 《马克思恩格斯选集》第4卷，人民出版社1995年版，第681页。
② [英]齐格蒙特·鲍曼：《现代性与矛盾性》，邵迎生译，商务印书馆2003年版，第6—7页。

偶然，就是艺术的一半，另一半是永恒和不变。"① 不难理解，他使用"现代性"来表达人或事物所具有的某种品格和存在状态。但据马泰·卡林内斯库考证，现代性一词早在基督教中就产生了，与其相伴随的是"古今之争"。他依据对西方历史三个阶段的具体划分——古代、中世纪和始于文艺复兴早期的现代，认为自文艺复兴早期的现代以来的每个世纪都是自觉的②，都自命为第一个"现代"的世纪，从而将自身规定为根本不同于过去的一个世纪。

一般而言，这个过去的世纪指中世纪。在哈贝马斯看来，1500年前后发生的三件大事——即新大陆的发现、文艺复兴和宗教改革，可视为"现代与中世纪之间的时代分水岭"③。众所周知，在中世纪宗教神学具有重要地位。也正是基于此，现代性的产生不可回避地具有神学语境，尽管学者们更多强调其与欧洲历史的世俗化、理性化过程的关系。当然，此处的现代性"特指西方理性启蒙运动和现代化历程所形成的文化模式和社会运行机理"④。作为现代社会的规定性，现代性是一个总体性概念，它囊括了包含经济、政治、社会、文化等层面的转型。如果现代性带来的是人类迄今为止最深刻的社会转型，带来的是一种新的生存样式，那么现代性现象所构成的是一个繁复的总体图景，它包括建立在理性基础上的个人自由、市场经济、民主政治、社会契约、科学进步等。究其实质，现代性是由理性的普遍性所引导的一整套的社会规定性。

现代性是从对宗教的批判和宗教的世俗化进程开始的。如果没有基督教的神学历史观和上帝面前人人平等的信仰，现代性就缺乏赖以产生的文化基因和精神动力。当今时代，普罗大众惯常地说到现代化，除了学界中人却很少有人提及现代化的过程是凭借理性祛魅的过程。究其实

---

① ［法］波德莱尔：《波德莱尔美学论文选》，郭宏安译，人民文学出版社1987年版，第485页。
② ［美］马泰·卡林内斯库：《现代性的五副面孔》，顾爱彬、李瑞华译，商务印书馆2004年版，第27页。
③ ［德］于尔根·哈贝马斯：《现代性的哲学话语》，曹卫东译，译林出版社2011年版，第6页。
④ 衣俊卿：《现代性的维度及其当代命运》，《中国社会科学》2004年第4期。

质，作为西方文化的两大源头，希腊理性文化和希伯来宗教文化的相互碰撞与磨合让现代性得以孕育和产生。特洛尔奇指出，现代文明具有两大基本成分：一是被裹在基督教信仰与教会传统的形式之中的古希腊罗马文化，它不断地以新的冲力在这一传统中发展着，成为一种西方的语言、艺术、制度、伦理学和教育的力量；二是基督教，它历经一千五百年的洗礼终于彻底改变了日耳曼民族的一切思想和情感。因此，欧洲历史（首先是西欧历史）的所有重要环节，关键在于重新确定这两大基本成分的相互位置。[①] 其中，现代性的生成正是理性化和世俗化的过程，而世俗化与基督教的理性化相伴随。

施特劳斯认为："现代性是一种世俗化了的圣经信仰；彼岸的圣经信仰已经彻底此岸化了。简单不过地说，不再希望天堂生活而是凭借纯粹人类的手段在尘世上建立天堂。"[②] 无论是韦伯所说的"世界的祛魅"，还是海德格尔所说的"诸神的消失"，都是对现代性兴起之初宗教批判的呼应。值得注意的是，最初的宗教改革与其说是宗教色彩的逐渐淡化，不如说是宗教向现世人生的逐步逼近，这充分体现在韦伯关于宗教改革后资本主义精神及其社会影响的论述中。韦伯认为："各种神秘的和宗教的力量，以及以它们为基础的关于责任的伦理观念，在以往一直都对行为发生着至关重要的和决定性的影响。"例如，"以职业概念为基础的理性行为这一要素，正是从基督教禁欲主义中产生出来的。"正是在这种观念的支配下，财富不断积累，并且它不被奢侈地消费，不被用于贪图享乐。当然，这反映的只是资本主义兴起的早期。随着财富的增长，

[①] [德] 特洛尔奇：《基督教理论与现代》，朱雁冰等译，华夏出版社2004年版，第43页。

[②] [美] 列奥·施特劳斯：《苏格拉底问题与现代性》，丁耘译，华夏出版社2008年版，第33页。关于现代性的神学起源，可参见以下论著：[美] 埃里克·沃格林《政治观念史稿卷1：宗教与现代性的兴起》，霍伟岸译，华东师范大学出版社2009年版；[美] 米歇尔·艾伦·吉莱斯皮《现代性的神学起源》，张卜天译，湖南科学技术出版社2012年版；王晓朝、杨熙楠主编《现代性与末世论》，广西师范大学出版社2006年版；[德] 约纳斯等《灵知主义与现代性》，刘小枫选编，张新樟等译，华东师范大学出版社2005年版。关于现代性与文艺复兴、宗教改革的关系，参见 [英] 昆廷·斯金纳《现代政治思想的基础》，奚瑞森、亚方译，译林出版社2011年版。

"寻求上帝的天国的狂热开始逐渐转变为冷静的经济德性；宗教的根慢慢枯死，让位于世俗的功利主义"①。在韦伯眼里，出现在西欧的现代资本主义是独一无二的，其"组织核心是资本主义企业"②。由于探讨韦伯对资本主义兴起的阐释不是此文的目的，恕不赘述。我们只想用利奥塔的话直言之："资本主义是现代性的名称之一。"③

现代性的生成与启蒙理性内在地关联在一起。④ 尽管一说到启蒙，我们可能最先想到18世纪发生在法国的那场波澜壮阔的思想运动，至今已过去200多年；然而，启蒙思想最早可追溯至古希腊罗马时期。古希腊文明是西方文化奠立根基、首次全面昌盛的时代。确切地说，古希腊的文化繁荣是后世人文主义的思想预演，现代人所接受的一切社会制度和价值尺度在那时都已有了萌芽与胚胎。起源于14世纪下半叶的人文主义，在意大利首倡，其后遍及西欧整个地区。人文主义者以"人性"反对"神性"，用"人权"反对"神权"。他们非常不满教会对精神世界的控制，反对宗教的专横统治和封建等级制度，主张个性解放和平等自由，提倡发扬人的个性，追求现世幸福和人间欢乐，赞扬科学文化知识。反过来，科学观念的传播，又使理性、自由和追求世间的幸福成为推动启蒙的主要因素。

在法国启蒙思想家看来，17世纪以来自然科学已取得了长足进步，但整个社会依然充满着传统教义、狂热、盲目的信念、愚昧和专制，普罗大众仍旧处在黑暗之中。因此，"他们不承认任何外界的权威，不管

---

① ［德］马克斯·韦伯：《新教伦理与资本主义精神》，于晓、陈维纲等译，生活·读书·新知三联书店1992年版，第15—16、141、138页。与韦伯所谓资本主义起源于禁欲苦行相反，桑巴特认为资本主义起源于贪婪攫取性（参见［德］维尔纳·桑巴特《奢侈与资本主义》，王燕平、侯小河译，上海人民出版社2000年版）。而贝尔企图调和前二者，参见［美］丹尼尔·贝尔《资本主义文化矛盾》，严蓓雯译，江苏人民出版社2010年版。

② ［德］尤尔根·哈贝马斯：《交往行为理论》第一卷，曹卫东译，生活·读书·新知三联书店2004年版，第154页。

③ 包亚明主编：《后现代性与公正游戏——利奥塔访谈书信录》，谈瀛洲译，上海人民出版社1997年版，第147页。

④ 以下部分论述，参见吕敬美《现代性论域中的启蒙理性与志愿精神》，《中共福建省委党校学报》2013年第5期。

这种权威是什么样的"。他们主张应当用理性之光驱散黑暗,把普罗大众引向光明,这也是"启蒙"(Enlightenment)的本义,即"照亮"。在这种意义上,人的理性就成为衡量一切的尺度,"宗教、自然观、社会、国家制度,一切都受到了最无情的批判;一切都必须在理性的法庭面前为自己的存在作辩护或者放弃存在的权利。思维着的知性成了衡量一切的唯一尺度。"① 正是基于此,现代性所催生的世俗化进程带来了科学技术等层面的高度发展,社会理性化程度的空前提升,以至于社会进步的观念成了现代性主流的意识形态。诚如哈贝马斯所说:"十八世纪为启蒙哲学家们所系统阐述过的现代性设计含有他们按内在的逻辑发展客观科学、普遍化道德与法律以及自律的艺术的努力。同时,这项设计亦有意将上述每一领域的认知潜力从其外在形式中释放出来。启蒙哲学家力图利用这种特殊化的文化积累来丰富日常生活——也就是说,来合理地组织安排日常的社会生活。"②

然而,随着启蒙运动的不断深入,其本身固有的一些弊病也越来越清晰地暴露出来。首先,启蒙运动"不承认任何外界的权威",但却树立了理性的绝对权威。其次,启蒙运动以理性为绝对权威,然而理性并非一个纯粹的抽象物,它在任何时候都必须通过实际生活中的肉身凡胎来承载。最后,启蒙思想家自视为理性的化身,相信可以理性地安排社会制度和普罗大众的生活,如此一来,启蒙者会自觉或不自觉地代替人民思考,以至于会把自己的意见强加于普罗大众,剥夺人们思考的自由。正是在这样的历史背景下,康德开始了对启蒙的反思。在他看来,所谓启蒙即是敢于使用自己的理智并从某种不成熟状态中脱离出来,成为一个自己为自己负责的人即自由的人。③

随着启蒙的现代性日益暴露出自身的弊病,其也就成为哲人们竞相关注的理论问题。黑格尔说:"我们这个时代是新时期的降生和过渡的时代。人的精神已经跟他旧日的生活和观念世界决裂,正使旧日的一切

---

① 《马克思恩格斯选集》第 3 卷,人民出版社 1995 年版,第 355 页。
② 王岳川、尚水编:《后现代主义文化与美学》,北京大学出版社 1992 年版,第 17 页。
③ [德]康德:《历史理性批判文集》,何兆武译,商务印书馆 1990 年版,第 23 页。

葬入于过去而着手进行他的自我改造……可是这种逐渐的、并未改变整个面貌的颓毁败坏，突然为日出所中断，升起的太阳就如闪电般一下子建立起了新世界的形相。"① 哈贝马斯曾指出，黑格尔作为第一个把现代性作为问题去对待的哲学家，他开创了现代性的哲学话语，"首先提出了现代性自我批判和自我确证的问题"②。在黑格尔看来，在启蒙之中作为普遍性原则的理性"认自由为人赖以旋转的枢纽"，因此"人不能承认任何违反他的自由的东西，他不能承认任何权威"③。显而易见，理性的自由植根于主体性原则。现时代的人作为理性的载体和承担者，要么成为客体为外界所压迫，要么作为主体去压迫外界。主体之中，"理性的这种压迫特征普遍存在于自我关系的结构中。所谓自我关系，就是将自身作为客体的主体关系"④。此处，所谓自我关系的结构是与主体性原则紧密关联在一起的。

实质而言，自文艺复兴对"人的发现"以来，特别是笛卡尔对自我的奠基之后，自我的价值就得到空前的凸显。这即是说，笛卡尔打破了中世纪经院哲学对理性的禁锢，从而大大提高了自我在宇宙中的地位，高扬了人的主体能动性。人们走出中世纪，便慢慢发现个体自我。随着社会的宗教色彩逐渐淡化，或者说宗教神学的世俗化进程加剧，个人主义的种子便开始发芽。大卫·库尔珀曾引用彼得·贝格尔对现代社会的分析，即"除其体制功能和角色功能外，作为最高实在的纯粹自我概念正是现代性的灵魂"。如果说传统社会中的现实个人常常通过履行体制角色而确立自己的身份，那么现代社会中的现实个人往往通过挣脱体制来丰富自我。而在韦伯那里，随着实质合理性向形式合理性过渡，传统

---

① ［德］黑格尔：《精神现象学》上卷，贺麟、王玖兴译，商务印书馆1979年版，第6—7页。
② ［德］于尔根·哈贝马斯：《现代性的哲学话语》，曹卫东译，译林出版社2011年版，第59页。
③ ［德］黑格尔：《哲学史讲演录》第4卷，贺麟、王太庆译，商务印书馆1978年版，第289页。
④ ［德］于尔根·哈贝马斯：《现代性的哲学话语》，曹卫东译，译林出版社2011年版，第33页。

社会逐渐瓦解，现代社会得以确立。在现代社会，一切意义的缔造者和承担者都是个人自我，一切意义阐释和社会可能性的基础是个人。在库尔珀看来，韦伯视野中的"现代性就是对古往今来的自我和社会的一种明白确认"①。

现代性的主体性原则因理性的扩展和自我的提升而愈益明显，具体表现为现实个人与民族国家最强劲的政治诉求，即独立自主。换句话说，主体性原则既体现在个人自我的觉醒，也体现在民族国家的诞生。因此，围绕着个人、现代国家的概念便建立起来。诚如多迈尔所言："在政治学领域中，现代主体性往往滋养着一种别具一格的个体主义：它不仅把自我作为理论认识的中心，而且把它作为社会政治行动和相互作用的中心。"② 比如说，在康德那里，个人被构想为能动自律的理性主体，国家被构想为通过法治而处于良好秩序的法权主体，而整个人类生活被构想为永久和平并不断进步的世界历史。

总的来说，现代性可追溯到中世纪，它发端于文艺复兴和宗教改革，后经工业革命和启蒙运动而逐步确立。正是基于此，吉登斯说："在其最简单的形式中，现代性是现代社会或工业社会的缩略语。"③ 实质而言，现代性主要表现在两个方面：一方面，对于自然世界，人类可以通过理性活动获得科学知识，这些知识以"合理性""可计算性""可控制性"为圭臬，被广泛运用到对自然的控制甚至掠夺之中。培根所谓"知识就是力量"就是其写照。另一方面，在社会历史领域，通过一系列的制度设计，现代人试图理性地建构现代社会的政治框架和经济结构，并相信历史的发展是合目的的和进步的。一言以蔽之，在现代性进程中理性化和世俗化比翼齐飞。

需要注意的是，现代性在不断展开的过程中也表现出内在的分裂、

---

① ［美］大卫·库尔珀：《纯粹现代性批判》，臧佩洪译，商务印书馆2004年版，第29、32—33页。

② ［美］弗莱德·R. 多迈尔：《主体性的黄昏》，万俊人译，广西师范大学出版社2013年版，前言。

③ ［英］安东尼·吉登斯、［英］克里斯多弗·皮尔森：《现代性——吉登斯访谈录》，尹宏毅译，新华出版社2001年版，第69页。

冲突和矛盾。比如，在尼采看来，现代处在双重的虚无主义笼罩性影响之下，一方面，所谓"上帝死了"，这种信仰危机像幽灵一样笼罩在欧洲上空；另一方面，"上帝死了"又死得不彻底，上帝的替代者（或者说影子）即人的理性原则和传统道德还在继续反对和削弱生命本能，导致现代人精神上的空虚和本能上的衰竭。尼采所谓虚无，即最高价值的自行废黜。① 确切地说，尼采触及到了时代危机的深层内涵，这种危机集中体现在内在的紧张、外在的匆忙、个性的丧失、灵魂的平庸、意义的阙如等层面。现代性所带来的世俗化进程导致了"诸神的消失"，使得"无家可归状态变成了世界的命运"②。而在韦伯看来，整个现代社会的理性化促成了"世界的祛魅"，使得"国家生活的整个生存，它的政治、技术和经济的状况绝对地、完全地依赖于一个经过特殊训练的组织系统"。这一高度理性化的组织系统即所谓的铁笼，铁笼乃是现代社会对人的宰制的最好象征，它看上去如此庞大冷静，逻辑严密，等级森严，似乎要吞噬一切。在铁笼一样的现代社会中，最极端的体现是"专家没有灵魂，纵欲者没有心肝"③。

（二）马克思对西欧现代性的回应

应该说，现代性固然可以从不同角度、不同层面加以描述和阐释，但它最终仍然不能单靠某一方面的考察所概括。作为现代社会的基本特质，现代性是一个体现在整个社会生活的方方面面——经济、政治、文化、社会等多方面的总体性概念。正是通过对社会发展的深入考察，马克思具体阐发了自己的现代性思想。那么，他是如何回应西欧现代性问题的呢？马克思虽然确实没有使用过"现代性"这一概念，但是他的"思想与现代性的开始有着密切的联系；如果割裂它与中世纪之后在欧

---

① ［德］尼采：《权力意志》上卷，孙周兴译，商务印书馆 2007 年版，第 400 页。
② ［德］马丁·海德格尔：《海德格尔选集》上卷，孙周兴选编，上海三联书店 1996 年版，第 383 页。
③ ［德］马克斯·韦伯：《新教伦理与资本主义精神》，于晓、陈维纲等译，生活·读书·新知三联书店 1992 年版，第 7、143 页。

洲出现的启蒙哲学、经济合理化、科学技术创新与社会去传统化的历史承接关系,那是不可想象的"①。作为西欧现代性的产儿,他是"第一位使现代与前现代形成概念并在现代性方面形成全面理论观点的主要的社会理论家"②。马克思对以资本主义为特征的现代社会的深刻洞察,蕴含着对现代性的批判。他所讲的"现代社会",就特指资本主义社会。马克思明确指出:"'现代社会'就是存在于一切文明国度中的资本主义社会。"③ 当然,他更多用的是"资产阶级社会",也曾在其前面冠以"现代"二字,称之为"现代资产阶级社会"。总的来说,在马克思那里,现代性并非单纯某一领域、某一方面的问题,而是一个具有整体性(或总体性)的社会问题。

诚如前面所分析,现代性与启蒙理性内在地相互关联,甚至现代性被用来指称启蒙精神,现代性批判成了对启蒙精神的批判,即变成了对理性和主体性的反思和批判。毋庸置疑,以理性来命名时代具有深远的历史传统,可以上溯至文艺复兴,更不用说之后的宗教改革和启蒙运动了。以理性批判为核心的现代性批判在黑格尔那里达到高潮,这尤其体现在黑格尔的市民社会理论和国家学说之中。马克思对包括黑格尔思想在内的启蒙运动以来的现代性观念进行了彻底的批判。他在充分肯定这种现代性观念在反对封建专制和宗教神学上的思想启蒙作用的同时,指出它受到资产者眼界的局限,是解释世界的哲学。换句话说,对理性和主体性的反思是必要的,但是不能简单地就精神原则谈精神原则,而应去挖掘精神原则的社会历史基础。诚然,青年马克思一度受到启蒙运动以来的现代性思想的影响,以至于用那一套由启蒙理性所主导的现代性(姑且称之为启蒙现代性)的话语体系来展开对现实的批判。比如博士论文中对自我意识的强调,《莱茵报》时期

---

① [英]罗斯·阿比奈特:《现代性之后的马克思主义——政治、技术与社会变革》,王维先、马强、禚明亮译,江苏人民出版社 2011 年版,第 1 页。
② [美]斯蒂芬·贝斯特、道格拉斯·科尔纳:《后现代转向》,陈刚等译,南京大学出版社 2002 年版,第 100 页。
③ 《马克思恩格斯选集》第 3 卷,人民出版社 1995 年版,第 313 页。

的对自由、平等、安全等资产阶级人权概念的反思。尽管如此,马克思后来还是转向了以资本为核心的现代性批判(姑且称之为资本现代性)。

理性的批判仍然是观念的批判,是副本的批判,而不是原本的批判。马克思以资本批判作为现代性批判的规范基础,进而将现代性批判导向了历史唯物主义的批判路线,可称之为一种现代性的存在论批判。因此,马克思的现代性批判乃是揭示了青年黑格尔派"自我意识哲学"、以自由平等为核心的法国政治哲学同现代市民社会基础之间的同构关系。[①]这实质上反映了马克思的现代性批判已经从思辨理念的批判转移到现实社会的批判。通过把对现代性的反思与对资本主义制度的批判相结合,马克思深刻地揭示了现代性的内在冲突,指出那个时代"每一种事物好像都包含有自己的反面"。他认为,现代性在西欧的生成使得"一切固定的僵化的关系以及与之相适应的素被尊崇的观念和见解都被消除了,一切新形成的关系等不到固定下来就陈旧了,一切等级的和固定的东西都烟消云散了,一切神圣的东西都被亵渎了"[②]。

马克思的现代性批判既正视历史发展的现实过程,又坚持对人类价值理想的终极关切。在这个意义上来说,马克思的思想是欧洲思想中以下两种基本视角的统一:超越性视角与理解性视角。异化以及在共产主义中对异化的扬弃分别代表了理解性视角和超越性视角。当然,此二者是不可分割地连接在一起的,甚至是互相贯通的。如果没有对资产阶级社会普遍异化的理解,那么就没有作为异化的扬弃——即共产主义社会对资产阶级社会的超越。因此,伯尔基认为:"两种视角走到一起,这本身就是对现代性的本质定义。"[③] 究其实质,马克思对西欧现代性的回应主要渗透和体现在对现代资产阶级社会的解剖过程中。因此,只有对

---

① 罗骞:《论马克思的现代性批判及其当代意义》,上海人民出版社 2007 年版,第 324—325 页。
② 《马克思恩格斯选集》第 1 卷,人民出版社 1995 年版,第 775、275 页。
③ [英]伯尔基:《马克思主义的起源》,伍庆、王文扬译,华东师范大学出版社 2007 年版,第 5 页。

现代资产阶级社会进行深入分析，才能更清楚地理解马克思的现代性批判及其双重视角。需要注意的是，这两种视角集中体现在马克思现代性批判的以下几个方面。①

其一，商品拜物教是马克思现代性批判的逻辑起点。所谓商品拜物教是指在商品经济条件下人与人的关系表现为物与物的关系。马克思对现代性的把脉是从现代社会财富的元素形式即商品开始的。他在《资本论》第一卷中开宗明义地指出："我们的研究就从分析商品开始。"对马克思而言，商品的神秘化以及商品拜物教的形成，并非源于商品的使用价值，而是源于人们的如下错觉："商品形式在人们面前把人们本身劳动的社会性质反映成劳动产品本身的物的性质，反映成这些物的天然的社会属性，从而把生产者同总劳动的社会关系反映成存在于生产者之外的物与物之间的社会关系。"② 在资本主义社会里，商品交换使得人们之间的相互关系"表现为对他们本身来说是异己的、独立的东西，表现为一种物。在交换价值上，人的社会关系转化为物的社会关系；人的能力转化为物的能力"③。总的来说，这样的物化使人本身及其人格等都变成一种可以交换的商品。

其二，货币拜物教是马克思现代性批判的概念中介。所谓货币拜物教是指商品的生产、交换、分配和消费等四个环节都要通过一般等价物即货币来实现，久而久之，人们把自身的力量都归结为货币固有的魔力。在马克思看来，商品不仅具有使用价值（即商品的自然属性），而且具有交换价值（即商品的社会属性）。在现代社会中，尤以后者的生产为根本目的。在此过程中，货币作为商品交换中的一般等价物，也作为特殊的商品，无疑给现代生活带来了巨大的变化。"货币从它表现为单纯流通手段这样一种奴仆形象，一跃而成为商品世界中的统治者和上帝。"

---

① 以下几点论述，主要参考俞吾金《马克思对现代性的诊断及其启示》，《中国社会科学》2005 年第 1 期。
② 《马克思恩格斯选集》第 2 卷，人民出版社 1995 年版，第 114、138 页。
③ 《马克思恩格斯全集》第 30 卷，人民出版社 1995 年版，第 107 页。

从而，"个人现在受抽象统治"①。马克思曾在《1844年经济学哲学手稿》中概括了货币的如下两大特点：一方面，作为有形的神灵，货币使一切人和自然的特性变成异己的对立物，从而使事物普遍产生混淆和颠倒；另一方面，货币作为人尽可夫的娼妇，是人们和各民族的普遍牵线人。更重要的是，"货币拜物教的谜就是商品拜物教的谜，只不过变得明显了，耀眼了"②。马克思认为，货币拜物教乃是商品拜物教的完成形式，它用物的形式遮蔽了私人劳动的社会属性以及私人劳动者之间的社会关系。

其三，资本拜物教是马克思现代性批判的课题核心。所谓资本拜物教是指资本变成生产条件来统治人，也就是说，资本是资产阶级社会的基础，是资产阶级社会的支配一切的经济权力。"资本来到世间，从头到脚，每个毛孔都滴着血和肮脏的东西。"马克思认为，资本的逻辑就是无限地增殖。当然，这一逻辑是奠基于资本家追求财富的无限欲望之上的。所以，马克思把资本家称为"人格化的资本"③。总的来说，资本的逻辑导致了如下结果：首先，资本的无限增殖使现代社会"不停的动荡，永远的不安定和变动"；其次，资本的无孔不入使人际关系冷漠化，在人与人之间只有"赤裸裸的利害关系"和"冷酷无情的'现金交易'"；再次，资本的扩张必然导致资本市场全球化，这即是说，"不断扩大产品销路的需要，驱使资产阶级奔走于全球各地"④。

其四，异化的扬弃是马克思现代性批判的重要结论。如果问，资本如何得以不断增殖？马克思会回答说："劳动是酵母，它被投入资本，使资本发酵。"⑤确实，资本的增殖是通过对活劳动的吸附来实现的。所以，只有通过对资本主义生产过程的全面分析，才能真正揭开资本增殖的秘密。实际上，在资本主义的生产方式中，作为整个生产活动的组织

---

① 《马克思恩格斯全集》第30卷，人民出版社1995年版，第173、114页。
② 《马克思恩格斯全集》第44卷，人民出版社2001年版，第113页。
③ 《马克思恩格斯选集》第2卷，人民出版社1995年版，第266、239页。
④ 《马克思恩格斯选集》第1卷，人民出版社1995年版，第275—276页。
⑤ 《马克思恩格斯全集》第30卷，人民出版社1995年版，第256页。

者，资本家不但通过延长工作日的方式来从工人身上榨取绝对剩余价值，而且通过提高生产率的方式来从工人身上榨取相对剩余价值。这就引出了马克思的"异化"概念。在他那里，异化具有如下的特征：一方面，异化是通过劳动生产出来的。① 任何生产劳动都把人的精力物化在对象或产品中。当物化后的产品反过来宰制人时，物化就表现为异化的形式了。另一方面，异化是普遍发生的。异化不仅适用于劳动工人，"也适用于资本家"②。确切地说，异化对全社会成员是普遍适用的，有产阶级同无产阶级一样都属于人的自我异化。因此，异化现象应该也是可以被扬弃的。

其五，共产主义运动是马克思现代性批判的现实要求。在马克思看来，一方面，在社会分工基础上逐步形成的异化劳动是私有财产的直接原因；另一方面，私有财产又是异化劳动得以延续、巩固和强化的基础。所以，他认为："对私有财产的积极的扬弃，作为对人的生命的占有，是对一切异化的积极的扬弃，从而是人从宗教、家庭、国家等等向自己的人的存在即社会的存在的复归。"③ 正是看到了资本主义社会的普遍异化，马克思主张用共产主义运动来完成异化的扬弃。他强调，对于实践的唯物主义者来说，要在批判旧世界中发现新世界，要使现存的世界革命化。因此，成熟时期的马克思转向政治经济学批判来解剖市民社会，从而很少使用"异化"这一概念。因此，其早期"扬弃异化"的哲学口号被晚期"剥夺剥夺者"的政治口号所取代。

（三）以马克思批判思想推进中国现代性建构

如前所述，一方面，马克思从理解性视角肯定了资本主义现代性对于社会历史的巨大推动作用。另一方面，马克思从超越性视角对资本主义现代性进行了批判。显而易见，现代性不可避免地包含着内在的冲突。不过，现代性尚未展示出终结的迹象，它依旧是人类社会运行的主要支

---

① 参见《马克思恩格斯选集》第1卷，人民出版社1995年版，第49页。
② 《马克思恩格斯全集》第3卷，人民出版社2002年版，第349页。
③ 《马克思恩格斯全集》第3卷，人民出版社2002年版，第298页。

撑力和前行的动力。可以说，现代性仍是一种未竟之业。换句话说，虽然现代经济社会的发展过程中"存在着根植于体制性的、自我生成的危险"，但是现代性"仍然包含着规范的、令人信服的内涵"，它"并非某种我们已经选择了的东西，因此我们就不能通过一个决定将其动摇甩掉"。①

后现代性主义一度甚嚣尘上，大有把现代性及其思想扫进历史的垃圾堆之嫌。不过，即使利奥塔也承认，所谓"后现代性"并非是在"现代性"之后到来的东西，相反，"后现代总是隐含在现代里"。原因在于，现代性"自身包含着一种超越自身，进入一种不同于自身的状态的冲动。现代性不但以这种方式超越自身……现代性在本质上是不断地充满它的后现代性的"②。无独有偶，在福柯看来，"现代性"不仅仅是一个具体的历史阶段，还代表着一种"精神"（ethos），是注重现在的精神气质，现代性包含着一种超越自身、不断地改造世界的内在要求。③

毋庸讳言，现代性最早生成于西方，且在西方发展得尤为典型。因此，把西方国家当作研究现代性问题的样本，应是情理之中的事情。原因在于，"并没有与欧美现代性绝然不同的中国现代性，尽管中国现代性具有历史的具体性"④。虽然"对于中国现代性及其问题的分析首先需要置于文化研究和历史研究的视野之中"⑤，但是带着中国问题进入西方问题乃是为了再返回中国问题。进一步说，在讨论现代性时，我们必须"在中国语境下提出和面对中国自己的问题"⑥，而这个问题的关键乃是

---

① 包亚明主编：《现代性的地平线——哈贝马斯访谈录》，李东安、段怀清译，上海人民出版社1997年版，第123页。
② 包亚明主编：《后现代性与公正游戏——利奥塔访谈书信录》，谈瀛洲译，上海人民出版社1997年版，第153—154页。
③ ［法］米歇尔·福柯：《福柯集》，杜小真编选，上海远东出版社2003年版，第534页。
④ 刘小枫：《现代性社会理论绪论——现代性与现代中国》，上海三联书店1998年版，第3页。
⑤ 汪晖：《去政治化的政治：短20世纪的终结与90年代》，生活·读书·新知三联书店2008年版，第366页。
⑥ 高全喜：《何种政治？谁之现代性？》，新星出版社2007年版，第117页。

中国现代性建构。

中国现代性建构作为当代中国的社会自我批判,是对当代中国社会向何处去的现实回答,是社会主义社会建设即社会现代化的根本取向。这里涉及现代性与现代化的内在关联。毋庸置疑,二者无论从字面上还是实质上都纠缠在一起。尽管如此,"现代化是这个时代的思想基调,而对现代性的哲学反思,则仅是第二声部的衬托"①。原因在于,在中国语境中,现代化的内涵主要是经济和物质的指标,只涉及现代性的表层内涵,这使得其背后的价值体系和制度安排等现代性的深层内涵被抽离了。不难得出结论,中国现代性的建构是一个长期的、艰巨的历史任务。

历史表明,中国现代性建构与马克思主义中国化有深刻的内在关联。无论是马克思主义中国化的起点、任务还是方向,都与中国现代性建构紧密相连。在20世纪早期,中国一批知识分子在众多"主义"话语中选择了马克思主义。随之而起的是奠基于中国国情的马克思主义本土化,即通常所谓的马克思主义中国化。具体而言,马克思主义中国化的起点,由外观之是世界历史意义上资本的全球扩张对中国传统社会的冲击,由内观之乃是中国自身的现代化诉求。不仅如此,这种现代化的诉求,其思想资源既不能纯粹地从西方拿来(但必须考虑西方的方法论启示),又不能从自身的文化传统中直接挪用(但需充分考虑传统的现代转换)。正是在这样的大背景下,中国先进知识分子引入了具有思想革命性和社会实践性的马克思主义,而马克思主义成了近代中国反帝反封建进而建构中国现代性的思想武器。②

民族国家的确立是马克思主义中国化的历史任务。民族国家是现代性的产物,对于近代中国来说尤其如此。中国现代性建构的前提乃是找到民族自我的认同,而这种认同植根于民族国家的确立。不过,自汇入世界范围内的现代化大潮以来,中华民族始终处于一种"坚持自我还是效仿异己"的焦虑状态。自鸦片战争以来,中华民族所遭遇的种种压迫

---

① 丁耘:《儒家与启蒙:哲学会通视野下的当前中国思想》,生活·读书·新知三联书店2011年版,第2页。
② 邹诗鹏:《马克思主义中国化与中国现代性的建构》,《中国社会科学》2005年第1期。

与屈辱，也不断动摇着国人的民族自信力和国家认同感。如果说马克思所在的西欧资本主义社会的阶级矛盾体现在资产阶级和无产阶级之间的话，那么东方社会特别是处于半殖民地半封建社会的近代中国，其社会矛盾则更为复杂，而首要的矛盾是本民族与西方列强的矛盾。正是基于此，中国的马克思主义者把马克思主义的普遍真理和中国的具体实践结合起来，通过民族革命而建立了近代意义上的民族国家。这即是说，"近代中国一再出现的'救亡'，并非是以拯救一个已经存在的中国为目标，而是一个具有现代'民族国家'（nation-state）意义的全新的中国的创造过程"①。正是如此，"不顾一切代价以维护集体认同（collective identity）的需要，遮蔽了早先所倡导的个人自主性的需要"②。需要注意的是，在兵荒马乱的战争年代和革命时期，个人自主也缺乏社会经济层面的物质保障。

如果说近现代中国社会是民族救亡压倒思想启蒙，那么现当代中国社会则是经济建设压倒思想启蒙。不管是民族救亡还是经济建设，实质上都表征着民族意义上的中国之崛起和振兴，但都首先不是以个体价值为取向的。诚然，"现代民族国家的思想启蒙以及现代市场经济的思想启蒙虽然都与现代性个体价值启蒙相关，乃至包含着现代性个体价值启蒙的因素，创造着现代性个体价值启蒙的条件，但毕竟不等于现代性个体价值启蒙"③。因此，在完成了民族国家的确立后，经济建设如火如荼地展开着，个体自我的觉醒无疑成为马克思主义中国化的历史使命。这其中，作为革命时期的思想武器，中国化马克思主义需要恰当转换为建设和发展社会主义社会的指导理论。原因在于，个人自由而全面的发展与社会的繁荣进步乃是不可偏废的，毕竟"每个人的自由发展是一切人

---

① 李杨：《"救亡压倒启蒙"？——对八十年代一种历史"元叙事"的解构分析》，《书屋》2002 年第 5 期。
② ［美］舒衡哲：《中国启蒙运动——知识分子与"五四"遗产》，刘京建译，新星出版社 2007 年版，第 274 页。
③ 李海青：《马克思主义中国化进程中的现代性个体价值启蒙———一种基于历史发展逻辑的梳理》，《江苏行政学院学报》2012 年第 5 期。

的自由发展的条件"①。

当今时代,全球化浪潮席卷而来,给地区的发展和民族国家的崛起带来了机遇和挑战,特别是那些后起的民族国家,全球化浪潮已经成为了它们绕不过的唯一命运。不可回避,全球化是中国现代性建构的境遇。当然,对于当今中国来说,在建构自己现代性的同时,又要指陈现代性之病疴。一方面在于西方现代性不可避免地包含内在的冲突,比如自由、民主、法治这些基本的正面价值是在商品化社会中才顺利建立起来的,但商品化社会由于瓦解了传统社会而必然造成神圣感的消失,也即韦伯意义上的"祛魅",与此同时"社会的个体化"②导致了价值观的冲突,而紧随其后的正是生存的无意义感。另一方面在于当前中国正步入现代性,现代社会的建设所起到的负面作用是显而易见的,比如资源的大量消耗、传统的付诸阙如等等。但是,我们不能因噎废食。

建构中国现代性需要动用马克思批判思想来看待以下问题:首先,现代性在不同的民族国家有不同的实现方式。马克思通过资本现代性展开了对启蒙现代性的批判,从而把目光指向超越资本主义现代性的共产主义现代性。需要注意的是,中国现代性建构本身就是共产主义现代性的实践。尽管如此,在中国境遇中,现代性尚未作为一种主导性文化模式和文化精神全方位地渗透到社会运行和个体生存中。因此,当社会的内在机理还处在"前现代"情境中,前现代的经验性和人情化文化模式依旧强有力时,我们一些学者业已完成从现代性启蒙到现代性批判的过渡,这是一种脱离现实生存根基的文化批判情结,它阻碍着中国现代性的建构。③

其次,后发展社会和落后国家的现代化决不是一个简单的机械复制和单纯的经济增长的问题,而是现代性全方位生成的问题。因此,如何

---

① 《马克思恩格斯选集》第1卷,人民出版社1995年版,第294页。
② 当前的中国社会也正在个体化(参见[美]阎云翔《中国社会的个体化》,陆洋等译,上海译文出版社2012年版;[挪]何美德、[挪]鲁纳《"自我"中国:现代中国社会中个体的崛起》,许烨芳等译,上海译文出版社2011年版)。诚然,这一现象值得关注,在很多人因其负面影响而浪漫感伤时,我们应该看到其正面价值,也即个体价值的启蒙。
③ 衣俊卿:《现代性的维度及其当代命运》,《中国社会科学》2004年第4期。

全面地看待现代性，是中国现代性建构过程中亟须解决的问题。特别要注意的是，现代性问题本身不是一个单纯的知识问题或者学术问题，而是一个关涉中国向何处去的理论问题。然而，中国现代性问题的本质并不取决于单纯的学理，而取决于独特的国情。原因在于，"对现代性的反省本身离不开它的实际生活过程，不能离开它的方案与这个方案的实施过程的关系。"①

再次，在苏东剧变之后，一系列以"社会主义"命名的社会实践走向末路，因此有人认为"现代性终结"②了或者"历史终结"了。实质而言，"在当前的语境中，'现代性'这一个令人困惑的术语，恰恰是作为对于某种缺失的遮盖而被运用着，这种缺失指的是在社会主义丧失了人们的信任之后，不存在任何伟大的集体性的社会理想或目的。因为资本主义本身是没有社会目的的。宣扬'现代性'一词，以取代'资本主义'，使政客、政府与政治科学家们得以混淆是非，面对如此可怕的缺失而依然可以蒙混过关"③。了解这一点，我们将更加珍视我国的社会主义制度，它表明了我国在以不同于西方国家的社会制度来从事现代性事业，这本身也是我们的优势所在。④

---

① 汪晖：《去政治化的政治：短20世纪的终结与90年代》，生活·读书·新知三联书店2008年版，第511页。
② [美] 伊曼努尔·沃勒斯坦：《什么样的现代性终结》，载《现代性：基本读本》上册，汪民安、陈永国、张云鹏主编，河南大学出版社2005年版。
③ 复旦大学当代国外马克思主义研究中心主编：《当代国外马克思主义评论》（第二辑），复旦大学出版社2001年版，第285—286页。
④ 此部分论述，参见吕敬美、韦岚《社会转型：现代化还是现代性——当代中国"社会转型"问题述评》，《山西师大学报》（社会科学版）2013年第6期。

第二章　社会自我批判的内涵与机制

社会问题的根源在于个人与社会的关系问题。在社会生活中，个人对社会的批判往往体现为个人对社会问题的回应。而个人总是生活在一定社会群体之中的，个人对社会的自觉或不自觉的批判因其社会角色等因素而产生程度不同的社会效应。个人对社会的批判与社会群体的自我批判之间是什么关系？进而言之，什么是社会自我批判？社会自我批判何以可能？它们是社会自我批判的内涵与机制问题，即本章的研究主题。

一　社会自我批判的主要内涵

自有人类以来，人们及其所在的社群（不管是部落、家庭、民族，还是阶级、国家等）就展开自我认识、自我反思和自我超越，在这个意义上可以说社会自我批判的现象并不新鲜。但是，随着地理大发现、工业文明的兴起、民族国家的诞生，整个地球逐渐进入马克思意义上的世界历史阶段，社会自我批判便成为较为普遍的现象。如果从社会自我意识的角度来诠释社会自我批判，那么将发现社会自我批判与个人对社会的批判具有辩证联系，这植根于社会自我意识与个体自我意识的辩证联系；如果从评价论范畴来解读社会自我批判，那么后者隶属于社会自我评价，是社会自我评价的特殊化和深化，这仰赖于社会自我评价与社会自我意识的深层联系。

(一) 从意识到自我意识

毋庸置疑，自我意识属于意识范畴，因此，谈自我意识首先需要谈意识。在马克思看来，"意识"是从人们每天的实际生活过程中产生的，"意识在任何时候都只能是被意识到了的存在"①，"观念的东西不外是移入人的头脑并在人的头脑中改造过的物质的东西而已"②。然而，不能仅仅把人的意识看作物质的一个自然属性，即不能仅仅把意识看作人这种感性存在物的肉体的产物。诚然，人是以自己的需要来面对这个世界的，人用身体直接地作用于物质外界，或者使用工具间接地作用于物质外界，进而获取外界物为其所有。然而，不应该简单地把需要还原为意识。因为不管你意识到需要与否，它都是作为"扎根于人的自然性之中的倾向性而存在的。与其说需要是意识的前提，不如说需要决定着意识"③。

黑格尔说："凡是在我的意识中的，即是为我而存在的。"④这话似乎在马克思那里也能看到，马克思（和恩格斯）说："凡是有某种关系存在的地方，这种关系都是为我而存在的"⑤。然而，颇为不同的是，在黑格尔眼里，作为观念形态而存在的"为我而存在"之关系是作为物质形态而存在的"为我而存在"之关系的基础；而在马克思眼里，作为观念形态而存在的"为我而存在"之关系恰恰建基于作为物质形态而存在的"为我而存在"之关系。毕竟，人的意识是随着人构建"为我而存在的关系"的感性活动而不断产生和发展的，它同人的现实活动有不可分割的联系。意识既是人的感性活动的产物，又是人的感性活动的特征和标志。正由于人的感性活动是一种具有意识的活动，才使这种活动成为区别于动物的富有能动性的活动。为此，马克思说："仅仅由于这一点，

---

① 《马克思恩格斯全集》第3卷，人民出版社1960年版，第29页。
② 《马克思恩格斯选集》第2卷，人民出版社1995年版，第112页。
③ [日] 石井伸男：《社会意识论》，王永昌译，中国社会科学出版社2010年版，第46页。
④ [德] 黑格尔：《小逻辑》，贺麟译，商务印书馆1980年版，第82页。
⑤ 《马克思恩格斯选集》第1卷，人民出版社1995年版，第81页。

他的活动才是自由的活动。"①

必须注意的是，涉及"为我而存在"关系中的"我"时，必须区分作为主体的"我"和作为主体自知意识的"我"。如果说前者作为物质和意识的统一，作为从事实践活动和认识活动的主体，存在于物质世界之中；那么后者则是纯粹的意识，它的"自为存在"性是主体能动性的意识根据，并作用于从事实践活动和认识活动的主体。其中，自我意识与作为主体自知意识的"我"具有内在的关联：作为主体意识中对主体"我"的意识，后者必须以前者即自我意识为中介，必须在自我意识的基础上才能形成。②

意识必然具有意向性。在现象学家看来，一切意识都是对某物的意识。一般来说，意识的意向对象是超越自身（或者说自身以外）的事物，而当它以"自我"为对象（即意识返回自身进行思考）时，意识才成为自我意识。"自笛卡尔以来，在形而上学中，人即人类'自我'（Ich）以占据支配地位的方式成为'主体'（Subject）。"③ 甚至在康德那里，在自我基础上的自我意识俨然处于认识论的核心地位。无独有偶，在黑格尔的《精神现象学》中，"自我意识"具有极其重要的意义，它是精神的本质、生命和灵魂。一般说来，精神并非生来就是精神，在源始性上还只是一个自在的普遍性、一个实体。精神只有达到其自我意识时，它才具有生命活力，才成为一个具有无限创造力的主体，在这个意义上它才是所谓精神。自我意识的基本含义是自己对自身的意识，是意识的自由自主。在黑格尔那里，就像意识一样④，自我意识也有广义和狭义之分：从广义上来说，自我意识是普遍的自我意识；从狭义上来说，自我意识是个体的自我意识。这两种含义本质上是统一的，自我意识首先是精神对其自身的意识，是精神的自主和自由，而这恰恰就是精神的

---

① 《马克思恩格斯全集》第 3 卷，人民出版社 2002 年版，第 273 页。
② 参见陈新汉《自我评价论》，上海人民出版社 2011 年版，第 33—35 页。
③ ［德］马丁·海德格尔：《尼采》下卷，孙周兴译，商务印书馆 2002 年版，第 773 页。
④ 广义的意识是意识发展的各个阶段的统称，"意识""自我意识""理性""精神""宗教""绝对知识"等都是广义的意识；狭义的意识就是指意识发展的一个特定阶段，它是与意识发展的下一个阶段相对的。

本质，精神之所以为精神，就在于其是自我意识。精神的自我意识是普遍的自我意识，但它的现实出发点却是要有个体承担者（即个体的自我意识），是作为抽象的人——主人或奴隶出现于历史的舞台，而后随精神的发展，自我意识才从个体意识走向群体意识，最后达到绝对的自我意识。总之，在黑格尔那里，绝对的自我意识是个体意识与群体意识的统一。①

自我意识要把人自身作为对象来把握，从属于人的感觉、想象、意志等等内容便会成为人的意识对象。黑格尔曾说："精神，作为感觉和直觉，以感性事物为对象；作为想象，以形象为对象；作为意志，以目的为对象。但就精神相反于或仅是相异于它这些特定存在形式和它的各个对象而言，复要求它自己的最高的内在性——思维——的满足。"②这即是说，在这种自我意识中，把全部思想对象囊括在其中的思想作为再思想、再认识的对象。正是基于此，在《精神现象学》中，黑格尔认为："自我意识是从感性的和知觉的世界的存在反思而来的，并且，本质上是从他物的回归。作为自我意识它是运动；然而由于它只是把自己本身同自己区别开，所以对自我意识这个作为一个它物的差别立刻就被扬弃了"③。可见，作为一种指向"意识"的意识，自我意识跟主体的对象意识密切相关，是从对象那里所展开的自我投射（或者说反思）。具体而言，自我意识是主体以把握自身的需要、属性、状态、活动等方面及其同外部对象的关系为标的的意识。因此，可以从物质和精神两个层面来理解自我意识的内容：在物质层面上，自我意识是主体对自身的需要、属性、状态、活动及其同外部客体的关系的意识；在精神层面上，自我意识是主体对于自身精神、意识活动的认识。④

---

① 参见高全喜《自我意识论》，学林出版社1990年版，第22—23页。
② ［德］黑格尔：《小逻辑》，贺麟译，商务印书馆1980年版，第51页。
③ ［德］黑格尔：《精神现象学》上卷，贺麟、王玖兴译，商务印书馆1979年版，第116页。
④ 冯契主编：《哲学大辞典（修订本）》，上海辞书出版社2001年版，第2071页。《哲学大辞典》把自我意识的涵义分别从狭义的角度和广义的角度来予以理解，这种观点也有待商榷，因为这种理解意味着可以仅仅从第二层涵义来规定自我意识。人是物质和精神的统一，由此就决定了自我意识的这两层涵义不可分割地联系在一起，二者彼此渗透，相互映照。自我意识的完整涵义是这两层涵义的统一，其中的任何一层涵义都不能单独地表征自我意识。实践活动是自我意识形成的基础。不仅如此，自我意识又是实践活动的前提。自我意识在实践活动的基础上发生和发展，而实践活动又必须以自我意识为前提。这就是实践活动与自我意识之间的辩证关系（参见陈新汉《自我评价论》，上海人民出版社2011年版，第43—45页）。

（二）从自我意识到社会自我意识

必须明确的是，自我意识不仅存在于现实个体之中，而且存在于现实个体所属的群体之中。一般而言，特定群体总是由一定的现实个体所构成，但从发生学角度来理解人类自我意识，将不难发现如下这点：自我意识首先主要表现为群体的自我意识，即"一开始不是作为个体的自我意识，而是作为'集体的自我意识'"[①]表现出来的。其后，"我"的意识逐渐由群体向个体转化。个体自我意识是人类社会逐渐进入现代社会的普遍现象，是现代性的普遍产物。虽然个体意识的凸显在一定程度上带来群体意识的缺失，但是这并不必然意味着群体意识的完全消解。相反，个体意识的觉醒带来的是更为深刻有力、从而也较为普遍的群体意识。因为，现实个体总是或多或少打着特定社会的烙印，而越是自觉的个体人生，这样的烙印就越是深刻。黑格尔从消极意义上说："没有人能够超出他的时代，正如没有人能够超出他的皮肤。"[②]而海涅从积极意义上认为："一个人的生命难道不是像一代人的命运一样珍贵吗？要知道，每一个人都是一个与他同生同死的完整世界，每一个墓碑下都有一部这个世界的历史。"[③]可以说，个人生命史是一部浓缩的社会世界史，个人意识（个体意识）是一个简版的社会意识（集体意识，或群体意识）。

不过，社会意识的承担者并非孤立的个人，在其现实性上，最基本的承担者不过是社会集体罢了。这是因为，无论现实个人如何去展现自己的存在，都必须与其他现实个人发生联系。进而言之，只有在与其他现实个人的不断联系中，现实个人的存在及其意义才得以揭示。避免遭到孤立，现实的个人聚合为一定的社会群体。否则，个人就无力存在。这与马克思所理解的"社会"内在地联系在一起。关于"社会"，马克

[①] 夏甄陶主编：《认识发生论》，人民出版社1991年版，第239页。
[②] ［德］黑格尔：《哲学史讲演录》第1卷，贺麟、王太庆译，商务印书馆1959年版，第56—57页。
[③] 转引自［苏］科恩《自我论》，佟景韩等译，生活·读书·新知三联书店1986年版，第146页。

思曾在不同时期的著作中有如下说法：

"社会——不管其形式如何——是什么呢？是人们交互活动的产物。"①（《马克思致帕·瓦·安年科夫》）

"生产关系总和起来就构成所谓社会关系，构成所谓社会，并且是构成一个处于一定历史发展阶段上的社会，具有独特的特征的社会。"②（《雇佣劳动与资本》）

"社会不是由个人构成，而是表示这些个人彼此发生的那些联系和关系的总和。"③（《1857—1858年经济学手稿》）

"社会本身，即处于社会关系中的人本身，总是表现为社会生产过程的最终结果。"④（《1857—1858年经济学手稿》）

可见，马克思极力反对把社会群体单纯理解为个人的机械集合体，从而主张不仅要把关系中的个人作为社会的基础，而且要把特定历史发展阶段的社会生产关系作为社会关系的基础部分。社会是由个人组成的，个人必须在社会中才能获得自己的规定性并展开现实的活动。所以，社会性乃是个人的存在属性。毋庸讳言，现代社会越是给人们打下了深刻的烙印，人们对社会的要求也就越多，个人与社会的关系就越是紧密。这一方面要求人们具有敏感的社会意识，另一方面要求社会能够对人们的这一意识作出有效的回应。因为，凡群体都具有在共同活动中形成的某种共同需要。共同需要仰赖于个人需要，是个体需要中的重叠部分。可以说，共同需要是众多个体形成群体的胶合剂，是群体成为主体的根据。如果说与个人需要相对应，产生个人意识，那么与群体主体相对应，则形成了群体意识。个人意识和群体意识联系紧密，相互作用。如果说个人意识是群体意识的前提条件，可以提升为群体意识，那么群体意识则构成个人意识的必要核心，规定着个人意识。

社会意识是一种特殊形态的群体意识。需要注意的是，社会意识不

---

① 《马克思恩格斯选集》第4卷，人民出版社1995年版，第532页。
② 《马克思恩格斯选集》第1卷，人民出版社1995年版，第345页。
③ 《马克思恩格斯全集》第30卷，人民出版社1995年版，第221页。
④ 《马克思恩格斯全集》第31卷，人民出版社1998年版，第108页。

等于一般的意识，它具有自己的独特性。一般而言，在特定社会形态中生活着的、具有各种各样需要和利益的各个个人，都分别从各自的角度去把握社会。正是基于此，我们得以接近社会意识的本质。[①] 所谓社会意识一般在以下三种意义上被使用：第一，指的是意识的社会规定性。任何人的任何意识，都是在社会中形成的，总是由社会所决定的。这种定义过于宽泛了，因为它把一般意识和社会意识等同起来，不加分辨。第二，指的是某些社会群体成员共同持有的意识。显然，这是一种对意识的承担者、意识的主体的规定。考虑到意识的群体性，显然是没有问题的，[②] 但是，把社会意识的主体归结为群体，不一定能揭示社会意识的含义，反倒让人觉得这样的意识是脱离个人的。第三，指的是关于对社会的意识。这种理解是把社会意识和它的意识对象密切地联系起来而作出的规定。因为这种规定既表明个人的社会意识在社会中形成，又表明个人的社会意识是面向群体性而开放，我们认同这种规定。从这一层面来说，社会意识是特殊形态的群体意识。同理，社会自我意识实质是一种特殊形态的群体自我意识，此处所谓"特殊"是指社会自我意识在深度和广度上都超过群体自我意识。

自我意识是以"我"（小我）和"我们"（大我）的两种形态现实地体现出来的。个体自我意识和群体自我意识是自我意识的两种现实形态。个体自我意识与群体自我意识之间的不可分离性，究其实质是跟个体与群体之间的不可分离性内在地联系在一起的。[③] 作为构成性的存在，个体自我意识离不开群体意识。原因在于，存在决定意识，而所谓存在是指社会存在。不仅如此，使自我从其中产生的过程是一个社会过程，它意味着诸个个体在这个群体中进行互动，意味着这个群体的预

[①] [日]石井伸男：《社会意识论》，王永昌译，中国社会科学出版社2010年版，第55页。当前，社会学、心理学的研究成果，即使是理论性的，也给人以某种实用操作、零碎散落和不得要领的感觉。显然，对社会意识的理论性研究，理所当然是哲学的事情。这不是对哲学的执意强求，而是因为从哲学方面去研究社会意识，比社会学等学科更能接近问题的实质。

[②] 在社会团体成员共同意识的含义上使用社会意识的概念，此处的社会指的就是意识主体的社会化扩展——共同体、阶级、民族等。

[③] 参见陈新汉《自我评价论》，上海人民出版社2011年版，第46—49页。

先存在。① 所以，自我意识中的"我"，如黑格尔所说，内含着"我们"。"我"和"我们"实际上是不可分割地交织和渗透在一起的。②

值得一提的是，一方面，社会自我意识（特殊形态的群体自我意识）本质上是对对象的实践性关系的意识化。人们的全部社会生活在本质上是实践的，他们因为生活需求的必要性而同周围的事物和人们发生实践的关系。正是在这种实践关系中，产生出各种社会意识，其中就包括社会自我意识。另一方面，社会自我意识是以个体自我意识为媒介、受个体自我意识限制的。社会自我意识往往要凭借个体自我意识来承担和实现，这就会迫使（有时甚至是强制）个体自我意识必须超越个体的特殊性、狭隘性和利己性，而以一定的类身份亦即一定社会角色的眼界来反映社会。如此一来，个体自我意识的自觉就深化和拓展为社会自我意识，即个体在认识社会中了解自我，并通过了解自我而更深刻地理解社会。

社会自我意识具有普遍性。卢梭对"众意"和"公意"的区分有助于我们来理解这一点。在《社会契约论》中，他把众意理解为全体意志，它是民众中个人意志的全体，具有异质性、特殊性和私利性；而公意是公共意志，是人民的共同意志，或者说是杂多的个体意志的重合部分，具有同质性、普遍性和公共性。卢梭认为："众意与公意之间经常总是有很大的差别；公意只是着眼于公共利益，而众意则着眼于私人利益，众意只是个别意志的总和。但是，除掉这些个别意志间正负抵消的部分而外，则剩下的总和仍然是公意。"③ 即使我们不去廓清意志与意识之间的关系（意识的一部分恰恰是对意志的反映），而单纯把意志换成意识，就能够很好理解。虽然个体自我意识在其直接性上呈现出不可穷尽的差别性和难以捕捉的随机性，但在其现实性上则深深地打着社会的

---

① ［美］乔治·H. 米德：《心灵、自我与社会》，赵月瑟译，上海译文出版社2005年版，第129页。
② ［德］黑格尔：《精神现象学》上卷，贺麟、王玖兴译，商务印书馆1979年版，第122页。
③ ［法］卢梭：《社会契约论》，何兆武译，商务印书馆2003年版，第35页。

普遍性和规范性的烙印。值得注意的是，虽然个体自我意识与社会自我意识相互矛盾，但这种矛盾具有深刻性。一般来说，个人自我意识的觉醒必然伴随着个人社会化的进程，从而体现为个人对于社会的社会责任感和忧患意识。这种社会责任感和忧患意识作为普遍性的社会自我意识，又深深地作用于社会实践。

综上所述，作为主体，社会中的人总是社会主体；作为主体，社会所具有的自我意识必然是通过个体的头脑实现的。① 所以，马克思明确地说，社会需要作为"主体的存在形式、存在规定"来把握，"在理论方法上，主体，即社会"②。正是基于此，赵泳认为："社会自我意识的主体就是社会自身"。社会，这一主体，作为能动的、有思想的无数具体现实个体的集合、综合，必然要对社会自身、社会与自然的关系、社会与个体的关系等等进行反思，从而获得社会自我意识。社会自我意识确定着整个实践活动的取向，表现为社会进行宏观调控的内在尺度，因而也规定、影响着社会内活动的个体的行为及其自我意识自觉的程度等等。只不过，这一切跟人的实践活动及其水平又是紧密联系的。③

（三）从社会自我意识到社会自我批判

在社会自我意识中，存在着占据核心地位的意识主体的自我意识。所谓核心地位是指个体自我意识在社会自我意识中的基础性地位。人们怎样看待社会，同人们对自己的某种了解有着不可分割的联系。因为意识内容同人们的利害观念有着更为直接的关系。人把各自的价值意识作为评价标准去判断和评价什么是价值、什么不是价值，进而在实践领域获取有价值的东西而远离无价值的东西。从这一角度来考察社会自我意识，社会自我意识里又存在着互为密切相关的事实认识和价值认识。事实认识是对外界对象实际所是（实然）的把握，而价值认识是对内在主体意欲如何（应然）的反映。如果说事实认识强调对外界对象的了解和

---

① 赵泳：《社会自我意识研究》，陕西人民出版社1998年版，第33、27页。
② 《马克思恩格斯全集》第30卷，人民出版社1995年版，第48、43页。
③ 参见赵泳《社会自我意识研究》，陕西人民出版社1998年版，第34、27—32页。

认识，那么价值认识（价值意识）强调作为意识主体的人自身内部的外化与显现。两者之间的关系，可以说是前者以后者为中介才能成立，而后者则因前者才得以改变和发展。① 因此，两者又是相互影响的，相互作用的。首先，对于带有一定价值意识而切近对象的人来说，事实认识为价值判断提供了素材。其中，深刻的事实认识往往有着推翻传统价值意识以及引发变革的力量。其次，价值意识是事实认识的条件。这即是说，如果一开始价值意识就不唤起人们对各种各样事实的认识兴趣的话，那么，所谓事实认识的深化给价值意识带来的变革影响，最终也实现不了。②

由上可知，社会自我意识是事实意识和价值意识的统一。这样讲还只是停留于对社会自我意识的描述。就实质而言，社会自我意识必定也是实践意义上的价值概念。因为使我们每个人在时代的现实中都有生活的意欲和热情，并能作为生活指针的是：人在特定的社会里生活而具有特定的社会自我意识。一定程度上，它决定了我们"意欲何所往"。在此意义上，黑格尔把意识分为理论的意识（思维）和实践的意识（意志）两大类，同时把理性分为观察的理性和实践的理性两大类③，由此来解决"世界是如此"的问题和"世界该怎样"的问题，解决合规律性

---

① ［日］石井伸男：《社会意识论》，王永昌译，中国社会科学出版社 2010 年版，第 8—9 页。
② ［日］石井伸男：《社会意识论》，王永昌译，中国社会科学出版社 2010 年版，第 67 页。
③ 关于理论的意识（思维）和实践的意识（意志），黑格尔如此写道："关于意志和思维的关系，必须指出下列各点。精神一般说来就是思维，人之异于动物就是因为他有思维。但是我们不能这样说，人一方面是思维，另一方面是意志，他一个口袋里装着思维，另一个口袋里装着意志，因为这是一种不实在的想法。思维和意志的区别无非就是理论态度和实践态度的区别。它们不是两种官能，意志不过是特殊的思维方式，即把自己转变为定在的那种思维，作为达到定在的冲动的那种思维。……理论的东西本质上包含于实践的东西之中。这与另一种看法，认为两者是分离的，完全相反，其实，我们如果没有理智就不可能具有意志。反之，意识在自身中包含着理论的东西。意志规定自己，这种规定最初是一种内在的东西，因为我所希求的东西在我想象中出现，这种东西对我说来就是对象。动物按本能而行动，受内在的东西的驱使，从而也是实践的。但动物不具有意志，因为它并不使自己所渴望的东西出现在想象中。同样，人不可能没有抑制而进行理论的活动或思维……所以这些区别是不可分割的，它们是一而二，二而一。在任何活动中，无论在思维或意志中，都可找到这两个环节。"［德］黑格尔：《法哲学原理》，范扬、张企泰译，商务印书馆 1961 年版，第 12—13 页。黑格尔把理性分为观察的理性和实践的理性两大类，具体参见［德］黑格尔《精神现象学》上卷，贺麟、王玖兴译，商务印书馆 1979 年版，第 182—328 页。

和合目的性的统一问题,这无疑是深刻的。这是因为,正是通过认识活动和实践活动,在观念形态和物质形态上,主体把对象设定为自身的客体。但客体并不是外在于主体的独立存在物,而是主体地位的表现和确证。① 主体地位的表现和确证是与主体能动性的发挥密切联系的。而主体能动性的发挥是与"当我自己称自己为'我'"这一状态的揭示紧密联系的。原因在于,"我"具有"纯粹的'自为存在'"性。所谓"自为存在"性,在黑格尔那里实质上等同于主体性,并同自我意识,同反思和否定联系在一起的。他说:"反思以思想的本身为内容,力求思想自觉其为思想。"② 无独有偶,萨特这样认为,"反思的意识把被反思的意识设定为自己的对象"③。从这个意义上说,自我意识的达成表现为意识力求自觉的努力。只是,所谓"力求自觉的努力"是相对的,因为主体意识对自身的意识可以自觉或不自觉地表现出来。总体而言,作为对自身的意识,主体意识究其实质体现了主体趋向自觉的努力。这种"自觉性既是主体能动性的原因,也是主体能动性的体现"④。

这就触及论题所在:即社会自我意识的评价论意蕴。一般来说,我们可以把认知活动、评价活动统称为认识活动。其中,所谓评价活动就是主体对客体之间的价值关系进行反映和把握的认识活动。在评价活动中,现实主体往往从自身的需要出发,反映和把握特定客体及其属性对于现实主体所具有的意义,从而形成价值意识。⑤ 社会自我评价无疑是特殊的评价活动,因此,在社会自我评价中也形成价值意识。人总是生活在一定的社会中,社会自我意识在认识社会的同时也反映了人们的价值意识。⑥ 而且,这种价值意识是社会自我意识的核心,它把社会自我

---

① 参见陈新汉《自我评价论》,上海人民出版社2011年版,第27页。
② [德]黑格尔:《小逻辑》,贺麟译,商务印书馆1980年版,第81、39页。
③ [法]萨特:《存在与虚无》,陈宣良等译,生活·读书·新知三联书店2007年版,第10页。
④ 陈新汉:《自我评价论》,上海人民出版社2011年版,第43页。
⑤ 陈新汉:《自我评价论》,上海人民出版社2011年版,第432页。
⑥ [日]石井伸男:《社会意识论》,王永昌译,中国社会科学出版社2010年版,中文版序言,第1页。

评价揭示出来。一般而言，社会自我评价仰赖于个体对社会的价值评价。个体对社会的价值评价不说千差万别，其差异性无疑是存在的。而且这些价值评价一定程度上带有非理性、特殊性和私利性，正是从这一层面来说，"社会总体的自我评价虽然是个体对社会的价值评价中实现的，却不能把一切个体对社会的评价性认识都视为社会的自我评价"[①]。

把握社会自我意识，无疑有助于理解社会自我批判。在不同的特定社会历史阶段，社会存在、社会关系的发展状况也有所差异，社会主体对社会存在的认识立场、反映的特定内容也不同，因此可以把社会自我意识分为该社会的自我肯定意识和自我否定意识。社会自我肯定意识和社会自我否定意识具有统一性，二者都是同一时代的产物，都属于社会自我意识，但二者又有质的区别。社会自我肯定意识主要表现为特定社会的统治阶级的占统治地位的意识形态，是对社会存在的肯定，通过改变社会意识来确认现实存在的东西，对现存社会具有辩护性。这种意识符合统治阶级的利益，就此而言，它具有一定客观基础，但它相对于被统治阶级的利益和人类社会的发展方向而言又是虚假的，因而是应当被超越的。社会自我否定意识是社会自我意识的否定的、革命的方面，是对现状的反思和追问，揭示现存社会被超越的根据和可能性。相较而言，这种具有否定性的能动意识显得更加高级，也更加复杂。这种否定性的能动作用不仅表现为对过去进行反思和总结（即过去到底怎样），而且表现为对未来进行谋划和选择（即未来应如何）。总体而言，社会自我否定意识指导着改造社会的革命实践，指引着人类社会进步的方向。因此，如果说社会自我肯定意识要解决的是如何维持现状而为现状辩护的问题，那么社会自我否定意识则要解决如何超越现状而试图改变现状的问题。

需要注意的是，社会自我意识不仅反映社会存在的内容，而且参与社会关系的形成过程。原因在于，它作为社会实践的一定的理想、目的、计划、方案和思想动机，本身就是以"关系"为内容或以揭示某种"关

---

① 赵泳：《社会自我意识研究》，陕西人民出版社1998年版，第129页。

系"为内容的。本质上，社会自我意识的产生和物质生产劳动是相似的，它们不仅单纯生产思想和物，而且还要生产观念形态和物质形态的社会关系。在社会关系中，现实的人们生产着他们的"生命和精神"。而社会自我批判作为特殊的社会自我意识，其批判对象是现存社会关系及其观念。换句话说，它既是通过对社会存在内在矛盾的反思以致产生对该社会现实性和合理性的质疑和否定，也是对占统治地位的思想的怀疑、分析、否定和扬弃。因此，虽然属于社会自我评价范畴，但是社会自我批判是一般社会自我评价活动的特殊化，当然也区别于一般的社会自我评价。所谓一般的社会自我评价，应该这样来理解，即作为主体的社会往往从自身的需要出发，反映和把握作为客体的社会在展开过程中的属性和功能，从而赋予肯定或否定的意义。究其实质，所谓社会自我批判，即主体从自身的需要出发，反映和把握客体在展开过程中的属性和功能，并揭示出它们对于主体所具有的否定意义，从而形成具有批判性的价值意识。

社会自我批判实质是一般社会自我评价的特殊化，这可以从以下两个方面来理解：一个方面，社会自我批判需要特定条件才能发生。在马克思看来，特定社会"并且因为它很少而且只是在特定条件下才能够进行自我批判"。换句话说，现实社会并非总在进行自我批判，原因在于"人类始终只提出自己能够解决的任务"[1]。也就是说，特定条件的生成才能让社会自我批判成为可能，所谓特定条件包含了主体条件、客体条件及其相互作用，下一节我们将专题论述。另一个方面，社会自我批判具有极大的深刻性。通过深刻揭示特定社会结构内部的矛盾运动，此特定社会便趋向于与社会历史发展中的否定环节相联系，进而往往能从否定的方面来自我理解并自我规定。因此，社会自我批判必然意蕴着社会的自我否定、社会的自我超越、社会的自我发展和社会的自我完善。从这个意义上来说，我们也同意这一说法，即社会自我批判是社会自我评价的深化。[2]

---

[1] 《马克思恩格斯选集》第2卷，人民出版社1995年版，第24、33页。
[2] 参见陈新汉《自我评价论》，上海人民出版社2011年版，第434—436页；赵泳《社会自我意识研究》，陕西人民出版社1998年版，第127—135页。

（四）社会自我批判所直面的核心问题

由上述可知，本文所阐述的社会自我批判属于意识范畴，也就是说它是观念形态的社会自我批判，是对现实形态的社会自我批判的思想反映。一般而言，社会自我批判所指陈和解决的是社会问题。而这个问题的核心乃在于个人与社会的关系。通常，社会意味着一群人的共同生活，社会存在于一定数量的人类个体中。虽然社会总体的内部冲突是客观存在的，但是社会总体之意识到自身的冲突问题，只有在构成一个社会的个体发现自身与社会是不统一的情况下才有可能。当个体与社会是直接统一的时候，即便这个社会是有问题的，他（或她）也不会意识到那是一个问题，而会视作命运、定数之类。而只有当个体意识到自己独立于社会而存在之时，社会才会成为并非理所当然的，从而其问题才成为一个意识中的问题，并通过思想观念和现实行动反映出来。

个人对自身与社会的不统一的意识，意味着他（或她）自我意识的觉醒，意味着社会的原子化。毋庸讳言，这恰恰是现代性以来的普遍社会状况。这一社会状况与市场经济、民主政治是相匹配的。市场经济是建立在普遍分工和商品交换的经济形态，而普遍分工和商品交换使得人与人之间的直接依赖关系被物与物之间的间接依赖关系所代替，进而凸显社会的人为性。而民主政治只是社会总体意识到这种人为性进而自觉地重构社会生活的一种方式罢了。[①] 如此一来，社会的个体化现象便成了大势所趋，其极端之处甚至迈向社会整体无甚位置的个人主义（Individualism）。而相反，正是因为个人总是追求着自身的目的，社会总体意识到自身成了个人追求目的的外部条件或者手段，从而希望从高处寻找一种共识，这时候就趋向于社会系统的整合，其极端之处甚至迈向个人遭到蔑视的整体主义（Holism）。总而言之，"最高价值体现在

[①] 参见王南湜《社会哲学：现代实践哲学视野中的社会生活》，云南人民出版社2002年版，第91—92页。

个人中的，我称之为个人主义；相反，价值存在于整体社会的，我称之为整体主义。"①

一般来说，不同的理论就是不同的"看"的方式，从出发点看出去所得到的整体图景，可称之为视域。从个人出发，必定无法真正地"看"到作为整体的社会结构、社会功能等规定，而只能视之为某种派生物；而从社会整体出发，也无法真正地"看"到个人的存在，而往往视之为累赘。因此，每一出发点都是片面的，有缺陷的。甚至可以说，每一个视域根本的盲点就是对方根本的出发点。在此意义上，如果一个社会理论要具有解释力，就不得不与其他社会理论展开对话，吸收其他社会理论的视域，以达到视域融合。②

如果从不同的出发点来看个人主义和整体主义，那么前者的出发点是个人，后者的出发点是社会整体。当然，前者必须设定个人的某些规定性，如个人的欲望、自私、恐惧等；后者必须设定社会整体的某些规定性，如整体的社会结构、社会规律、社会功能等。需要注意的是，我们分析的个人主义和整体主义，只不过是韦伯意义上不同的理想类型，且标志着最为极端的可能性。前者从原子个人出发，后者从社会整体出发，进而去发展自己的概念体系。不过，在实际生活中，人们总是自觉不自觉地、或多或少地摄入了这两种理论的不同颗粒，进而消解了其极端性和抽象性。因此，历史上真正从这两种极端的立场出发的社会理论体系并不多见。

个人主义和整体主义标志着不同的理论进路。所谓不同进路乃是根据不同的理论立场来区分的。就一般情况来说，从个人出发的理论立场多表现为从作为个体的行动者出发，而从社会整体出发的理论立场则表现为从社会结构出发。前者试图从个人出发来构造社会理论，我们称之为个人主义进路；后者试图从社会结构出发来说明个人的活

---

① [法] 路易·迪蒙：《论个体主义：对现代意识形态的人类学观点》，谷方译，上海人民出版社2003年版，第22页。译文有改动。

② 参见王南湜《社会哲学：现代实践哲学视野中的社会生活》，云南人民出版社2002年版，第97—98页。

动或经验，我们称之为整体主义进路。显而易见，它们都绕不开的核心问题就是个人或行动者与社会或社会结构的关系问题，① 更何况其他社会理论进路。

原因何在呢？无论是个人主义进路还是整体主义进路，都是非常极端的，极为抽象的，而其他社会理论的进路都是对二者或多或少的吸收。进一步来说，其他社会理论的进路都是对个人主义进路和整体主义进路的一定程度上的超越。所谓一定程度上的超越，即"两种抽象对立原则的某种接近，或者说，站在自身理论立场的基础上，通过吸取对方理论立场来中介自身，使之由抽象走向具体"②。此处所谓吸收也是一定程度上的吸收，即站在自身理论立场的选择性吸收。如此，极端性为相对的温和性所取代，抽象性为相对的具体性所取代。详细来说，在原则上，个人主义进路对整体主义进路的选择性吸收，其生产的理论仍然属于个人主义，只不过这种个人主义已经从极端立场转变为相对温和的立场；而基于整体主义的立场对个人主义的吸收，其理论所得则仍然属于整体主义，只不过这种整体主义的极端立场已变得相对温和。

就历史上（特别是现代性以来）存在的社会自我批判理论而言，最为典型的进路莫过于个人主义和整体主义了。社会自我批判的个人主义进路力图从原子个人出发，去把握社会的局限与困境，进而为解决之而提供智力支持；社会自我批判的整体主义进路则竭力从民族国家出发，来揭示社会的缺陷与不足，进而为规避之而提供理论指导。诚如上述，就马克思的社会自我批判思想而言，一方面，它强调个人的自由而全面的发展，因此它属于个人主义之列；另一方面，它强调社会整体的自由和发展，因此它属于整体主义之列。必须明确的是，无论它属于前者还是后者，它既是较为温和的，也是较为具体的。原因在于，马克思拒绝抽象地谈论个人、社会、国家以及三者的关系。更为恰当地说，马克思

---

① 参见王南湜《社会哲学：现代实践哲学视野中的社会生活》，云南人民出版社 2002 年版，第 100—102 页。

② 王南湜：《社会哲学：现代实践哲学视野中的社会生活》，云南人民出版社 2002 年版，第 144 页。

从"现实的个人"出发,把个人解读为关系中的个人,强调"每个人的自由发展是一切人的自由发展的条件"①。正是基于此,他发展了自己独特的理论——即基于关系中的个人的社会存在论(或社会本体论)——来指导当时的工人运动,这一理论进路可称之为社会自我批判的社会主义进路。这一进路正是把握了个人与社会之间的辩证关系,从而完成了对极端而又抽象的个人主义进路和整体主义进路的双重超越。②

二 社会自我批判的特定条件

社会自我批判绝非易事,更称不上是司空见惯。正如马克思所说,社会自我批判只有在所谓的特定条件下才能发生。所以,社会自我批判的一般机制,应当到特定条件中去寻求。所谓特定条件,乃是对主体条件和客体条件的统称。这里所谓主体条件是指作为主体的社会群体具备公共理性、忧患意识和实践意志等,而客体条件乃是指作为社会基本矛盾运动的社会问题的呈现。而正是主体条件与客体条件的相互作用,使得社会自我批判应运而生。

(一)社会自我批判的主体及其条件

"社会自我批判就是作为主体的社会对作为客体的社会的批判,就是作为主体的社会从自身的需要出发,反映作为客体的社会对于主体所具有的否定意义,并对否定意义上予以反思的过程。"③ 这即是说,社会自我批判与否定、反思是内在地联系在一起的,是颇不容易的。马克思直接认为,社会自我批判需要在特定条件下才能发生。因此,要探究社会自我批判的一般机制的话,分析社会自我批判的主体及其条件、客体及其条件就是其题中应有之义。

社会自我批判的主体即是社会本身,而社会有广义与狭义之分。就

---

① 《马克思恩格斯选集》第 1 卷,人民出版社 1995 年版,第 294 页。
② 更多论述,详见第三章。
③ 陈新汉:《自我评价论》,上海人民出版社 2011 年版,第 434 页。

广义而言，社会是联合起来的单个人，但这种联合并非单个人的机械相加，"而是表示这些个人彼此发生的那些联系和关系的总和"①。具体地说，特定社会并非与现实个人相对立的抽象的东西。即使独立的个人也并非孤立的个人，也并非抽象地栖息在世界以外的东西。在马克思的视野中，"社会——不管其形式如何——是什么呢？是人们交互活动的产物。"② 个人们通过一定的交互作用形成一定的社会群体，所以个人总是一定社会中的个人，不管这个社会是小到一个家庭、协会、学校，还是大到一个阶级、民族、国家。现实的人并非离群索居的，那种鲁滨逊一类的故事，乃是一种缺乏想象力的虚构，"仅仅表示对过度文明的反动和要回到被误解了的自然生活中去"③。

就狭义而言，社会是历史的产物，是随着生产劳动的兴起——即"随着完全形成的人的出现"而增添的新的因素。④ 正是围绕着社会生产劳动这一枢轴，人们"发生一定的、必然的、不以他们的意志为转移的关系，即同他们的物质生产力的一定发展阶段相适合的生产关系。这些生产关系的总和构成社会的经济结构，即有法律的和政治的上层建筑竖立其上并有一定的社会意识形式与之相适应的现实基础。物质生活的生产方式制约着整个社会生活、政治生活和精神生活的过程"⑤。当然，在马克思看来，在这个地球上只有"处于一定历史发展阶段上的社会，具有独特的特征的社会"⑥——它们要么是亚细亚社会、奴隶社会、封建社会、资产阶级社会等，要么是这些社会形态在不同国家所表现出来的不同发展状况，要么是在一个国家内部不同地区呈现的不同发展状况。只有随着世界历史的充分展开，真正的狭义社会即所谓"人类社会或社会的人类"才能降生。

需要注意的是，不管是广义社会还是狭义社会，在论述时都不能

---

① 《马克思恩格斯全集》第 30 卷，人民出版社 1995 年版，第 221 页。
② 《马克思恩格斯选集》第 4 卷，人民出版社 1995 年版，第 532 页。
③ 《马克思恩格斯选集》第 2 卷，人民出版社 1995 年版，第 1 页。
④ 《马克思恩格斯选集》第 4 卷，人民出版社 1995 年版，第 378 页。
⑤ 《马克思恩格斯选集》第 2 卷，人民出版社 1995 年版，第 32 页。
⑥ 《马克思恩格斯选集》第 1 卷，人民出版社 1995 年版，第 345 页。

把它们相互混淆。首先,广义社会把狭义社会也包括在内,这即是说,由一定个人相互作用所组成的人群共同体即广义社会,其外延囊括了狭义社会即人类社会。其次,如前所述,在马克思那里市民社会也就是资产阶级社会,其本质是属于经济领域;而凌驾于市民社会之上的政治国家,其本质是属于政治领域,我们可称之为政治社会;在此基础上,经济社会与政治社会的合体又称之为社会,此处的社会同经济社会和政治社会一样,都属于广义社会。它作为广义社会的一种,即近代意义上的民族国家,这是不可不察的。再次,广义社会并不是任意集中在一起的个人所组成的,更遑论狭义社会。一般来说,菜市场的顾客,电影院的观众,尽管都是一定个人的集合体,但都称不上真正意义上的社会群体。因为社会群体需要共同活动、相互作用和时间的持续这三个要素,此三个要素缺一不可。简单地说,"社会群体就是在共同活动基础上持续地进行相互作用的若干个人的有机集合体"[1]。无论这个群体是广义社会,还是狭义社会,个人都是生活在一定群体中,所以在马克思视野中,特定社会是一种"主体的存在形式、存在规定";"在理论方法上,主体,即社会"[2]。一言以蔽之,社会是个人存在的普遍形式。

诚然,个人总是生活于一定的社会群体中,因此根据个人对社会群体的归属性,社会群体一般可划分为以下几种类型:其一,首属群体,即个人在成长过程中最初加入而首先归属的社会群体,它的范围包括家庭、朋友和邻里群体等。其二,次属群体,即个人在成长中必须加入但后来归属的社会群体,它的范围包括学校、工会、社团等。其三,隶属群体,即个人依附或者说个人归根结底所属的社会群体,比如阶级、民族、国家等。需要注意的是,社会群体中那些较多地表现为有组织的群体,可称之为自为的、自觉的社会群体,比如工会、学校、自为的阶级、国家等;一些群体并没有按照一定的形式组织起来,可称之为自在的、

---

[1] 参见陈新汉《社会评价论——社会群体为主体的评价活动思考》,上海社会科学院出版社1997年版,第76—77页。

[2] 《马克思恩格斯全集》第30卷,人民出版社1995年版,第48、43页。

自发的社会群体，比如民族、自在的阶级、失业群体、为某一社会事件而激发的社会舆论群体等。①

毋庸置疑，社会与群体是联系在一起的。正如群体有大小一样，社会也有大小。虽然以上的论述不分大小地把二者统称为社会群体，但根据约定俗成，我们一般把小的社会称为群体，而把大的群体称为社会，把最大范围的群体称为人类社会。因此，社会乃是特殊形态的群体。就历史上来说，一个相对完整的社会往往需要一个建立在特定民族基础上的国家来支撑，学界中人通常称之为民族国家（nation-state）。必须明确的是，在恩格斯看来，早期社会主要是围绕氏族或家庭组织起来的，而"国家是社会在一定发展阶段上的产物"②。此处所谓国家，实质就是民族国家。无独有偶，吉登斯认为："现代性产生明显不同的社会形式，其中最为显著的就是民族国家。"③ 具体地说，一方面，作为特定社会，民族国家是一种特殊的社会形式。另一方面，作为一种社会组织系统，民族国家是统治的工具，"是维护一个阶级对另一个阶级的统治的机器"④。

诚如前述，社会自我批判的承担者是社会群体，也就是说，社会自我批判的主体是社会群体。然而，在迈向世界历史阶段的现代社会中，作为批判活动的承担者，社会自我批判的主体往往是上述的次属群体和隶属群体，因为这两种群体的人数较多，容易在群体内部形成社会的氛围。其中，最为常见的主体是集团、阶级、民族、国家。尽管如此，社会自我批判离不开单个人对社会的批判。在现实生活中，单个人总是整个社会群体的细胞，社会群体的需要和利益通过个人的具体需要和利益表现出来。通常情况下，即使这种表现具有自发性、片面性、狭隘性和局限性，个人所表现出来的需要和利益也必然在一定程度上构成了社会

---

① 详见陈新汉《社会评价论——社会群体为主体的评价活动思考》，上海社会科学院出版社1997年版，第78—83页。
② 《马克思恩格斯选集》第4卷，人民出版社1995年版，第170页。
③ [英]安东尼·吉登斯：《现代性与自我认同》，赵旭东、方文、王铭铭译，生活·读书·新知三联书店1998年版，第16页。
④ 《列宁选集》第4卷，人民出版社1995年版，第31页。

群体的需要和利益。在无组织的社会群体中，由于社会分工等不同，个人总是从自己的需要和利益出发来展开对社会的批判，往往不能自觉地从社会群体整体的需要和利益出发来展开对社会的批判，因而体现出一定的自发性、片面性、狭隘性和局限性。在有组织的社会群体中的个人，其多重身份使得其需要和利益的表达呈现出复杂性。但在有组织的社会群体中，个人的需要和利益表达较为规范，个人也较为自觉地从社会群体整体的需要和利益出发展开对社会的批判。

显而易见，一方面，社会群体是社会自我批判的直接承担者即直接主体；另一方面，社会自我批判离不开现实个人对社会的批判，或者说，社会自我批判具体地、现实地体现在众多现实个人对社会的批判之中。尽管如此，我们不能把社会自我批判仅仅归结为现实个人对社会的批判。只有个人对社会的批判达成一定的社会效应，才使得社会自我批判成为可能。需要注意的是，虽然人民群众是历史的创造者，但由于分工等原因，代表着社会历史发展的先进阶级的思想家（知识分子）在社会自我批判中往往能够把握时代的脉搏、引领时代潮流，因为他们作为时代的弄潮儿，"提出理论和观点，把群众中尚处于朦胧状态的要求和想法以理性的形态表达出来"①。这些思想家引领着广大的群众，他们既是群众的思想领袖，也是"世界精神的代理人"②。正是基于此，列宁才强调"灌输"在社会主义事业中的基础性，③ 葛兰西才竭力提醒我们注意"有组织的知识分子"（也称为"有机知识分子"）在意识形态领导权中的重要性，④ 卢卡奇才强调把握"阶级意识"的必要性和迫切性。⑤ 这是因为，作为社会历史活动，社会自我批判归根到底是群众联合（即组织）

---

① 陈新汉：《民众评价论》，上海人民出版社2004年版，第271页。

② ［德］黑格尔：《历史哲学》，上海书店出版社2006年版，第28页。

③ 列宁认为，意识形态乃是从先进知识分子所持有的理论中成长起来的。因此，"我们应当积极对工人阶级进行政治教育，发展工人阶级的政治意识"。所谓教育，除了向工人阶级灌输社会主义意识形态之外，还必须无情地揭露并批判资产阶级的意识形态。参见《列宁选集》第1卷，人民出版社1995年版，第342页。

④ ［意］安东尼奥·葛兰西：《狱中札记》，曹雷雨、姜丽、张跣译，中国社会科学出版社2000年版。

⑤ ［匈］卢卡奇：《历史与阶级意识》，杜章智、任立、燕宏远译，商务印书馆1999年版。

的事业。因此,"随着历史活动的深入,必将是群众队伍的扩大"①。

一般说来,个人能够成为社会批判的主体比较好理解,但是社会群体究竟何以能够成为社会自我批判的主体呢?这主要得益于社会群体基于自身需要和利益而产生的忧患意识、公共理性以及实践意志。像其他一切生物体一样,个人的生存和发展有其客观条件,正是对这些客观条件的依赖和需求构成了所谓个人的需要。但人的需要并不像动物那样表现为本能,其本质上是在一定的社会实践基础上发展起来的,毕竟社会生活本质上都是实践的。这即是说,人的需要的满足不能像动物一样单纯依靠自然的恩赐,而是必须通过人本身的感性劳动即社会实践。人不仅能够适应环境,而且能够改造环境,甚至人在改造环境的过程中也在改造自身。正是在此意义上,个人们通过共同活动、相互作用和时间的持续而形成社会群体。而个人们的需要作为把众多个人联结而成社会群体的纽带和胶合剂,进而转化为社会群体的需要。

社会群体的需要同个人的需要一样,是对客观条件的依赖和需求。这种需要具有客观性、全面性、丰富性和自我超越性。总的来说,我们既可以粗略地把社会群体需要分为物质需要和精神需要,也可以大致地把它分为生存需要和发展需要。一般而言,物质需要是基础,精神需要是补充和升华;生存需要是前提,发展需要是归宿。值得注意的是,尽管社会群体的需要具有个人需要的很多本质特征,但不能根据马斯洛的需要层次理论来简单比附之。原因在于,社会群体作为人的集合体具有特定结构,并且与其他社会群体和自然环境处于相互作用中。更别说社会群体的需要并非它所属的众多单个人需要的总和:一方面,一些社会群体的需要只是单个人需要中的一部分,亦即社会群体内众多单个人需要中的共同部分;另一方面,一些社会群体的需要只是单个人部分需要的基础,亦即社会群体内众多单个人共同需要的基础。

社会群体的需要反映在社会群体意识之中。斯皮尔金认为,利益是"人对自己在正常的生命活动、自我实现和自我发展中缺乏必需的物品

---

① 《马克思恩格斯全集》第 2 卷,人民出版社 1957 年版,第 104 页。

和条件而产生的一种意识"①。这即是说，利益是主体需要在主体意识中的反映，同理，社会群体利益则是社会群体的需要在社会群体意识中的反映，通常称之为社会公共利益。一般地，社会群体的需要常以自发的形式通过低层次的社会群体意识（即社会心理）反映出来，这是针对无组织的社会群体而言的；对于有组织的社会群体而言，社会群体的需要常以自觉的形式通过高层次的社会群体意识（即意识形态）反映出来。总而言之，社会群体的需要总会以各种利益形式通过社会群体意识反映出来。

特定社会群体的需要常常与其忧患意识内在地紧密联系，以至于"一个民族或社会是否具有浓厚的忧患意识是该社会是否在进行社会自我批判的一个重要标志"②。"忧患"一词最早出于《周易·系辞下》："《易》之兴也，其于中古乎？作《易》者，其有忧患乎？"及至后来，有孟子所谓的"生于忧患而死于安乐"之命题。由"忧患"到"忧患意识"，反映出人们在和平安定的环境中对于可能出现危机的自觉。忧患意识乃是人类的一种精神现象，古来有之，中西皆存。需要注意的是，尽管中华民族是具有深厚忧患意识的民族，但"忧患意识"这个词是现代的产物，它由徐复观在1962年的《中国人性论史》中首次提出。在他看来，忧患意识不过是"人类精神开始直接对事物发生责任感的表现，也即是精神上开始有了人的自觉地表现"③。在前面的基础上，陈新汉更为深刻详尽地作出如此定义，所谓忧患意识"就是困苦患难的意识，它揭示现实事物的内在的否定方面，并以惊世骇俗的形式表达出来，从而体现为一种积极的进取精神"④。显而易见，忧患意识的深刻之处在于其辩证的否定，它在肯定的基础上揭示了事物的内在的否定方面，进而把握了事物发展的矛盾运动。

---

① 转引自陈新汉《社会评价论——社会群体为主体的评价活动思考》，上海社会科学院出版社1997年版，第92页。
② 陈新汉：《自我评价论》，上海人民出版社2011年版，第436页。
③ 徐复观：《中国人性论史·先秦篇》，上海三联书店2001年版，第19页。
④ 陈新汉：《自我评价论》，上海人民出版社2011年版，第437页。

忧患意识的主体既可以是单个人，也可以是社会群体。前者可称之为个体忧患意识，后者可称之为群体忧患意识。这两种意识是内在地相互联系的，因为社会群体总是由单个人的相互联结而成，因此个体忧患意识是群体忧患意识的基础；而单个人总是生活在一定的社会群体之中，因此群体忧患意识又在个体忧患意识上深深地打下自己的烙印；个体忧患意识如果发生一定的社会效应，就进而转化为群体忧患意识。如果说个体对社会的批判反映着个体忧患意识，那么社会自我批判则反映着群体忧患意识。正是在此意义上，通过对资产阶级社会的无情批判，马克思呼唤并影响着资产阶级社会的自我批判。其中，正是因为马克思本人怀着公共理性，所以这种个体忧患意识方能转化为群体忧患意识，并深化为关心个人自由而全面发展的社会自我批判。可以说，除了上述的社会群体需要之外，公共理性是个体忧患意识与群体忧患意识之间的枢纽和中转站，它起到一个桥梁的作用。那么，到底何为公共理性呢？

公共理性可以追溯到霍布斯的"公众的理性"、卢梭的"公意"以及康德的"公开运用自己的理性"[①]等。尽管如此，真正使用"公共理性"一词的是罗尔斯，他认为公共理性指的是"公民在有关宪法根本和基本正义问题的公共论坛上所使用的推理理性"。显然，罗尔斯是在政治哲学意义上来使用"公共理性"一词的，他把公共理性归结为"那些共享平等公民身份的人的理性"，以至直接认为"公共理性是一个民主国家的基本特征"。罗尔斯认为该词具有规范性意义，它"所描绘的是可能的和能够达到的理性，但又可能是永远达不到的理想"。总的来说，公共理性给民主社会中的公民强加了一种必须承认、容忍和尊重其他公民个体或实体拥有理智能力的绝对公民义务，这个义务本身"包含了一种倾听他人意见的态度，和一种在他们应该对别人的观点作出理性回应

---

① 霍布斯、卢梭和康德的相关论述分别参见如下：[英] 霍布斯《利维坦》，黎思复、黎廷弼译，商务印书馆 1985 年版，第 354—355 页；[法] 卢梭《社会契约论》，何兆武译，商务印书馆 2003 年版，第 79 页；[德] 康德《历史理性批判文集》，何兆武译，商务印书馆 1990 年版，第 25 页。

时于决策过程中保持的公平心"①。在罗尔斯看来，这不仅是多元冲突社会进行合作的必要条件，而且是对欲求公平正义的良序社会的公民的基本要求。不过，这些要求和条件都在基本宪政民主框架内。

　　罗尔斯的公共理性学说堪称现代公共哲学的典范，但由于其只彰显了政治自由主义内涵而仍有狭窄之处。公共理性植根于个人理性，但其最终取向是社会维度，即追求以个人利益为基础的社会公共利益的最大化。公共理性的目的在于寻求沟通、实现合作、达成共识，其主要特点在于公共性，这种公共性除了表现为对公共利益的关注外，还表现为超越现实个体狭隘的交往视界——其基本前提就是多元交往主体的共同存在。从这个意义上来说，公共理性就是哈贝马斯意义上的交往理性。后者强调多元主体间交往的整合，而这种整合的前提在于多元性，亦即通过交往和协商将多元性意识整合为一个具有共识的共同体结构即公共领域。按照哈贝马斯的理解，所谓公共领域，无非是"我们的社会生活的一个领域，在这个领域中，像公共意见这样的事物能够形成。公共领域原则上向所有公民开放。公共领域的一部分由各种对话构成，在这些对话中，作为私人的人们来到一起，形成了公众"②。概括而言，公共理性是个人理性与国家理性的中介，或者说是二者的超越——它不仅突破了以个人自我为中心的个人主义，而且扬弃了专事国家事务而无视个人发展的整体主义——它强调个人"将自己的力量从属于社会的合理目标"③。

　　诚如上述，公共理性是个体忧患意识与群体忧患意识之间的枢纽和中转站。而社会群体的忧患意识往往会转化为变革社会现实、完善社会现实的实践意志。谈到实践意志，要从意志说起。而意志是主体能动性的内在规定。黑格尔认为，意志指向目的，而目的的活动"是要建立自

----

①　[美]约翰·罗尔斯：《政治自由主义》，万俊人译，译林出版社2000年版，第10、225—226、230页。
②　[德]尤尔根·哈贝马斯：《公共领域》，载《文化与公共性》，汪晖、陈燕谷主编，生活·读书·新知三联书店1998年版，第125页。
③　[美]约翰·罗尔斯：《万民法——公共理性观念新论》，张晓辉、李仁良、邵红丽、李鑫等译，吉林人民出版社2011年版，第106页。

己的规定,借扬弃外在世界的规定,给自己以外在现实形式中的实在"①。如果"理智的工作仅在于认识这世界是如此",那么"意志的努力即在于使得这世界成为应如此"②。要而言之,意志作为主体能动性的内在规定,就是"把自己变成为定在",继而"达到定在的冲动的那种思维"③。正因为如此,这种冲动就必然转化为改造世界的实践活动,即通过实践打下意志的烙印,此处的意志我们可以称之为实践意志。在社会群体中,像在现实个人那里一样,同样具有实践意志。对于社会群体的实践意志,马克思在《柏林"国民报"致初选人》中论述得非常清楚:"要有同样的意志,这些多数人就要有同样的利益、同样的生活状况、同样的生存条件,或者他们至少必须在自己的利益上、在自己的生活状况上、在自己的生存条件上,暂时互相密切地结合在一起。"④

(二) 社会自我批判的客体及其条件

在社会认识活动中,所谓客体是指主体所对应的认识对象,即主体使用概念性的思维工具对其进行观念的把握,从而使其成为主体意识的内容——即主体的思想观念的一部分。基于此,客体就在思想观念上由自在客体变成所谓"为我之物"。一般而言,一切与主体发生现实的相互关系的事物和现象都可以成为认识的客体,不管这种相互关系是物质形态的还是观念形态的。⑤ 需要明确的是,客体并不仅仅是外在于主体的东西,在自我认识中,主体常常把自己的生命、活动以及思想观念变成自己的对象而加以认识,从而使主体二重化。作为特殊的自我认识活动,社会自我批判的主体也被二重化。尽管如此,我们还应该把特定社会历史阶段的感性实践活动及其基础之上人与自然之间的关系、人与社

---

① [德] 黑格尔:《逻辑学》下卷,杨一之译,商务印书馆1996年版,第523页。
② [德] 黑格尔:《小逻辑》,贺麟译,商务印书馆1980年版,第420页。
③ [德] 黑格尔:《法哲学原理》,范扬、张企泰译,商务印书馆1961年版,导论,第12页。
④ 《马克思恩格斯全集》第6卷,人民出版社1961年版,第235页。
⑤ 陈新汉:《社会评价论——社会群体为主体的评价活动思考》,上海社会科学院出版社1997年版,第98页。

会之间的关系、人与自身之间的关系统统纳入社会自我批判的客体的范围之中。

我们主张社会自我批判的客体是"人的世界"。原因在于,"人不仅像在意识中那样在精神上使自己二重化,而且能动地、现实地使自己二重化,从而在他所创造的世界中直观自身"①。换句话说,人不仅能够在观念上意识到自己和自己的本质力量,而且能够通过实践使自己的本质力量得到现实的确证。在马克思看来,人的世界无疑都打上了人的本质力量的烙印,而人的本质力量对人的世界的摄入或同化达到什么范围和程度,人的世界就在什么范围和程度上成为主体的现实客体。反之,人的世界在什么范围和程度上成为主体的现实客体,人的本质力量就在人的世界得到什么范围和程度上的现实确证。这里,人的世界作为"自然—社会—人"的系统,是颇为复杂的。一般而言,这一系统中的"社会"指代的是社会生活中的现象,亦即人与人之间,尤其是社会群体与社会群体之间相互作用所发生的事件;而"人"指代的是由人所组成的社会群体及其活动;前二者较好理解,但是"自然"所指为何呢?

"自然界,就它本身不是人的身体而言,是人的无机的身体。"显而易见,在马克思看来,自然界就是人为了不致失去生存和发展的现实基础而必须与之持续不断地相互作用的人的身体。进而言之,自然乃是一切劳动资料和劳动对象的第一源泉,"没有自然界,没有感性的外部世界,工人就什么也不能创造"。在马克思看来,"被抽象地孤立地理解的、被固定为与人分离的自然界,对人说来也是无"②。虽然"外部自然界的优先地位仍然保存着",但是人与自然界的这种区别"只有在人被看作是某种与自然界不同的东西时才有意义"③。自然具有优先地位,即先有自然界,然后才有人和人类社会。然而,在马克思的视野中,我们需要把对象、现实、感性理解为人的感性活动即生产实践。如此一来,自然具有通过实践中介而来的社会历史性质。因此,在马克思那里,自

---

① 《马克思恩格斯选集》第 1 卷,人民出版社 1995 年版,第 47 页。
② 《马克思恩格斯全集》第 42 卷,人民出版社 1979 年版,第 95、92、178 页。
③ 《马克思恩格斯选集》第 1 卷,人民出版社 1995 年版,第 77 页。

然概念属于社会历史的范畴，毕竟他有关自然的其他一切言论都是"以社会的实践为前提的"①。

在马克思看来，通过人的实践而改造的自然界，即人化了的自然界，它被打上了人的烙印。这尤其体现在工业社会中。因此，我们"周围的感性世界决不是某种开天辟地以来就直接存在的、始终如一的东西，而是工业和社会状况的产物，是历史的产物，是世世代代活动的结果"②。马克思在《1844年经济学哲学手稿》中直接指出："整个所谓世界历史不外是人通过人的劳动而诞生的过程，是自然界对人说来的生成过程"。换句话说，"在人类历史中即在人类社会的产生过程中形成的自然界是人的现实的自然界"③。人与自然的统一在于实践的历史性规定。工业作为人本质力量的展现，体现了自然界与人的现实的历史关系。可以说，现实个人在自然的前提下进行对象性活动并创造历史，他们的目的与自然的规律有机地结合，因此"自然史"和"人类史"是不可分割、彼此制约的。正是基于此，与人发生着现实联系的自然，作为人的生存和发展的基础，被纳入了社会自我批判的客体的范畴之中。

我们对自然界、人与自然关系的反思和把握，都是为了认识社会本身，更进一步说，都是为了社会以及社会中人的生存和发展。马克思曾连用三个"只有"来强调社会的基础性、决定性地位："只有在社会中，自然界对人来说才是人与人联系的纽带，才是他为别人的存在和别人为他的存在，只有在社会中，自然界才是人自己的人的存在的基础，才是人的现实的生活要素。只有在社会中，人的自然的存在对他来说才是自己的人的存在，并且自然界对他来说才成为人。"④ 不仅如此，马克思还反对从抽象的层面来探讨人的本质，主张应该从具体的社会关系的角度来阐明人的本质，因为人总是具体的现实的人，是生活在特定社会群体

---

① [德] A. 施密特：《马克思的自然概念》，欧力同、吴仲昉译，商务印书馆1988年版，第3页。
② 《马克思恩格斯选集》第1卷，人民出版社1995年版，第76页。
③ 《马克思恩格斯全集》第42卷，人民出版社1979年版，第131、128页。
④ 《马克思恩格斯全集》第3卷，人民出版社2002年版，第301页。

之中的人。在他看来，现实的人是一切社会关系的总和，这揭示的乃是人的社会性。正是在现实的人的基础上，才有政党、国家等社会组织，因此"人永远是这一切社会组织的本质"①。不仅如此，马克思还在《1857—1858年经济学手稿》中指出，个人发展的不同程度标志着不同的社会历史发展阶段。在分析第二阶段即资产阶级社会所产生的普遍异化现象时，马克思断言："在社会之外他们才是人。"② 因此，他相信只有共产主义社会是"人同自然界的完成了的本质的统一，是自然界的真正复活，是人的实现了的自然主义和自然界的实现了的人道主义"③。

诚如上述，我们分析了作为"自然—社会—人"系统的人的世界，并揭示了它作为社会自我批判的客体的可能性。然而，这种可能性要转换为现实性，还需要一定的客体条件。这种客体条件，即社会已将自己最为丰富的具体展现出来，只有这个时候客体才能更充分也更容易地被主体所把握，社会自我批判才能更深刻地也更系统地进行。所谓社会将自己最为丰富的具体展现出来，就是将社会矛盾充分展现出来。为此，马克思告诫我们："现在的社会不是坚实的结晶体，而是一个能够变化并且经常处于变化过程中的有机体。"④ 这个有机体的隐喻，旨在把一个特定社会理解为一切关系在其中同时存在而又互相依赖的网络结构。一个特定社会的变化和发展都源于其各种要素之间的相互作用，而一旦社会结构的某一要素或者环节发生异常，就有可能发生利益冲突，激化社会矛盾。社会矛盾是社会变化和发展的根本动力和源泉。"现代社会作为一个不断处于变化之中的有机体，具有自我调节、自我完善的功能和机制。"⑤ 换句话说，作为一个总体，社会有机体在自身的发展过程中会"使社会的一切要素从属于自己，或者把自己还缺乏的器官从社会中创

---

① 《马克思恩格斯全集》第1卷，人民出版社1956年版，第293页。
② 《马克思恩格斯全集》第30卷，人民出版社1995年版，第107—108、221页。
③ 《马克思恩格斯全集》第42卷，人民出版社1979年版，第122页。
④ 《马克思恩格斯选集》第2卷，人民出版社1995年版，第102页。
⑤ 吕敬美：《马克思的社会自我批判及其当代意义》，《上海行政学院学报》2013年第4期。

造出来"①。

正是在社会矛盾的不断产生和不断解决中，社会有机体得以变化和发展，它总是处于社会矛盾和社会和谐两种状态的交替运行中。社会矛盾总是指向社会和谐，社会和谐酝酿着社会矛盾，二者相互关联，看似对立，实则统一。一般而言，社会矛盾的解决即是社会和谐，社会矛盾和社会和谐是彼此对立的。如果说社会和谐吁请我们重视社会矛盾的发现、分析和解决，那么社会矛盾则提醒我们社会和谐的难能可贵。需要注意的是，作为一种或隐或现的常态，社会矛盾揭示的是矛盾双方在社会历史运动过程中的一种普遍关系，即矛盾双方的斗争没有发展到彼此不能共存的地步。因此，从学理上说，没有社会矛盾就没有社会和谐。而所谓社会和谐，形容的是一种良好的社会秩序。需要注意的是，尽管有那么多善良愿望呼唤着社会和谐，社会矛盾都是无处不在、无时不有的，并且这些社会矛盾有时突出，有时潜隐。社会矛盾在社会生活中表现丰富，如官员腐败、贫富分化、工人失业、制度缺陷等，这些现象有时成为群体性事件的导火索。它们标志着社会失序，而要恢复社会稳定与和谐，政府部门往往诉诸社会控制。

社会矛盾观无疑是马克思主义的经典观念，而在西方流行的观念则是涉及社会控制的社会冲突论。② 相对而言，它们各有侧重，但社会矛盾观无疑更为系统和彻底，它力图从社会有机体内部，即深入社会结构内部的矛盾运动来揭示社会发展方向。这就不能不运用辩证法的眼光深入把握生产力与生产关系、经济基础与上层建筑这两对范畴之间的深刻联系。简单地说，社会矛盾观认为，作为一个整体，社会有机体"既是一巨大的总过程的主体，也是这一总过程的结果"。社会有机体总是在某一特定形态之中运动和发展的，也因此有其运动和发展的限度。这种限度需要放在马克思关于"两个决不会"的思考中来深入理解："无论哪一个社会形态，在它所能容纳的全部生产力发挥出来以前，是决不会

---

① 《马克思恩格斯全集》第30卷，人民出版社1995年版，第237页。
② 参见［美］L. 科塞《社会冲突的功能》，孙立平等译，华夏出版社1989年版。

灭亡的；而新的更高的生产关系，在它的物质存在条件在旧社会的胎胞里成熟以前，是决不会出现的。"①

由上可知，社会自我批判是在社会矛盾充分展现的基础上产生的。在马克思（和恩格斯）看来，"一切历史冲突都根源于生产力和交往形式之间的矛盾"②。这里所谓交往形式即是生产关系。毫无疑问，上面这个命题强调了社会矛盾运动中生产力与生产关系之间的基础性和决定性地位。需要注意的是，马克思曾在《〈政治经济学批判〉序言》中一般地阐述了社会的结构、功能与自我批判：第一，在社会生产中，现实的人们总是生产着"不以他们的意志为转移的生产关系"，这些关系是同他们特定社会历史发展阶段的物质生产力相适应的。第二，上述这些林林总总的生产关系共同构成为所谓"社会的经济结构"，一方面"有法律的和政治的上层建筑"竖立其上，另一方面必然"有一定的社会意识形式与之相适应"。第三，作为坚实而厚重的社会现实基础，"物质生活的生产方式制约着整个社会生活、政治生活和精神生活的过程"。第四，社会的物质生产力一旦发展到一定社会历史阶段，便同它们的现存生产关系发生分裂、冲突和矛盾。如此一来，"这些关系便由生产力的发展形式变成生产力的桎梏"。第五，生产力与生产关系的矛盾运动催生了经济基础的变更。一旦经济基础发生变更，"全部庞大的上层建筑也或慢或快地发生变革"③。实质而言，所谓变革即是现实形态的社会自我批判，也即观念形态的社会自我批判的目的或归宿。

三 社会自我批判的两种方式

正是因为社会中有着林林总总的群体，且这些群体往往分为有组织和无组织两种，所以社会群体的意见或意志的表达呈现出有机方式和无机方式两种。基于此，我们把权威机构对社会的批判称为有机方

---

① 《马克思恩格斯全集》第31卷，人民出版社1998年版，第112—113、413页。
② 《马克思恩格斯选集》第1卷，人民出版社1995年版，第115页。
③ 《马克思恩格斯全集》第31卷，人民出版社1998年版，第412—413页。

式，社会民众对社会的批判称为无机方式。权威机构对社会的批判主要表现为意识形态，社会民众对社会的批判主要表现为社会心理。真正的社会自我批判必然要求社会自我意识的自觉，就必然表现为二者的张力。

（一）有机方式及其意识形态表现

在前一节中，我们已经论述到社会群体的有组织与无组织之分。迪韦尔热引布劳的话说："当人们为了协调一个集团的活动以达到既定目标而确定出明确程序时，便产生了组织。"① 无独有偶，在波普诺的视野中，"组织就是精心设计的以达到某种特定目标的社会群体"②。一般而言，但凡组织，无论大小，都有特定的目标、相对固定的成员、相对严格的规章制度、相对系统的组织结构等。从这个意义上来说，组织是群体发展的高级形式。同样是社会群体，有没有经过精心组织，其区别甚大。有组织的社会群体往往在表达意志和意见时运用有机方式，从而表现出自觉性；而无组织的社会群体在表达意志和意见时运用的是无机方式，从而表现出自发性。③

一般而言，意见是没有经过充分论证的看法。意见是意志的表达形式，意志要通过意见表达出来。个体所表达的意见通常具有特殊性；与个体意见相对，社会群体主体的意见则竭力表达其普遍意志，即具有普遍性的众多个体意见，亦即特定程度的社会群体共识。实质而言，个体主体的意志和意见与社会群体主体的意志和意见是两个层面的、颇为不同的事物，它们之间的关系乃是特殊与普遍之间的关系。当然，二者看似分离，实质却相互束缚和相互制约。而所谓特殊与普遍之间的关系，跟家庭成员（走出家庭即为市民个体）与市民社会的关系是相对应的。

---

① ［法］莫里斯·迪韦尔热：《政治社会学——政治学要素》，杨祖功、王大东译，华夏出版社 2007 年版，第 141 页。
② ［美］戴维·波普诺：《社会学》，李强等译，中国人民大学出版社 1999 年版，第 189 页。
③ 其实，英文里的 organic 和 inorganic，即生物学意义上的有机和无机，也可以翻译成有组织和无组织。在下文中，黑格尔所谓意志和意见表达的有机方式和无机方式也正是在此一意义的引申。

在现代意义上的市民社会中，特殊的人如果与他人之间发生实际联系，也往往是服务于自身的全部目的，即把他人作为手段来服务于自身目的。然而，"特殊目的通过同他人的关系就取得了普遍性的形式，并且在满足他人福利的同时，满足自己。"在此意义上，市民个体的特殊性必然要以市民社会的普遍性为条件，甚至可以说："受到普遍性限制的特殊性是衡量一切特殊性是否促进它的福利的唯一尺度。"个人不能为了一己之私利而破坏他人（特殊）或者整体（普遍）的利益，否则也将损害自己。正是基于此，黑格尔在《法哲学原理》中强调："特殊的东西必然要把自己提高到普遍性的形式，并在这种形式中寻找而获得它的生存。"①

作为特殊的东西，个体意见为了获得自己的存在空间，必然竭力把自己提升到具有普遍性的社会意见即体现社会群体主体的意志的高度。正是基于此，在黑格尔看来，体现社会群体主体的意志的现实形式包括了有机方式与无机方式两种。他明确指出："公共舆论是人民表达他们意志和意见的无机方式。在国家中现实地肯定自己的东西当然须用有机的方式表现出来，国家制度中的各个部分就是这样的。"所谓有机方式是与国家及其附属的组织（或机构）相联系的，而无机方式则与人民群众等无定形的群体相联系。这里我们先来分析有机方式，无机方式放在下一个部分来阐述。在黑格尔看来，作为社会群体主体表达自己意志和意见的一种现实形式，有机方式是与国家及其附属组织（或机构）相联系的。为什么这样说呢？这需要从国家的根据来思考。黑格尔说："国家的根据就是作为意志而实现自己的理性的力量。"毕竟"国家是自为的神经系统，它自身是有组织的"。在这一组织中，家庭和市民社会都是两个环节罢了。因此，"家庭和市民社会的利益必须集中于国家……只有这两个环节都保持着它们的力量时，国家才能被看作一个肢体健全的和真正有组织的国家"。显而易见，黑格尔把国家视为"绝对自在自

---

① ［德］黑格尔：《法哲学原理》，范扬、张企泰译，商务印书馆1961年版，第197—198、201页。

为的理性的东西"①，有把国家人格化、抽象化的嫌疑。虽然这种理性国家观体现出他历史唯心主义的局限性甚至保守性，但是对我们理解社会自我批判的有机方式大有裨益。

有组织的社会群体一般具有横向和纵向的结构，这些结构总是跟权力相联系，从而形成金字塔式的系统。在现代国家中，韦伯所谓的科层制就是这种意义上的组织系统，它横向设科、纵向分层，从而形成较为稳定的、高度程序化的、具有特定目标和效率追求的权威系统。在高度组织化的权威系统中，作为系统的中心，权威机构就处在其金字塔的塔尖或顶端。国家机器或作为一个社会的组织系统的国家正是建立在社会权威系统基础上，是社会群体主体现实地行使其主体作用的权威机构。毫无疑问，最高的国家机构处于各级国家机构的顶端。一般而言，权威机构在社会群体中所处的地位决定了它能够代表社会群体主体的需要和利益，从而体现社会群体主体的意志。而一定历史阶段的最高国家机构总能够代表人民的需要和利益，从而体现整体意义上的国家意志。需要注意的是，体现社会群体主体意志的最高国家机构的活动与各级国家机构的活动内在地联系在一起，处于低一层次的机构服从高一层次的机构，而权威也按机构从低到高而逐层递增。正是在此基础上，以国家机构为现实主体而展开的社会自我批判，我们称之为社会自我批判的有机方式。这种方式因为国家机构能自觉地进行批判活动而有其自觉性，因为批判的主体乃是国家权威机构而有其权威性。② 所谓自觉性和权威性集中体现在国家机构对意识形态的宣传与落实。

"意识形态"是一个被广泛运用而错综复杂的概念，容易滋生歧义。它作为历史唯物主义的一个重要概念，马克思并未对它下过明确定义，因此更是加大了普罗大众甚至学界中人理解和把握它的难度。在马克思

---

① ［德］黑格尔：《法哲学原理》，范扬、张企泰译，商务印书馆1961年版，第332、259、264、261、253页。需要注意的是，黑格尔所理解的国家意志就是普遍意志，不过与卢梭所理解的普遍意志不同。后者所理解的普遍意志"不是意志中绝对合乎理性的东西，而只是共同的东西，即从作为自觉意志的这种单个人意志中产生出来的"（同上书，第255页）。

② 参见陈新汉《自我评价论》，上海人民出版社2011年版，第346—352页。

（有时和恩格斯）那里，"意识形态"概念主要有以下三种含义：其一，意识形态是普罗大众生产出来并且深受其支配的种种"虚假观念"；其二，意识形态是统治阶级为维护本阶级的利益而编造的"关于自身的幻想"；其三，作为一种特殊的社会意识，意识形态是一定阶级社会结构中的"观念的上层建筑"——与经济基础相适应并耸立于其上。在这三种含义中，前两种含义具有否定性和批判性，后一种含义则具有描述性。无论是否定、批判还是描述，马克思都是立足于意识形态的实践取向来进行的，即始终把意识形态作为"与物质前提相联系的物质生活过程的必然升华物"[1]来看待。应该说，正是建基于前面两种含义，后面一种含义无疑显得更为全面客观也更为成熟。总而言之，马克思"意识形态"概念的上述三种含义正是立足于实践取向所呈现的不同面向。[2]

那么，为什么说意识形态是社会自我批判的有机方式的表现呢？一方面，意识形态是国家权威机构自觉建构的产物。在马克思看来，在社会有机体中，处于国家权威机构中的统治阶级"真正是社会的头脑和社会的心脏"[3]。不仅如此，国家权威机构作为社会群体主体的现实体现，历史上总与在经济上占统治地位的社会集团联系在一起。他们既要在经济上占统治地位也要在观念上保持统治地位，既想支配着物质生产资料也想支配着精神生产资料，既要把持物质力量也要把持精神力量，所以他们"调节着自己时代的思想的生产和分配"，使自己的思想即意识形态处于统治地位。另一方面，意识形态被国家权威机构赋予普遍性形式，从而具有官方的权威性。在国家权威机构中的统治阶级并不甘心仅仅作为思想观念的生产者而存在，他们"赋予自己的思想以普遍性的形式，把它们描绘成唯一合理的、具有普遍意义的思想"[4]。他们总是把自己的思想观念说成是唯一合理的，把自己的特殊利益说成是全体社会成员的，自觉不自觉地把自己的思想观念和社会地位本身分离开来，使得这些思

---

[1] 《马克思恩格斯全集》第3卷，人民出版社1960年版，第15、53、41、30页。
[2] 吕敬美：《马克思意识形态批判理论及其实践取向》，《求实》2013年第8期。
[3] 《马克思恩格斯选集》第1卷，人民出版社1995年版，第13页。
[4] 《马克思恩格斯全集》第3卷，人民出版社1960年版，第52、54页。

想观念能够获得相对的独立性和实在的支配性。因此，意识形态作为"精神的太阳"，"无论它照耀什么事物，却只准产生一种色彩，就是官方的色彩"。①

（二）无机方式及其社会心理表现

考察了有机方式及其表现，我们继续来论述无机方式及其表现。诚如前面所分析的，有机方式与国家机构等有组织的社会群体相联系，进而表现为自觉性；而无机方式与人民群众等无组织的社会群体相联系，进而表现为自发性。为何如此呢？这还得从黑格尔的论述说起。在他看来，自进入现代性以来，现代市民社会中的个人都以自身为目的，他们都把本身利益作为自己的目的。然而，这种单个人的特殊利益需要上升为多数人的普遍利益，才能获得自己的生存，因此他主张家庭和市民社会的利益都要集中到国家。谈到"多数人"时，黑格尔有意识地把它跟"一切人"区别开来。他认为："'多数人'这一词如指经验普遍性而言，比流行惯用的'一切人'更为准确"。不仅是因为"一切人"不包括妇女儿童等等在内，而且因为"一切人"作为一个完全确定的词不应使用在完全不确定的东西上。② 这里既体现出黑格尔把人理性化后的危险之处，即把妇女儿童排除在"一切人"之列，也体现出黑格尔把国家理性化后的审慎之处，即指出国家作为伦理实体也不能代表"一切人"的利益。

黑格尔认为，"人民"正是这样的"多数人"：作为一种群体，它实质上是一群无定形的东西。因此，"他们的行动完全是自发的、无理性的、野蛮的、恐怖的。当我们听到人们谈论国家制度而谈到人民这一无组织的集体的时候，我们预先就知道，除了一些笼统的话和歪曲的言词以外，不可能指望听到什么别的东西"。显而易见，黑格尔对"人民"持蔑视的态度。他甚至认为："因为人民这个词表示国家成员的特殊部

---

① 《马克思恩格斯全集》第1卷，人民出版社1995年版，第111页。
② ［德］黑格尔：《法哲学原理》，范扬、张企泰译，商务印书馆1961年版，第319页。

分，所以人民就是不知道自己需要什么的那一部分人。知道别人需要什么，尤其是知道自在自为的意志即理性需要什么，则是深刻的认识和判断的结果，这恰巧不是人民的事情。"① 以如此武断的形式，黑格尔不无深刻地阐明了人民群众表达意志和意见的无机方式。只是，这种无机方式不仅由人民群众的无组织性所决定，而且由人民群众的认识能力和判断水平所导致。因此，人民群众表达意志和意见的无机方式不言而喻地带有自发性。

尽管如此，黑格尔还提醒我们：单个人可以结合起来成为群众，进而"提出无机的见解和希求并成为一种反对有机国家的赤裸裸的群众力量"。也就是说，群众所表达的意志和意见虽然是无机的，但是对有机国家具有强制性，这迫使国家必须认真考量群众的意志和意见。在特定社会中，"个人所享有的形式的主观自由在于，对普遍事务具有他特定的判断、意见和建议，并予以表达"。个人通过表达自己主观意识来参与国事，并且这些主观意识可以上升为"多数人的观点和思想"，即具有"经验普遍性的公众意识"。它一方面表现得很混乱、甚至自相矛盾，另一方面也体现出"绝对的普遍物、实体性的东西和真实的东西，跟它们的对立物即多数人独特的和特殊的意见相联系"②。这即是说，虽然社会中的每一个人总是基于自己的需要和利益对所谓的普遍事务发表意见，从而不可避免地显得杂乱，但这些单个人的需要和利益总是一定程度上构成了社会群体的需要和利益（或者其基础），从而在一定程度上表达了社会群体主体的意志和意见。总而言之，"以人民或民众表达为代表的无机方式是社会主体表达自己意志和意见的又一种现实形式"③。

在黑格尔的视野中，由单个人表达的主观意识可以上升为具有普遍意义的公众意识，而他把表达这种公众意识的无机方式称之为公共舆论。他说："无论哪个时代，公共舆论总是一股巨大的力量，尤其在我们的

---

① ［德］黑格尔：《法哲学原理》，范扬、张企泰译，商务印书馆1961年版，第323、319页。
② ［德］黑格尔：《法哲学原理》，范扬、张企泰译，商务印书馆1961年版，第321、331、319、332页。
③ 陈新汉：《自我评价论》，上海人民出版社2011年版，第329页。

时代是如此,因为主观自由这一原则已获得了这种重要性和意义。"正因为公共舆论是一股巨大的力量,所以必须予以重视。而重视公共舆论,就在于公共舆论体现了多数人的需要和利益。黑格尔明确指出:"公共舆论不仅包含着现实界的真正需要和正确趋向;而且包含着永恒的实体性的正义原则,以及整个国家制度、立法和国家普遍情况的真实内容和结果。"需要注意的是,这一切都采取"常识的形式",以至于"一切偶然性的意见,它的无知和曲解,以及错误的认识和判断也都出现了"。如此一来,以"常识的形式"表达出来的诸多观念就不可避免地出现真理与错误互相混杂的两重性:一方面,"天视自我民视,天听自我民听";另一方面,"无知庶民责斥每一个人,他对所了解得最少的东西却谈得最多"。显而易见,这"两种说法不应看做是出于不同的主观观点"①。毋庸置疑,黑格尔关于公共舆论的分析对我们把握社会自我批判的无机方式具有深刻启示。

在社会生活中,总是会出现一些范围广、影响大的社会现象,这些"社会现象所涉及的社会现实正体现着社会主体的状况及其所作所为"。而且这样的"社会现实总会涉及社会上许多人的利益"②。正是基于此,一方面,有组织的社会群体往往会自觉地从社会主体的整体立场对这些社会现象展开批判,这种批判是社会自我批判的一种现实形式,即有机方式。另一方面,无组织的社会群体中的个人总是基于自己的需要展开对社会的利益诉求,这些诉求可以上升为具有普遍意义的社会群体的自我批判,这种批判是社会自我批判的另一种现实形式,即无机方式。为何如此呢?原因在于,每个人都在表达自己的意志,这些"单个的意志的相互冲突","这样就有无数互相交错的力量,有无数个力的平行四边形,由此就产生出一个合力,即历史结果,而这个结果又可以看作一个作为整体的、不自觉地和不自主地起着作用的力量的产物"。虽然各个现实个人的意志不一定甚至很难得偿所愿,但是它们都参与形成了总的

---

① [德]黑格尔:《法哲学原理》,范扬、张企泰译,商务印书馆1961年版,第332—333页。
② 陈新汉:《自我评价论》,上海人民出版社2011年版,第364—365页。

合力,"每个意志都对合力有所贡献"①。

　　由上可知,个体对社会的批判可以上升为社会群体的自我批判,从而形成社会自我批判的无机方式。这种无机方式有如下两个表现:一方面,无组织的社会群体的自我批判是自发性的,即无组织的社会群体中的个人基于自身的需要和利益所表达的意志,只是社会群体基于社会群体整体的需要和利益而表达的意志的一个分力。因此,"尽管各个人都有自觉预期的目的,总的说来在表面上好像也是偶然性在支配着"②。此处的偶然性即是自发性的一个表征。首先,社会群体的无组织性决定了其不会像有组织的社会群体那样具有自觉的主体意识。其次,在社会有机体中,无组织的社会群体并不像有组织的社会群体一样具有人格化的"感觉器官"和"大脑"。再次,无组织的社会群体不会像有组织的社会群体那样自觉地站在社会群体整体的立场、从社会群体的需要和利益出发而展开对社会的批判。然而,这种自发性使得无机方式具有一定的真实性,即真实地反映社会群体的意志,真实地体现社会群体的需要和利益。同时,这种自发性使得无机方式具有一定的误导性,要么被无组织社会群体涌现出来的舆论精英等民众领袖所误导,要么被国家权威机构等有组织的社会群体所误导。③

　　另一方面,无组织的社会群体的自我批判是强制性的。这种强制既可以通过社会舆论的形式,也可以通过社会谣言、民谣和社会思潮等形式表现出来。以社会舆论为例,"社会置身于舆论的氛围里,而所有舆论又都是一种集体形式,都是集体产生的结果"④。在这个意义上,社会舆论具有把个人裹挟其中的能力,因此黑格尔认为它是"一支巨大的力量"。无独有偶,马克思把它看作"普遍的、隐蔽的和强制的力量"⑤。这里所谓强制是指它的精神强迫力,不过它有别于以暴力、经济手段为

---

① 《马克思恩格斯选集》第4卷,人民出版社1995年版,第697页。
② 《马克思恩格斯选集》第4卷,人民出版社1995年版,第247页。
③ 参见陈新汉《自我评价论》,上海人民出版社2011年版,第368—370页。
④ [法]埃米尔·涂尔干:《社会分工论》,渠东译,生活·读书·新知三联书店2000年版,第二版序言,第17页。
⑤ 《马克思恩格斯全集》第1卷,人民出版社1995年版,第385页。

后盾的法律、行政所具有的强制力。所谓普遍是指这股力量无处不在，以至于无所逃遁，报纸杂志、网络电视等大众传媒充斥着它，它作为茶余饭后的谈资不胫而走、迅速传播。所谓隐蔽是指这股力量可以感受，但无法触摸，因为它没有形体；另外，它到处弥漫，在什么地方什么时候施展都让人说不清楚，甚至以非强制的形式来表现自己，以潜移默化的形式来感染人。需要注意的是，这股强制力量主要有以下三个指向：其一，指向社会群体中的个体，给个体以压力而使其"随大流"；其二，指向社会内的国家权威机构，给国家权威机构以压力而使其积极地面对和解决社会问题；其三，指向该社会以外的某国家权威机构或个体，从而引起世人的关注和重视，唤起世人的正义感和责任感。

　　社会自我批判的无机方式具有自发性和强制性，这两个特点具体表现在何处呢？这就是我们前面提及的社会舆论、社会谣言、民谣和社会思潮等基本形式[1]，它们都属于社会心理的范畴。关于社会心理，人们总是从社会学和心理学来探讨之。在哲学视野中，所谓社会心理是指"在一定历史时期普遍流行的群众精神状况，是人们在现实生活中对经济关系及其他社会环境的直接的、经验的反映，是未经理论化和系统化的、处于混沌状态的自发社会意识"。社会心理往往表现为"人们的情绪感觉、习俗习惯、大众舆论、动机、意图、理想、信念、观点、审美情趣等等"[2]，显然其表现形式（或构成要素）是林林总总的。作为社会存在的特定反映，社会心理实质地反映着人们的社会生活过程。甚至可以说，作为与一定的"社会形态相适应的一定精神和道德状况"，社会心理集中表现为这个"社会的风俗、习惯和传统"——它们一定意义上可称之为"民风民俗"[3]，并在漫长历史中积淀为一个民族的"文化心理结构"[4]，从而无意识地体现为这个社会的生活调节器。原因在于，一定社会普遍

---

[1] 陈新汉：《自我评价论》，上海人民出版社2011年版，第386页。
[2] 李明华：《作为社会意识的社会心理》，《现代哲学》2006年第6期。
[3] 参见赵泳《社会自我意识研究》，陕西人民出版社1998年版，第76—78页。
[4] 李泽厚：《人类学历史本体论》，天津社会科学院出版社2010年版，第154页；李泽厚：《孔子再评价》，载《中国古代思想史论》，生活·读书·新知三联书店2008年版。

流行的社会心理"反映着一个社会当时的现实需要,反映着社会不同阶层(集团)人们的现实需要—利益关系"。不仅如此,"在社会发生急剧变革的时代,社会心理所反映的社会的需要—利益关系,以及对社会变革的引导作用更加明显"①。总而言之,社会自我批判的无机方式体现为社会心理,进而表现为黑格尔意义上的"一支巨大的力量"。

(三)意识形态与社会心理之间的相互作用

诚如前述,社会自我批判的有机方式具有自觉性和权威性,这两个特点集中表现在意识形态层面;社会自我批判的无机方式具有自发性和强制性,这两个特点集中表现在社会心理层面。意识形态的宣传和巩固往往是自上而下的,主要体现为对社会心理的引领,这是一个寻找意识形态认同的整合过程;而社会心理的传播和作用往往是自下而上的,主要体现为对意识形态的渗透,这是一个为了社会心理得到承认的抗争过程。当然,无论是意识形态单方面地产生自上而下的影响,还是社会心理单方面地产生自下而上的作用,都是社会不正常的表现,仿照马尔库塞的说法,该社会可称之为单向度的社会,该社会的人可称之为单向度的人。②最为理想的情形是:一方面,一元的意识形态面向多元的社会心理开放,包容甚至吸纳多元的社会心理;另一方面,社会心理接受意识形态的正常引领,监督甚至敦促意识形态趋于正当和合法。如此,意识形态自上而下的路线与社会心理自下而上的路线共同形成一个"上下来去"的循环路线。这一循环路线乃是社会自我批判的有机方式与无机方式共同作用的产物,处于有组织的社会群体对社会的批判(表现为意识形态)与无组织的社会群体对社会的批判(表现为社会心理)的张力之中,这样即形成社会意识内部的辩证运动,也即我们所追求的社会自我批判。

埃尔斯特曾说:"和马克思主义的其他组成部分相比,意识形态的理

---

① 赵泳:《社会自我意识研究》,陕西人民出版社1998年版,第79页。
② [美]赫伯特·马尔库塞:《单向度的人——发达工业社会意识形态研究》,刘继译,上海人民出版社2008年版。

论更需要微观基础。"同时，他提醒我们："人们可能根据他们想要坚信的信念来行动，而不是根据那些他们实际上拥有的信念来行动。由于这些及其他一些原因，意识形态的研究充满了危险和困难。"① 所谓意识形态需要微观基础，是说意识形态需要建构在个人信念的基础上。然而，现实个人"想要坚信的信念"与"实际上拥有的信念"是有差距的，这个差距就像理想与现实的差距一样大。只是，差距越大，往往越是吸引人。原因在于，意识形态作为"具有独特逻辑和独特结构的表象（形象、神话、观念或概念）体系"②，是无所不在地渗透的。它的功能"并不在于为我们提供逃避现实的出口，而在于为我们提供了社会现实本身"。换句话说，"它是用来支撑我们的'现实'的幻象建构"。而所谓意识形态幻象不会掩蔽现实，相反，它是社会存在的组成部分。③ 因为"幻想（即幻象——引者注）并不仅仅以虚幻的方式实现欲望，它的功能更像康德所说的'先验图式'：幻想构成了我们的欲望，为欲望提供坐标系。也就是说，幻想'教会我们如何欲望'。"④

在日常生活中，意识形态扮演了一种神秘媒介的角色，它在个体与其自身真实生存条件之间搭建了一座桥梁，而它自己则隐而不露。因此，阿尔都塞说："意识形态的效果之一就是利用意识形态在实践意义上否定意识形态的意识形态特性：意识形态决不说'我是意识形态的'。"⑤ 正是因为看到意识形态的功能之一在于社会关系的持续再生产，所以阿尔都塞提出了"意识形态国家机器"的概念。为此，他还提供了一份经验性清单，并把这份清单上的下列机构看作是意识形态国家机器（所列

---

① ［美］乔恩·埃尔斯特：《理解马克思》，何怀远等译，中国人民大学出版社 2008 年版，第 437、436 页。
② ［法］路易·阿尔都塞：《保卫马克思》，顾良译，商务印书馆 2010 年版，第 227—228 页。
③ ［斯］斯拉沃热·齐泽克：《意识形态的崇高客体》，季广茂译，中央编译出版社 2002 年版，第 64、45 页。
④ ［斯］斯拉沃热·齐泽克：《幻想的瘟疫》，胡雨谭、叶肖译，江苏人民出版社 2006 年版，第 7 页。
⑤ ［法］路易·阿尔都塞：《哲学与政治：路易·阿尔都塞读本》，陈越编，吉林人民出版社 2003 年版，第 365 页。译文有改动。

举的顺序并不具有特殊的意义）：宗教的意识形态国家机器（由不同教会构成的制度）、教育的意识形态国家机器（由不同公立的和私立的"学校"构成的制度）、家庭的意识形态国家机器、法律的意识形态国家机器、政治的意识形态国家机器（政治制度，包括不同党派）、工会的意识形态国家机器、传播的意识形态国家机器（出版、广播、电视等等）、文化的意识形态国家机器（文学、艺术、体育等等）。

在阿尔都塞视野中，区别于一般意义上的国家机器①（即镇压性国家机器），意识形态国家机器是复数的。前者虽然具有多样的表现形式，但都受政府指挥，是单一的，它完全属于"公共领域"，并高高在上地以权威的、集中的方式发生作用；后者属于"私人领域"，往往以不起眼的、弥散的方式存在着，它们主要以潜移默化的方式发挥意识形态的功能。②需要注意的是，虽然意识形态可能随着时间的推移而在外壳上发生一些变化，但是其内核很难发生变化。当然，意识形态国家机器也改变甚微。就当代而言，意识形态国家机器最可能的改变是由大众传媒技术的革新带来的。它的无所不在使得意识形态具有很强的渗透性，以至于后者作为一种"象征符号以一个如此周全的网络包围了人的一生"③。

在日常生活中，意识形态与权力合谋，并以话语的形式维持自己的有效性。它渗透到人民群众的精神需求中，为人们的精神家园提供价值导向和观念基础。通常，意识形态自上而下地发生作用，主要是寻找思想观念层面的认同，也就是通过宣传、灌输等教化手段来说服人民群众，从而达到掌握人民群众的效果。马克思说得很清楚："理论只要说服人［ad hominem］，就能掌握群众；而理论只要彻底，就能说服人［ad hominem］。"④理论能够说服人的最好领域是日常生活的实践领域。在那里，理论彻底与否，在于理论能否经受实践的检验。"在一种意识形态成功

---

① 在马克思主义理论中，"国家机器"包括政府、行政机关、军队、警察、法庭、监狱等。

② 参见［法］路易·阿尔都塞《哲学与政治：路易·阿尔都塞读本》，陈越编，吉林人民出版社2003年版，第335—339页。

③ ［法］雅克·拉康：《拉康选集》，褚孝泉译，上海三联书店2001年版，第290页。

④ 《马克思恩格斯选集》第1卷，人民出版社1995年版，第9页。

地决定我们日常生活中以何种方式体验现实时，这种意识形态才会真正地'掌握我们'。"① 意识形态掌握了人民群众，也就在观念层面完成了社会整合。但实际上，这是非常困难的。在思想观念层面完成社会整合，要求意识形态在个体层面达到认同。而所谓认同，实质是"一种同化与内化的社会心理过程，它是将他人或群体的价值、标准、期望与社会角色，内化于个人的行为和自我概念之中"②。因此，认同是一个双向的过程，即个体迎向意识形态、意识形态捕捉个体的过程。说到底，意识形态认同是一个个体社会化和社会个体化的双向过程，体现了个体建构和社会塑造的双向互动。需要注意的是，认同不仅是一个自上而下的纵向过程，而且也是群众之间的横向过程。毕竟，一定意义上现实个人总是生活在他人的"凝视"中，且这种"凝视"构成了生活的基本态度，从而构成了自我的他性。罗斯说："粗俗而生命力强的人不在乎社会污名，有教养的人则可能尽量设法避免邻居在其他时间和范围中的评价中对自己的轻蔑。对大多数人来说，社会的谴责和赞许就是生活的主宰。"③ 显而易见，普罗大众的这种横向认同已经深刻地触及所谓社会心理层面。

谈及社会心理，它毋庸置疑是社会实践的产物。马克思（和恩格斯）告诉我们："不是意识决定生活，而是生活决定意识。"更为关键的是，所有社会生活本质上都是实践的。正是在此意义上，"不是从观念出发来解释实践，而是从物质实践出发来解释观念的形成"④。社会心理产生于特定时代人民群众的社会生产实践中，它像一面镜子一样映现着现实的社会生活。虽然这种"映现"往往是不系统的、未定型的、甚至支离破碎的，但对认识一个特定的社会及其实际生活过程而言颇具现实意义。这是因为，社会心理经过历史的积淀，可以成为一个社会、民族

---

① ［斯］斯拉沃热·齐泽克：《意识形态的崇高客体》，季广茂译，中央编译出版社2002年版，第69页。
② 转引自张向东《认同的概念辨析》，《湖南社会科学》2006年第3期。
③ ［美］E. A. 罗斯：《社会控制》，秦志勇、毛永政译，华夏出版社1989年版，第69页。
④ 《马克思恩格斯选集》第1卷，人民出版社1995年版，第73、92页。

的成员的内心深处共存的主体认识的精神基础。总的来说，社会心理虽然具有自发性等特点，但是作为认识和反思一个社会本质的重要思想材料，不可漠视。①

不仅如此，社会心理及其结构的不可漠视还在于如下关键点：它们自下而上地对意识形态形成一股强制力量。理解这一点对把握清醒的社会自我意识不无裨益，因为社会自我意识包含并依赖于社会心理。社会心理作为社会自我批判无机方式的本真表现，无论是以社会舆论、社会谣言、民谣的形式，还是以社会思潮的形式体现出来，都希望得到国家权威机构的认可和尊重。但情况往往相反，因为国家权威机构作为有组织的社会群体，与无组织的社会群体存在地位差别，它使得前者往往很难认可后者所表达的意志和意见（即社会心理），这时候后者往往会以外在强制的、相对自发的方式自下而上地使国家权威机构进行接受。历史上不乏这样的状况。因此，普列汉诺夫如此说："影响社会心理，也就是影响历史事变。"② 需要特别注意的是，社会心理对意识形态自下而上的强制虽然是以某种合力的形式表现出来的，但是现实个人对社会的意识往往是其基础性的分力。

综上所述，国家权威机构等有组织的社会群体的自我批判是自觉的，这种社会自我批判的有机方式，表现为意识形态；而人民群众等无组织的社会群体的自我批判是自发的，这种社会自我批判的无机方式，表现为社会心理。意识形态对社会心理的引领作用体现了社会主体提高自觉性的努力；而社会心理作为社会自我意识的本真体现，它对意识形态的影响更为根本，在本质上体现了人民群众创造历史的能动性。③ 意识形态与社会心理的作用是相互的，如果说意识形态是自上而下地作用于人民群众，进而引领社会心理，那么社会心理则自下而上地作用于国家权威机构，进而对意识形态形成一股强制力。

---

① 赵泳：《社会自我意识研究》，陕西人民出版社 1998 年版，第 89 页。
② ［俄］普列汉诺夫：《论个人在历史上的作用问题》，唯真译，生活·读书·新知三联书店 1961 年版，第 39 页。
③ 陈新汉：《自我评价论》，上海人民出版社 2011 年版，第 392 页。

真正的社会自我批判表现为国家权威机构与人民群众的相互批判和自我批判，表现为意识形态自上而下的路线与社会心理自下而上的路线之间的循环作用，从而形成一个兼具容纳性和开放性的"上下来去"的循环路线。所谓上下是指意识形态与社会心理的主体的相对位置，而所谓来去是指从人民群众中来，到人民群众中去。毛泽东说："从群众中来，到群众中去"，"将群众的意见（分散的无系统的意见）集中起来（经过研究，化为集中的系统的意见），又到群众中去作宣传解释，化为群众的意见"①。原因在于，无论是意识形态还是社会心理，都应该体现自己的人民主体性。否则，意识形态就有被边缘化的危险，社会心理就失去了自己的本真性，进而酿成社会风险，这绝不是耸人听闻。总而言之，意识形态与社会心理的共同作用形成了社会意识内部的辩证运动，它们构成了清醒的社会自我意识的材料，为我们把握社会自我批判提供了第一手的材料支持。

四 社会自我批判的其他机制

考察社会自我批判的机制，仅研究它的特定条件和两种方式是不够的，它的其他机制同样值得注意。这里所谓其他机制，主要指以下两个机制：其一，社会自我批判的参照系统，即社会现实与社会理想，它们之间的张力使社会自我批判具备可能性；其二，社会自我批判的两个向度，即向过去的回溯和向未来的前瞻，它们与向现在的追踪是三位一体的。需要注意的是，关于社会自我批判的其他机制，我们在此处不可能面面俱到。然而，论述至此，社会自我批判的一般机制已然展开了。

（一）社会自我批判的参照系统

社会现实和社会理想是社会认识中两个基本范畴，它们相互比照，

---

① 《毛泽东选集》第3卷，人民出版社1991年版，第899页。

共同组成了一个系统。一方面，人作为在世的存在总是生活在一定的社会现实之中；另一方面，人作为未完成的存在，社会现实不能满足其生存和发展，就需要建构社会理想据以解释社会生活和引导社会活动，在此意义上人也是超越性的存在。在社会生活中，社会现实和社会理想的相互参照深深地影响着整个社会历史进程。社会现实往往以纷繁复杂、光怪陆离的社会现象而呈现出来，因此社会现象总体现着社会现实，离开了社会现象也就无所谓社会现实。但是，这不等于说社会现象就是社会现实。为什么呢？黑格尔说："现象是存在的真理，是比存在更为丰富的范畴"①。可见，丰富的社会现象是社会现实的根据，通过把握社会现象，可以进一步把握社会现实，以至于把握社会本身。

社会理想是一个价值论范畴。它之所以是一个价值论范畴，是由于它蕴含着一定的价值取向和价值追求（或目标）。正是基于此，作为衡量社会现实的一把标尺，社会理想可用来批判社会现实的不合理、不完美和不正义。然而，社会理想既不是一个历史的终点或者终极目标——仿佛有一个确定不移的归宿在那里等着抵达，又不是一个主观设定——好像一张画布每一个人都可以随意涂抹。恰恰相反，社会理想并非空想，并非是莫尔意义上的乌托邦，②它植根于社会生活之中，从而有其现实基础。社会理想以批判现实、超越现实而与社会现实相区别，但批判和超越现实，意味着首先要把握社会现实。

如果说社会现实是关于社会状况的实然（即实际是什么），那么社会理想是社会状况的应然（即应该是什么）。在马克思看来，所谓社会

---

① ［德］黑格尔：《小逻辑》，贺麟译，商务印书馆1980年版，第276页。
② 恩格斯曾经这样批判空想主义者："空想主义者之所以是空想主义者，正是因为在资本主义生产还很不发达的时代，他们只能是这样。他们不得不从头脑中构想出新社会的要素，因为这些要素在旧社会本身中还没有普遍地明显地表现出来"（《马克思恩格斯选集》第3卷，人民出版社1995年版，第616页）。可见，马克思、恩格斯并不是乌托邦主义者，如果说马克思确实具有乌托邦倾向，这种倾向也只是体现在他不仅追求解释现实，而且追求改变和改造现实（［俄］B. M. 梅茹耶夫：《我理解的马克思》，林艳梅等译，人民出版社2013年版，第26—45页）。

理想是"未来在现实的雏形",因此我们完全可以从"社会理想的角度来反思人类历史和预测其发展"①。这即是说,社会理想需要在社会现实中去寻找,不能高傲自负地把抽象理想硬塞给社会现实,理想本身归根结底是在实际事实中生成的,是发展过程中出现的社会生活,是社会生活成熟和完善的形式。正是基于此,才有可能"从现存的现实特有的形式中引申出作为它的应有和它的最终目的的真正现实"②。马克思对理想的极大热情正是由于他对现实的深沉关注。他曾说:"虽然对于'从何处来'这个问题没有什么疑问,但是对于'往何处去'这个问题却很糊涂。"③可以说,马克思所倾其一生的社会理想就是对这一追问的展开和回答。

及至《莱茵报》时期,马克思才逐渐离开唯心主义的思辨领域而转向对社会现实的猛烈批判以寻求人的解放。这里已经揭示出黑格尔与马克思的根本不同:在黑格尔那里,社会现实只不过是绝对精神在不断展开中所获得的把握,并最终被溶解在无人身的理性思想中;对于马克思而言,社会现实乃是在普罗大众的感性实践活动中不断生成和实现的全部物质关系。两者看似截然不同,但马克思竭力展开对黑格尔哲学的批判和继承,从而实现了对整个哲学的革命性变革。这种哲学变革的真实核心和积极成果正在于如下这点:发现并拯救社会现实本身。④发现并拯救社会现实本身正是通过唯物主义辩证法抵达的,而唯物主义辩证法是对黑格尔唯心主义辩证法的扬弃。正是在此意义上,卢卡奇说:"马克思主义问题中的正统仅仅是指方法。"辩证法作为马克思主义的正统方法至关重要,以至于卢卡奇这样说:"如果摈弃或者抹杀辩证法,历史就变得无法了解。"因为没有辩证法的帮助,就不可能把历史理解为一个统一的过程。马克思辩证法的核心在于总体性,这里所谓总体乃是

---

① [俄]鲍·斯拉文:《被无知侮辱的思想——马克思社会理想的当代解读》,孙凌齐译,中央编译出版社 2006 年版,第 2 页。
② 《马克思恩格斯全集》第 47 卷,人民出版社 2004 年版,第 65 页。
③ 《马克思恩格斯全集》第 1 卷,人民出版社 1956 年版,第 415 页。
④ 吴晓明:《社会现实的发现:黑格尔与马克思》,《马克思主义与现实》2008 年第 2 期。

一个过程的全部整体。具体的总体即社会现实，它区别于作为孤立事实的社会事实。虽然对现实的一切认识都要从事实出发，但"只有在这种把社会生活中的孤立事实作为历史发展的环节并把它们归结为一个总体的情况下，对事实的认识才能成为对现实的认识"①。

社会现实是一个总体历史过程，恩格斯在写给约·布洛赫的信中说："历史过程中的决定性因素归根到底是现实生活的生产和再生产。"② 可见，作为一个总体历史过程，社会现实实质上是社会关系中的现实生活的生产与再生产。那么我们凭借什么来把握这一总体历史过程呢？一方面，作为具体的总体，社会现实乃是一个统一的整体。作为统一的整体，社会现实需要诸多范畴来把握和揭示。因此，马克思在《〈政治经济学批判〉导言》中说："具体之所以具体，因为它是许多规定的综合，因而是多样性的统一。"③ 另一方面，"只有辩证的总体观能够使我们把现实理解为社会过程"，辩证方法的总体观"能使人真正认识社会中所发生的事情"。说到底，我们要把握具体的总体这一真正的现实的范畴，在于"集中注意力于我们的方法的真正物质基础，即资本主义社会及其生产力和生产关系的内在对抗性"。就社会现实而言，这些矛盾"属于现实本身的本质，属于资本主义社会的本质"。因此，对社会现实的深刻把握是对总体历史过程的具体再现。在此意义上，卢卡奇说："如果说理论作为对总体的认识，为克服这些矛盾、为扬弃它们指明道路，那是通过揭示社会发展过程的真正趋势。因为这些趋势注定要在历史发展进程中来真正扬弃社会现实中的这些矛盾。"④

马克思辩证法的体现在于以下两点：一方面通过科学揭示历史的真实性，一方面蕴含着理想的人道主义。马克思曾说："在思辨终止的地方，在现实生活面前，正是描述人们实践活动和实际发展过程的真正的

---

① [匈]卢卡奇：《历史与阶级意识》，杜章智、任立、燕宏远译，商务印书馆1999年版，第48、60—61、56页。
② 《马克思恩格斯选集》第4卷，人民出版社1995年版，第695页。
③ 《马克思恩格斯选集》第2卷，人民出版社1995年版，第18页。
④ [匈]卢卡奇：《历史与阶级意识》，杜章智、任立、燕宏远译，商务印书馆1999年版，第63、64、58、59页。

实证科学开始的地方。关于意识的空话将终止，它们一定会被真正的知识所代替。"① 此处所谓真正的实证科学是对人们的社会实践活动的研究，其本质的表达形式就是历史规律。换句话说，人们的实践活动才是"是"（或"实然"）的真正诞生地，而正是这"是"承载着"应该"即价值目标（或"应然"）。马克思的社会理想不仅揭示了一个从社会现实中发展出来的、可能的未来社会，而且蕴含着深沉的人文关怀。他突破了实证主义的"科学"概念，并将它奠基于现实生活世界；与此同时，他从未遗忘自己内心深处的追求，即突破社会环境的限制，以期实现个人自由而全面的发展。在马克思的社会理想中，科学基础是历史唯物主义，价值取向是人类的解放，二者可谓相得益彰，从而实现了科学性和价值性的高度统一。②

必须指出的是，上述所谓科学性与价值性的统一，究其实质是辩证法的体现，是植根于欧洲传统深处的。伯尔基认为，在欧洲传统的深处，超越性、价值性的视角和知识性、理解性的视角是相互对立的：前者很大程度上是古典唯心主义哲学和宗教的遗产，后者主要来自唯物主义及现实主义之古代哲学。在马克思那里，镶嵌在欧洲思想里的两种基本视角完成了统一。伯尔基认为："两种视角走到一起，这本身就是对现代性的本质定义。"③ 这符合施特劳斯对现代性的诊断，即"现代性的起点是对实在与应在、实际与理想之间鸿沟的不满。"④ 只是，马克思通过唯

---

① 《马克思恩格斯选集》第 1 卷，人民出版社 1995 年版，第 73 页。
② 在社会科学研究中，费舍尔说得好："在我们这个领域里有'材料专业户'和'意义专业户'。前者贪恋事实的咽喉只能用卷宗、统计材料和调查材料来填充，但他对新思想的精致却感觉迟钝。后者的贪婪却因日益更新的思想提炼而败坏了对事实的胃口。"（［德］马克斯·韦伯：《社会科学方法论》，李秋零、田薇译，中国人民大学出版社 1999 年版，第 48 页）
③ 在英语中，理想主义和唯心主义是同一个词，即 Idealism。在伯尔基看来，如果说唯心主义指向超越、价值的视角，那么唯物主义则指向知识、理解的视角。［英］伯尔基：《马克思主义的起源》，伍庆、王文扬译，华东师范大学出版社 2007 年版，第 13—14、5 页。
④ 他接着说："现代性的第一次浪潮的解决方案是：将应当设想为并未对人提出过高要求，或者设想为与人最强烈、最共通的激情相一致，以此来降低应当，使之俯就实在；但是，尽管应当有所降低，实在与之的根本差异仍然保持着；甚至霍布斯也没有简单地否定从实在（既定秩序）到应在（自然法或道德律）的上诉之合法性。而卢梭的公意概念就其本身而言表明了实在与应在之间的鸿沟可以得到克服。"（［美］列奥·施特劳斯：《苏格拉底问题与现代性》，丁耘译，华夏出版社 2008 年版，第 40 页）

物主义辩证法把欧洲的两种传统视角综合在一起，从而真正克服了实在与应在的鸿沟。这两种视角，总的来说是起源于作为内在动力的自否定的努斯精神和作为反思形式的逻各斯精神①：努斯精神即人文精神对应着超越性视角，指向社会理想；逻各斯精神即科学精神对应着理解性视角，指向社会现实。

　　社会现实与社会理想共同形成了一个社会自我批判的参照系，马克思已经用自己的著作现身说法。他在《〈黑格尔法哲学批判〉导言》中提醒我们："光是思想力求成为现实是不够的，现实本身应当力求趋向思想。"②"思想力求成为现实"是指要如实地解释和把握事物的现实状态，"现实力求趋向思想"是指通过革命实践使事物的现实状态趋向理想状态。可见，马克思的思想是欧洲思想中两种基本视角的统一体。其中，理解性视角指向资产阶级社会的普遍异化状态，而超越性视角指向每一个人自由而全面发展的"自由人联合体"，即"人类社会或社会的人类"，亦即共产主义社会。

　　在《1844年经济学哲学手稿》中，马克思深入论述到共产主义社会，并认为"它是历史之谜的解答"③。必须承认，马克思的这一社会观念是在对前人思想进行批判的基础上得出来的。正是基于此，作为德国社会主义者，马克思（和恩格斯）还以"不仅继承了圣西门、傅立叶和欧文，而且继承了康德、费希特和黑格尔而感到骄傲"。他们既扬弃了圣西门、傅立叶和欧文的空想社会主义思想，也吸取了德国古典哲学的合理成分，从而完成了社会主义从空想到科学的发展。因此，恩格斯不止一次地谈道："科学社会主义本质上就是德国的产物，而且也只能产生在古典哲学还生气勃勃地保存着自觉的辩证法传统的国家，即在德国。唯物主义历史观及其在现代的无产阶级和资产阶级之间的阶级斗争上的特别应用，只有借助于辩证法才有可能。"④此处所谓辩证法即是黑格尔

---

① 邓晓芒：《思辨的张力——黑格尔辩证法新探》，商务印书馆2008年版。
② 《马克思恩格斯选集》第1卷，人民出版社1995年版，第11页。
③ 《马克思恩格斯全集》第3卷，人民出版社2022年版，第297页。
④ 《马克思恩格斯选集》第3卷，人民出版社1995年版，第692、691—692页。

的辩证法。对于马克思（和恩格斯）而言，"如果不是先有德国哲学，特别是黑格尔哲学，那么德国科学社会主义，即过去从来没有过的唯一科学的社会主义，就决不可能创立。"①

伯尔基认为，在马克思那里，"异化以及在共产主义中对异化的克服可以看作分别代表'理解性'和'超越性'"。当然，理解性视角与超越性视角不仅是不可分割地连接在一起的，而且是互相贯通的：一方面，超越现实存在之路，只有通过对现实存在的彻底理解才能抵达；另一方面，要达到对这个世界的正确理解，就必须牢牢抓住它所不是的事物，即它的否定，亦即抓住超越本身。因此，伯尔基说："共产主义是欧洲传统中超越性和理解性两种视角在现代会合后的重要结论。"② 对于伯尔基而言，这两种植根于西方古老思想的基本视角在马克思那里得以会合，达成了一种具有革命性意义的视域融合。这是马克思思想的伟大之处，也是其思想充满光辉的原因所在。更应该看到的是，超越性视角和理解性视角对应着社会理想和社会现实；而社会理想和社会现实之间的互相参照，使得社会自我批判成为可能。这正是马克思批判思想对我们的理论启示。

（二）社会自我批判的两个向度

当然，批判社会现实乃是为了寻找社会理想，社会自我批判是为了社会自我超越、社会自我发展。这即是说，批判与建设是相互联系的。如果说批判着眼于社会现实，那么建设则着眼于社会的未来。必须指出的是，对于未来理想社会的建构，既是对现实批判的目的，也是其必然的手段。作为特殊的社会自我认识，社会自我批判植根于现实的社会生活。社会自我批判不仅要求去把握社会现实，即从整体上把握社会状况是什么以及从何而来，而且要求去了解社会理想，即充分地了解社会状况应怎样以及到何处去。只不过，社会状况从何而来的问题要求我们对

---

① 《马克思恩格斯选集》第 2 卷，人民出版社 1995 年版，第 635 页。
② ［英］伯尔基：《马克思主义的起源》，伍庆、王文扬译，华东师范大学出版社 2007 年版，第 179—180、174 页。

过去进行回溯，社会状况到何处去的问题吁请我们对未来进行前瞻，而对过去进行回溯是为了更好地对未来进行前瞻。无论是对过去的回溯还是对未来的前瞻，都是社会自我批判的向度，且都掺进了对现世生存状况的领会。因此，过去、现在与未来是相互联系的，更何况马克思说："问题不在于将过去和未来断然隔开，而在于实现过去的思想。"① 根本而言，任何社会历史都是过去—现在—未来的三位一体。

何谓历史？对于马克思来说，"'历史'并不是把人当作达到自己目的的工具来利用的某种特殊的人格。历史不过是追求着自己目的的人的活动而已。"② 换句话说，历史创造者正是现实的、有生命的人，而历史正是这些人的活动，甚至"整个所谓世界历史不外是人通过人的劳动而诞生的过程"③。究其实质，在社会历史领域内，"具有意识的、经过思虑或凭激情行动的、追求某种目的的人"总是不断地展开感性实践活动。无独有偶，在恩格斯看来，人们所进行的任何社会活动都并非没有自觉的意图、没有预期的目的，"每一个人追求他自己的、自觉预期的目的来创造他们的历史，而这许多按不同方向活动的愿望及其对外部世界的各种各样作用的合力，就是历史。"④ 对于马克思（和恩格斯）而言，所谓感性世界无非是"构成这一世界的个人的全部活生生的感性活动"⑤。显而易见，他们对感性高度重视，并把感性的实现本身作为衡量人类解放的尺度。他如此说："全部历史是为了使'人'成为感性意识的对象和使'人作为人'的需要成为需要而作准备的历史（发展的历史）。"⑥

一般来说，作为一个复杂的过程，历史是世代延续的。究其实质，这种世代延续就是现实生活的生产和再生产。诚如恩格斯所言："历史

---

① 《马克思恩格斯全集》第47卷，人民出版社2004年版，第66页。
② 《马克思恩格斯全集》第2卷，人民出版社1957年版，第118—119页。
③ 《马克思恩格斯全集》第3卷，人民出版社2002年版，第310页。
④ 《马克思恩格斯选集》第4卷，人民出版社1995年版，第247、248页。
⑤ 《马克思恩格斯选集》第1卷，人民出版社1995年版，第78页。
⑥ 《马克思恩格斯全集》第3卷，人民出版社2002年版，第308页。

过程中的决定性因素归根到底是现实生活的生产和再生产。"① 在历史唯物主义视野中，所谓现实生活的生产包括以下四类，即物质资料的生产、精神文化的生产、人的生产以及社会关系的生产。这里分别涉及了人类生存的四个基本要素，即物质生活、精神生活、生育活动以及社会交往生活。这四种基本要素中，包括吃喝住穿在内的物质生产活动是前提，而这些活动所需的生活资料，以及生产资料都由自然界来提供。马克思在《1844年经济学哲学手稿》中说："自然界一方面在这样的意义上给劳动提供生活资料，即没有劳动加工的对象，劳动就不能存在，另一方面，也在更狭隘的意义上提供生活资料，即维持工人本身的肉体生存的手段。"显而易见，如果没有自然界即所谓感性的外部世界，那么作为劳动者的工人就什么也不能创造。需要注意的是，马克思对自然界等生存条件的强调，并不是要把人的生存还原为一般动物的生存。他深入揭示了资产阶级社会中的工人"把自己的生命活动，自己的本质变成仅仅维持自己生存的手段"②，正是建基于对异化劳动等异化现象的批判性考察，马克思展开了对资产阶级社会的彻底批判。

正是把自然界理解为历史的产物，马克思（和恩格斯）明确指出："周围的感性世界决不是某种开天辟地以来就直接存在的、始终如一的东西，而是工业和社会状况的产物，是历史的产物，是世世代代活动的结果"③。归根结底，自然界无疑都是人化的自然，即打着人类社会活动烙印的自然。需要注意的是，社会历史条件对人类的社会活动具有制约性。马克思在《路易·波拿巴的雾月十八日》中说："人们自己创造自己的历史，但是他们并不是随心所欲地创造，并不是在他们自己选定的条件下创造，而是在直接碰到的、既定的、从过去承继下来的条件下创造。"④ 显而易见，人们创造自己的历史，是在一定的社会关系中所继承的社会生产力的基础上进行的。马克思在1846年写给安年科夫的信中如

---

① 《马克思恩格斯选集》第4卷，人民出版社1995年版，第695页。
② 《马克思恩格斯全集》第3卷，人民出版社2002年版，第269、273页。
③ 《马克思恩格斯选集》第1卷，人民出版社1995年版，第76页。
④ 《马克思恩格斯选集》第1卷，人民出版社1995年版，第585页。

此论述：

"因为任何生产力都是一种既得的力量，是以往的活动的产物。可见，生产力是人们应用能力的结果，但是这种能力本身决定于人们所处的条件，决定于先前已经获得的生产力，决定于在他们以前已经存在、不是由他们创立而是由前一代人创立的社会形式。后来的每一代人都得到前一代人已经取得的生产力并当作原料来为自己新的生产服务，由于这一简单的事实，就形成人们的历史中的联系，就形成人类的历史，这个历史随着人们的生产力以及人们的社会关系的越益发展而越益成为人类的历史。"①

对于马克思而言，社会历史的发展往往是通过一定的传统而得到延续的。他甚至认为："一切已死的先辈们的传统，像梦魇一样纠缠着活人的头脑。"② 毋庸置疑，社会历史中的人是活在传统中的。所谓社会历史，有过去、现在和未来三个向度，三个向度的顺序不能人为地加以颠倒。如果说现在是过去的产物，那么未来是过去和现在的产物，这种顺序并不可逆。然而，正像分工使劳动中本来是按照时间的先后顺序完成的环节在空间上并列起来同时进行的一样，历史中的过去、现在和未来这三个依次出现的因素能够以"浓缩"的形式"并存"于同一社会空间之中，它们相互规定、相互制约。只不过，这种相互规定、相互制约正是社会劳动的本性使然。由上可知，在特定的社会历史中，作为世代延续的过程，社会劳动具有累积性。因此，每一个具体的社会劳动都要以过去社会劳动的成果（即物化劳动）为前提。不过，社会劳动并非简单重复地生产同一种东西，而是不断地创造出新的东西。本质上而言，社会劳动是在时间上不断地创造未来的活动，一方面它要从过去形成的前提出发，另一方面它又必须根据未来的诉求而扬弃这个前提。

我们同意刘奔的看法，社会劳动是由目的、手段、对象、结果等要素的相互作用的动态过程。手段作为工具，是过去劳动的产品，代表着

---

① 《马克思恩格斯选集》第4卷，人民出版社1995年版，第532页。
② 《马克思恩格斯选集》第1卷，人民出版社1995年版，第585页。

物化的劳动。对象作为一个现在的存在，它也可能是过去劳动的产物。而以观念形式存在于劳动者头脑中的未来的结果，我们通常称之为目的。怀揣的目的是劳动者"所知道的，是作为规律决定着他的活动的方式和方法的，他必须使他的意志服从这个目的"①。可以说，劳动的手段、对象、目的正对应着过去、现在和未来。劳动过程不仅包含着过去对现在和未来的顺向决定，而且渗透着未来对现在的逆向决定。如果说目的之设定乃是按照未来的利益来评价现存事物的结果，那么目的之实现则是根据未来的图景来改造现实的过程。在劳动过程中，过去、现在、未来之间的辩证联系集中体现了社会历史过程中因果之必然联系的辩证性质：原因和结果之间的相互作用与相互转换，不仅是"前因"决定"后果"，"后果"也作为原因调节着、规定着现存事物的发展方向。正是基于此，时间仿佛在"倒流"，从未来向现在运动。可以说，在方向性上，历史正是绝对的不可逆性和相对的可逆性的对立统一。因此，人类既可以逆向地追溯过去，又可以超前地把握未来。②

　　以上的历史观，我们不妨称之为历史辩证法。正是基于此，马克思认为资产阶级的经济学家们的论证方式极为荒谬。在他们看来，"只有两种制度：一种是人为的，一种是天然的。封建制度是人为的，资产阶级制度是天然的"。这些经济学家所犯的错误完全就像那些神学家所犯的错误一样：他们把宗教分为两类，其中一切异教无非都是人们主观臆造的，而他们自身的宗教则绝对出自神的启示。究其实质，在这些资产阶级的经济学家看来，现存的资产阶级生产关系是天然的、永恒的，原因在于"这些关系正是使生产财富和发展生产力得以按照自然规律进行的那些关系。因此，这些关系是不受时间影响的自然规律。这是应当永远支配社会的永恒规律。于是，以前是有历史的，现在再也没有历史了"③。这些经济学家的观点比时下颇为盛行的福山的历史终结论要早得多。不过，马克思早就看到这种观点的存在并批判

---

① 《马克思恩格斯选集》第 2 卷，人民出版社 1995 年版，第 178 页。
② 以上两段论述，参见《刘奔文集》，中国社会科学出版社 2008 年版，第 116—117 页。
③ 《马克思恩格斯选集》第 1 卷，人民出版社 1995 年版，第 151 页。

之，因为资产阶级社会并非什么永恒的自然状态，而是充满了太多人为性的历史阶段，它只是人们在历史中存在的特殊形式，是社会历史暂时的过渡形式。

正是基于此，马克思特别地考察了"仅仅作为生产过程的历史形式的资产阶级经济"。在他看来，我们要揭示资产阶级经济的规律，就需要把当时的生产关系把握为历史上已然形成的生产关系。如此一来，我们总是会得出一些原始方程式，它们会像自然科学中的那些经验数据一样可靠，它们将帮助我们不仅正确理解现代，还可以深刻把握过去。①有关考察资产阶级经济可以为把握古代经济等等提供钥匙的更多论述，请参看第一章第二节，此处不赘述。需要指出的是，"理解现在为把握过去提供了钥匙"这一观点在马克思那里已很明显。反过来，理解"现在是何以生成"的问题需要对过去进行回溯，这是马克思思想所暗含的。而对过去的回溯正是社会自我批判的一个向度。

不仅如此，马克思对资产阶级社会的考察，有更为深沉的关怀，这就是对未来社会的前瞻。这种对未来的前瞻与他对理想社会的探索是合二为一的。这种对未来的前瞻并不像空想主义者那样"教条地预期未来"，而是把目光集中于当下的社会现实并向过去回溯，因为未来也是过去的延续。对未来的前瞻并非是"构想未来并使它适合于任何时候"。马克思（和恩格斯）说："对实践的唯物主义者即共产主义者来说，全部问题都在于使现存世界革命化，实际地反对并改变现存的事物。"② 要让"现存世界革命化"，一个不可或缺的重要环节在于"要对现存的一切进行无情的批判，所谓无情，就是说，这种批判既不怕自己所作的结论，也不怕同现有各种势力发生冲突"③。显而易见，马克思的清醒和彻底是难能可贵的，他没有仅仅停留于对历史的考察，也没有陷入单纯的对未来理想社会的构想。因此，马克思在《〈黑格尔法哲学批判〉导言》

---

① 参见《马克思恩格斯全集》第30卷，人民出版社1995年版，第453页。
② 《马克思恩格斯选集》第1卷，人民出版社1995年版，第75页。
③ 《马克思恩格斯全集》第47卷，人民出版社2004年版，第64页。

中说:"批判不是头脑的激情,它是激情的头脑。"①

显而易见,向过去的回溯主要在于通过批判旧世界而发现新世界。这是因为现实是由过去造就的,现实中的一切都可以从过去获得合理解释,而这种解释有助于未来在合理性中展开。在马克思看来,经过对历史的正确考察,"会得出预示着生产关系的现代形式被扬弃之点,从而预示着未来的先兆,变易的运动。如果说一方面资产阶级前的阶段表现为仅仅是历史的,即已经被扬弃的前提,那么,现在的生产条件就表现为正在扬弃自身,从而正在为新社会制度创造历史前提的生产条件"②。实质而言,马克思对资产阶级社会的考察旨在表明未来社会的可能性,而其上述观点让我们看到对未来进行前瞻的必要性。概括来说,对未来的前瞻是社会自我批判的另一个向度。

就实质而言,马克思重点考察的是西欧资产阶级社会。他并不想对一般社会及其进步展开讨论,而致力于对资本主义社会及其进步作科学的分析。当然,这种科学分析正是建基于他的历史唯物主义,所以有如下颇具革命意义的科学发现:"'物质生活的生产方式制约着整个社会生活、政治生活和精神生活的过程',在历史上出现的一切社会关系和国家关系,一切宗教制度和法律制度,一切理论观点,只有理解了每一个与之相应的时代的物质生活条件,并且从这些物质条件中被引申出来的时候,才能理解。"③ 正是看到了物质生活条件的优先性,马克思关于资产阶级社会的研究和叙述才显得富有洞察力。用青年马克思的话说,他的"全部叙述都建立在事实的基础上,并且竭力做到只是概括地说明这些事实"④。

与此同时,马克思不乏激情地关注着未来社会的趋势。通过揭示资产阶级社会的普遍异化,他"证明了下列几点:(1)阶级的存在仅仅同生产发展的一定历史阶段相联系;(2)阶级斗争必然导致无产阶级专

---

① 《马克思恩格斯选集》第1卷,人民出版社1995年版,第4页。
② 《马克思恩格斯全集》第30卷,人民出版社1995年版,第453页。
③ 《马克思恩格斯选集》第2卷,人民出版社1995年版,第38页。
④ 《马克思恩格斯全集》第1卷,人民出版社1995年版,第371页。

政；（3）这个专政不过是达到消灭一切阶级和进入无阶级社会的过渡"①。换句话说，马克思发现了资产阶级社会的暂时性、过渡性，即共产主义社会终将代替这一社会。在他看来，"历史的全部运动，既是这种共产主义的现实的产生活动即它的经验存在的诞生活动，同时，对它的能思维的意识说来，又是它的被理解到和被认识到的生成运动"②。

值得注意的是，马克思竭力向过去进行回溯以寻找社会发展的不同方案。虽然他的论著所针对的是西欧社会，但也关注着同时期的俄国社会是否可以跨越资本主义卡夫丁峡谷的问题，这实质上是对世界资本主义体系中东方民族的发展道路和未来前景问题的探索。不仅如此，晚年马克思放下经济学研究而转向人类学研究，乃是为了探索人类的原始社会及文明时代的起源问题，是为了解剖包括原始社会在内的前资产阶级社会，并进一步深入解剖资产阶级社会。因此，如果人体解剖是猴体解剖的一把钥匙，那么猴体解剖则是人体解剖的前提性准备，这可谓是晚年马克思对唯物史观的补充。③

只要沉入马克思的经典著作中，其思想所具有的彻底革命精神、批判精神就扑面而来。毋庸置疑，这种革命精神、批判精神尤其需要通过人类充满能动性的感性实践活动而表现出来。不仅如此，在成熟的无产阶级的革命实践中，这种能动性达到了高度的自觉。因此，葛兰西说："'哲学和政治'、思想和行动的平等或相等，也就是说，达到实践哲学，一切都是政治，甚至哲学或各种各样的哲学……也是如此，而唯一的'哲学'则是行动中的历史，也就是说，是生活本身。正是在这个意义上，人们可以解释德国无产阶级是德国古典哲学的继承人这一命题，也由此人们可以断言，伊里奇［列宁］开展的领导权的理论化和现实化，也是一个伟大的'形而上学'事件。"④ 在《共产党宣言》中，马克思

---

① 《马克思恩格斯选集》第4卷，人民出版社1995年版，第547页。
② 《马克思恩格斯全集》第42卷，人民出版社1979年版，第120页。
③ 此处论述甚为复杂，以至关系到东方国家的社会主义道路问题，兹事体大。然而，它不是此部分的重点，此不赘述，待他日笔者另文论述。
④ ［意］安东尼奥·葛兰西：《狱中札记》，曹雷雨、姜丽、张跣译，中国社会科学出版社2000年版，第270页。

恩格斯就这样认为："共产党人为工人阶级的最近的目的和利益而斗争，但是他们在当前的运动中同时代表运动的未来。"[①] 这实质上已成了马克思主义政治斗争策略的基本原理之一，而列宁进一步这样说："在观察各个阶级和各个国家时……不应当认为它们处于静止的状态，而应当认为它们处于运动的状态……观察运动时又不仅要看到过去，而且要看到将来，并且不是按照只看到缓慢变化的'进化论者'的庸俗见解进行观察，而是要辩证地进行观察。"[②]

综上所述，资产阶级社会作为历史的暂时形态，是过去、现在和未来因素的统一体。正是通过对自己所置身的资产阶级社会进行追踪、对包括原始社会在内的前资产阶级社会进行回溯和对未来共产主义社会进行前瞻，马克思深刻地把握了过去、现在和未来之间复杂关系的历史辩证法，从而科学地揭示出社会历史发展的一般规律。他在著作中所阐释的历史唯物主义，既是对西欧无产阶级革命的理论指导，也是对当代社会自我批判的方法论启示。总而言之，向过去的回溯和向未来的前瞻是社会自我批判的两个向度，它们与向现在的追踪是三位一体的。

---

① 《马克思恩格斯选集》第1卷，人民出版社1995年版，第306页。
② 《列宁全集》第21卷，人民出版社1959年版，第55页。

第三章　社会自我批判的三条进路

自现代性以来，社会逐渐理性化和个体化，这其中个体自我的理性化尤盛。随之而起，原子个人对权利、自由的诉求变成了顺理成章的事情，而原子式的个人之间像狼对狼一样处于战争状态。基于此，一方面是对原子个人权利的注重，霍布斯等用社会契约来达成从自然状态向社会状态的过渡；一方面是对社会系统整合的强调，黑格尔用伦理王国来克服市民社会中个人为一己私利而自相损害的状况。这使得现代社会成为一个名副其实的抽象社会。如何超越这一社会成了一个迫切的历史课题，而这个课题落在了马克思的肩上。

一　社会自我批判的个人主义进路

现代社会的问题，根本而言是个人与社会的关系问题。围绕着个人与社会的关系问题所展开的社会自我批判具有两条进路，即个人主义进路和整体主义进路。要突破这些进路，必须要深入了解社会自我批判是如何在它们的基础上展开的。此节让我们先来关注个人主义是如何成为现代性进路的，进而了解其具体表现和理论困境。

（一）发现个体自我

发现个体自我乃是现代性以来的事情，尽管个体自我的观念在古希腊也能找到原型。比如，普罗泰戈拉的"人是万物的尺度"其中的"人"指的就是"个人"。在那里，个人是一切对象的标准，每个人都是存在或不存在的尺度，并且"每个人的意见都是真实的。对你来说，不管你是否愿意，生来就是尺度"①。普罗泰戈拉引入了个人价值的独立性和事物的价值尺度的相对性，这也成为后世把他的格言作为西方个人主义的源头的依据。如果说普罗泰戈拉强调相对性是可以理解的，那么其后的智者学派所主张的自然主义和激进主义就走向了极端。他们只是随着自己的本性冲动而行动，认为不依法律而依更高的自然律去行动是正确的。文德尔班认为，这样的社会结果是"个人主义的恣意发展愈益解开公共意识、信仰、道德的旧的枷锁，愈益以无政府状态的危机威胁着早期的希腊文明"②。与之相反，中世纪试图用神学专制来浇灭个人主义的火焰。

及至欧洲中世纪晚期，思想文化领域展开了一场反封建、反神学的思想解放运动，史称文艺复兴（Renaissance）。这种复兴的一部分就是个体自我的发现。这不只体现在哲学思想界，而且体现在文学艺术领域。具体来说，这个时期有以下三大特点：其一，高扬人的尊严。文艺复兴可谓对人的发现，这一时期的人们一改之前对神的称颂，代之以对人的高贵和人性美好的赞扬。如此，当把人的尊严还给了人，人的价值的判断标准就不是任何外在的东西，不是上帝的恩赐，不是封建等级的安排，而是人的品格和能力。因此，人们逐渐从神学的桎梏下解脱出来，从原罪的束缚中解脱出来，人们把目光从彼岸天国转移到凡俗尘世，并获得人的尊严，享有作为一个凡人的自豪。因此，彼特拉克说："我不想变成上帝，或者居住在永恒中，或者把天地抱在怀里。属于人的那种光荣对我就够了。这是我祈求的一切，我自己是凡人，我只要求凡人的幸福。"③ 正是在此意义上，一方面人们高度赞扬人的尊严，另一方面人们猛烈抨击封建神学。

其二，倡导个性的自由与发展。文艺复兴掀起了两次浪潮，其共同

---

① 苗力田主编：《古希腊哲学》，中国人民大学出版社1989年版，第184—185页。
② ［德］文德尔班：《哲学史教程》上卷，罗达仁译，商务印书馆1987年版，第38页。
③ 北京大学西语系资料组：《从文艺复兴到十九世纪资产阶级文学家艺术家有关人道主义人性论言论选辑》，商务印书馆1971年版，第11页。

特点都表现为对个人自由的不可遏制的追求。德国伦理学家包尔生说："个人不再情愿受既定的意见和制度束缚，而是欲望他的特殊个性的全面和自由的发展，欲望他的所有冲动和力量的全面和自由的训练，在争取自由的斗争中他以他的本性对抗传统习惯，而这也是希腊人所致力的目标——个人的最自由的发展"[1]。意大利伟大诗人但丁——被恩格斯誉为"中世纪的最后一位诗人，同时又是新时代的最初一位诗人"[2]——就提倡个性自由、理性觉悟，反对宗教桎梏，他的名言"走你自己的路，让别人说去吧"就洋溢着自由的气息。人将目光从天国拉到人间，并对自身的潜力和理性进行探索。布洛克认为，我们不应该"把谦卑、克制和轻视世俗事务当做人类的最高品德"[3]，从而去加强对人的抑制。法国杰出作家拉伯雷在其著作《巨人传》中就充分表达了对个性解放和个性自由的渴求。布克哈特认为，文艺复兴时期的人文主义者对丰满而完整的人性的发现，是"一项尤为伟大的成就"[4]。

其三，追求尘世的幸福与享乐。文艺复兴时期的人文主义者反对封建禁欲主义，追求尘世的幸福与快乐。究其实质，这是资本主义早期生产关系的必然要求，而人们欲望的激发反过来促进着资本主义生产关系的进一步发展。前面我们已经提及彼特拉克"我只要求凡人的幸福"的口号，以凡人为论据，对人的世俗幸福作合法性论证，构成了人文主义的基本逻辑。而这种人文主义隐含着拒斥上帝的强烈意向。伊拉斯谟明确指出，上帝既然不能也不再对人施加约束，人就有理由公开释放其自然欲望。如此，他认为疯狂也成了展示人性的伟大品格。他向上帝质问："神明在上，请他们告诉我，如果没有欢乐，也就是没有疯狂来调剂，生活哪时哪刻不是悲哀的，烦闷的，不愉快的，无聊的，不可忍受的？"

---

[1] [德] 弗里德里希·包尔生：《伦理学体系》，何怀宏、廖申白译，中国社会科学出版社1988年版，第113页。

[2] 《马克思恩格斯选集》第1卷，人民出版社1995年版，第269页。

[3] [英] 阿伦·布洛克：《西方人文主义传统》，董乐山译，生活·读书·新知三联书店1997年版，第34页。

[4] [瑞] 雅各布·布克哈特：《意大利文艺复兴时期的文化》，何新译，商务印书馆2010年版，第335页。

对于伊拉斯谟来说，如果去除生活中的欢乐，那么生活将不复为生活。而肉体生命既是人的自然本质，又是人的欢乐的源泉。因此，听任情欲摆布的疯狂，不是生活错误，而是人之大幸，毕竟"那样才算是人"①。这可谓是追求尘世幸福和享乐的粗俗表达了。

　　正是在上述基础上，布克哈特描绘了一幅道德懒散和宗教衰败的景象。他引用谋杀、通奸、复仇、抢劫和政治上的放纵作为文艺复兴时期的生活中一些老生常谈的现象，并不厌其烦地数落教会的腐败。布克哈特把这种道德上的衰落笼统地归结为"极端的个人主义"。进而，他认为这既是文艺复兴时期意大利性格的根本缺陷，也是构成其伟大的一个条件。② 布洛克认为："文艺复兴时期人文主义按其性质来说实属于个人主义的，它既不是一种信条，也不是一种哲学体系；它不代表任何一个利益集团，也不想把自己组织成一种运动。"③ 然而，沙拉汉认为，谈论文艺复兴时期的个人主义有点操之过急了，因为尽管个人已经把道德决断的大部分责任据为己有，但是这种据为己有仍然没有采取系统的形式，如果要把它描述为一种"主义"，系统的形式就是不可或缺的一个条件。就实质而言，当时的宗教还没有把绝对的道德自由努力扩展到现实个人：它希望把现实个人作为潜在自主的道德主体解放出来，但开出的条件是现实个人必须归属于一个上帝、基督以及与教会共进退的生活。显而易见，宗教仍然葆有着对自我的外在授权。因此，文艺复兴时期还称不上是必定产生一种真正的个人主义的世俗时代，但无疑为开启现代社会的世俗化进程准备好了必要条件。④

　　尽管文艺复兴开启了发现个人自我的征程，但是使个人把是非善恶

---

① 北京大学西语系资料组编：《从文艺复兴到十九世纪资产阶级文学家艺术家有关人道主义人性论言论选辑》，商务印书馆1971年版，第29—30页。
② [瑞] 雅各布·布克哈特：《意大利文艺复兴时期的文化》，何新译，商务印书馆2010年版，第494页。
③ [英] 阿伦·布洛克：《西方人文主义传统》，董乐山译，生活·读书·新知三联书店1997年版，第67页。
④ [捷] 丹尼尔·沙拉汉：《个人主义的谱系》，储智勇译，吉林出版集团有限责任公司2009年版，第79页。

的绝对判断据为己有的是宗教改革。宗教改革真正展开了世俗化进程，从而出现了内在授权的自我。如果说中世纪的基督教播撒了人类分有神性这一信念的种子，那么文艺复兴则努力把这粒种子转移到俗世的土壤中，而宗教改革的世俗化进程则加剧了这一精神种子的逐步成熟。因此，雅克·巴尔赞把源自马丁·路德的新教革命称之为现代的开端，现代社会的黎明①。在路德看来，个人同上帝直接联系，并且在上帝面前独立而平等，他们无需中介地同上帝交流，并通过祈祷跟上帝对话。如此一来，作为中介的教会，尤其是到处滋生着腐败的教会就没有存在的必要。因此，教会及其体制的衰败，使整个社会烦琐的宗教生活色彩淡化，而世俗化潮流将不可遏制。应该看到，现代社会的整个世俗化进程恰恰是对日常生活的肯定。所谓日常生活，是指"人类生活涉及生产和再生产方面的技艺术语，生产和再生产指劳动、生活必需品的制造以及我们作为有性存在物的生活（包括婚姻和家庭）"②。

一定程度上，宗教改革说明了宗教向日常生活层面和世俗化领域的逼近。韦伯对西方资本主义的精神起源的分析正好说明了此点。对他来说，宗教在某种程度上影响了资本主义的文化和经济。但是这个宗教不是路德教派的新教，而是受路德教派影响的其他禁欲主义新教，尤其是加尔文教。资本主义的伦理层面源于路德的"天职观"，这种天职与加尔文世俗禁欲主义融合起来，为资本主义精神在西方的胜利创造了条件。③ 在那里，劳动是对上帝应尽的责任，通过它财富得到积累，并且不被奢侈地消耗。久而久之，"寻求上帝的天国的狂热开始逐渐转变为冷静的经济德性；宗教的根慢慢枯死，让位于世俗的功利主义"④。如此一来，资产阶级的经济伦理慢慢形成：赚钱获利的正当性在世俗生活中

---

① ［美］雅克·巴尔赞:《从黎明到衰落》，林华译，世界知识出版社2002年版，第2页。
② ［加］查尔斯·泰勒:《自我的根源：现代认同的形成》，韩震等译，译林出版社2001年版，第318页。
③ ［捷］丹尼尔·沙拉汉:《个人主义的谱系》，储智勇译，吉林出版集团有限责任公司2009年版，第89页。
④ ［德］马克斯·韦伯:《新教伦理与资本主义精神》，于晓、陈维纲等译，生活·读书·新知三联书店1992年版，第138页。

也被心安理得地挪用，并且人们听命于金钱利益的支配，并以此为责任。正是在此意义上，哈贝马斯引韦伯的话说："西方内在的苦行主义所特有的后果是社会关系的合理的具体化和社会化。"①

究其实质，宗教改革是一次努力重返信仰纯洁性和普遍理性的尝试。在某种意义上，我们甚至可以说，它是对文艺复兴所催生的感性全面复兴的扬弃。不过，换一种角度来说，它与文艺复兴是殊途同归的，它们都试图把人类的目光从抽象世界引向具体的生活世界。如果说宗教改革仍然是宗教在世俗层面寻找新的发展路径，那么启蒙运动的理性化进程确实是展开了对宗教的猛烈批判。当然，这种批判首先意味着基督教的理性化。② 启蒙思想家主张用理性之光驱散宗教的蒙昧，他们甚至认为人的理性是衡量一切的尺度。

正是基于此，启蒙运动的最大历史产物体现在以下两方面：一方面，宗教的权威被人自身的力量所取代；另一方面，奠定了理性在一切人类精神活动和社会事务中的主导地位。在此基础上，一切探究、变革、建构的活动都纷纷以理性之名大肆展开。所有对自然的人类认识当然也不例外，甚至包括大规模的战争、毁灭性的革命、工具性的管理等在内的一切社会活动也都竭力从理性之中寻求正当性、合法性。值得一提的是，科学和理性甚至觊觎人类的精神生活。③ 正是在这一基调上，在康德看来，人的理性不仅为自然立法，而且为道德立法，甚至其宗教信仰也必须被纳入理性的范围内。话说回来，理性能力需要现实承担者即个人，不过理性首先是普遍化的个人的理性。关于这种奠定现代社会基础的个人自主性，斯宾诺莎也在《伦理学》中如此表达过："保存自我的努力乃是德性的首要的唯一的基础。"④

---

① ［德］尤尔根·哈贝马斯：《交往行为理论》第 1 卷，曹卫东译，上海人民出版社 2004 年版，第 168 页。
② 参见［加］查尔斯·泰勒《自我的根源：现代认同的形成》，韩震等译，译林出版社 2001 年版，第十四章，第 352 页及以下。
③ 罗卫东、陈正国主编：《启蒙及其限制》，浙江人民出版社 2012 年，序言，第 4 页。
④ ［荷］斯宾诺莎：《伦理学》，贺麟译，商务印书馆 1997 年版，第 186 页。

(二) 原子个人及其发展

个人自主性的增强使得人在道德生活中愈发能够自我主宰，同时也使得社会趋于个体化。这实际上已经触及现代社会的主要特点。如下这段话更是深刻揭示了上述特点："家族依附的逐步消灭以及代之而起的个人义务的增长。'个人'不断代替了'家族'，成为民事法律所考虑的单位……我们也不难看到：用以逐步代替源自'家族'各种权利义务上的那种相互关系形式的，究竟是个人与个人之间的什么关系。用以代替的关系就是'契约'。"个人从家庭和集团束缚的罗网中分离开来，代之而起的是社会契约。因此，梅因如此总结道："所有进步社会的运动，到此处为止，是一个'从身份到契约'的运动。"① 这种运动即是从集体走向个人的运动，它使得现实生活中个人与个人之间的契约关系具有长足进展。毋庸置疑，对这种进展的直接理论反映就是社会契约论。

霍布斯是第一个系统地提出社会契约论的思想家。他从人性论出发，认为整个人类的本性即在于自保和生存，全人类所分享的普遍倾向在于"得其一思其二、死而后已、永无休止的权势欲"。而权势使人们趋之若鹜，彼此竞争以至于相互争斗、敌对和战争。在人类天性中，"有三种造成争斗的主要原因存在。第一是竞争，第二是猜疑，第三是荣誉。"第一种原因使人追逐财富，第二种原因使人求得安全，第三种原因使人贪恋名誉，它们往往会让人类陷入相互争斗、相互侵犯甚至自相残杀的境地。在霍布斯看来，正是人性中的自私自利使得人类趋向于争斗，从而导致了一切人反对一切人、人人相互为战的自然状态。如此一来，"人们不断处于暴力死亡的恐惧和危险中，人的生活孤独、贫困、卑污、残忍而短寿"。在这种生存处境中，是与非、公正与否的观念都不存在，而暴力和欺诈恰恰是两种主要美德。原因在于，"没有共同权力的地方就没有法律，而没有法律的地方就无所谓不公正"②。

---

① [英]梅因：《古代法》，沈景一译，商务印书馆2011年版，第110—111、112页。
② [英]霍布斯：《利维坦》，黎思复、黎廷弼译，商务印书馆1985年版，第72、94、95、96页。

那么人类如何摆脱这种战争状态呢？霍布斯认为，理性会提示出让人们普遍同意的、方便易行的和平条件。原因在于，"使人们倾向于和平的激情是对死亡的畏惧，对舒适生活所必需的事物的欲望，以及通过自己的勤劳取得这一切的希望。"① 上面这段话首要的是对死亡的恐惧，但必须明确，"霍布斯把对暴力造成的死亡的恐惧，而不是死亡恐惧本身，看成道德起源的真正原因。"② 正是对暴力造成的死亡的恐惧，使得人真正趋向于接受理性的提示，趋向于和平相处。人们和平相处的重要依据在于自然法（即自然律）：作为理性揭示的一般法则和普遍根据，自然法明确禁止人们通过行动来自我损毁。必须注意的是，所谓自然法与自然权利既有联系又有区别。在自然状态下，人们享有平等的自然权利和自由：所谓自然权利，实质是"每一个人按照自己所愿意的方式运用自己的力量保全自己的天性——也就是保全自己的生命——的自由"。所谓自由，"按照其确切的意义说来，就是外界障碍不存在的状态"③。显而易见，霍布斯所谓的自然权利与自由强调的其实是不受干扰、不被侵害的状态。总而言之，自然权利旨在强调个人有根据自己的愿望保全自己生命的自由，自然法注重规定人们不能通过行动损毁自己的生命。

不过，自然法只是提供了人们走向和平共处的可能性，假如没有权威迫使人们遵从自然法，那么自然法形同虚无。因此，人们寻求一种公共权力以保证每个人都遵守自然法。而在霍布斯看来，只有一条道路可以通达这一公共权力，即"把大家所有的权力和力量托付给某一个人或一个能通过多数的意见把大家的意志化为一个意志的多人组成的集体"。换句话说，通过订立契约，大家真正统一于唯一人格之中——这个人或这个集体。不仅如此，大家乐意把管理自己的权利授予这个唯一人格。诚然，这是有条件的，即其他人也把自己的权利拱手授予这个唯一人格，并同样承认其一切行为。在霍布斯看来，"统一在一个人格之中的一群

---

① ［英］霍布斯：《利维坦》，黎思复、黎廷弼译，商务印书馆1985年版，第96—97页。
② ［美］列奥·施特劳斯：《霍布斯的政治哲学》，申彤译，译林出版社2001年版，第23页。
③ ［英］霍布斯：《利维坦》，黎思复、黎廷弼译，商务印书馆1985年版，第97页。

人就称为国家，在拉丁文中称为城邦。这就是伟大的利维坦（Leviathan）的诞生"①。

霍布斯所谓自然状态实质上是一个假设。无独有偶，洛克的社会契约论也建立在自然状态这一假设之上。然而，他和霍布斯对自然状态的描述截然不同。在他看来，人类原来所置身的自然状态即是一种平等的状态，"是一种完备无缺的自由状态，他们在自然法的范围内，按照他们认为合适的办法，决定他们的行为和处理他们的财产和人身，而毋需得到任何人的许可和听命于任何人的意志"。此处所谓自由状态并非人们通常想象的放任状态，因为自然法（也就是理性法）对这一状态起支配作用，它"教导着有意遵从理性的全人类：人们既然都是平等和独立的，任何人就不得侵害他人的生命、健康、自由或财产"。对于霍布斯将自然状态等同于战争状态的观点，洛克明确地持批评态度。在他看来，自然状态与战争状态之间的区别，"正像和平、善意、互助和安全的状态和敌对、恶意、暴力和互相残杀的状态之间的区别那样迥不相同"②。

需要注意的是，洛克所谓的自然状态也并非卢梭意义上的原始的、前政治的状态，而是这样一种状态："使任何东西脱离自然所提供的和那个东西所处的状态，他就已经掺进他的劳动，在这上面掺进他自己所有的某些东西，因而使它成为他的财产。"在洛克看来，作为人类一员的"他"具有生命权和财产权，他"是他自身和财产的绝对主人，同最尊贵的人平等，而不受任何人的支配"。正因为每个人都是如此，这使得他们的权利"是很不稳定的，有不断受别人侵犯的威胁"。不仅如此，洛克视野中的自然状态还有以下几种缺陷：其一，在判定是非、解决纠纷的时候，尚缺乏一种明确规定且为人周知的法律作为共同准绳。其二，尚缺少一个知名的、公正的裁判者，他有权按照既定法律来裁判一切争执。其三，正确的判决要得到应有的执行，尚缺少一种权力充当保障。

---

① ［英］霍布斯：《利维坦》，黎思复、黎廷弼译，商务印书馆1985年版，第131—132页。

② ［英］洛克：《政府论》下篇，叶启芳、瞿菊农译，商务印书馆2011年版，第3、4、12页。

因此，人们除了"通过明文的规定以及正式的承诺和契约，确实地加入一个国家之外"，便无法联合成为国家和置身于政府的权威之下来保护自身的权利，当然其中重大的和主要的目的是保护他们的财产。①

如果说霍布斯主要借对自然状态的假设来论证人类进入社会状态的必然性，那么洛克的主要贡献则在于通过契约来建立法律秩序以保障人类的生命权、自由权和财产权。在洛克看来，"哪里没有法律，哪里就没有自由"。更具体地说，"法律的目的不是废除或限制自由，而是保存和扩大自由。"② 不难看出，在洛克视野中，"自由是主题"。所谓自由，是一个人拥有处理他的人身和财产的自然权利，这是一种自然自由，溯源于人的自然状态尤其是平等的状态，它"得自于自然的平等"③。洛克的整个学说主要是为维护个人自由，甚至他主张通过教育培养现代社会中自由的人。他强调政府的建立也是为了个人自由，反对一切形式的政治压迫即政府对个人权利的非法侵犯。究其实质，虽然个人们相互联合成为国家且置身于政府的权威之下，但是他们并非交出了一切的自然权利，而只是给予国家机关实施自然法的权利。洛克认为："社会或由他们组成的立法机关的权力绝不容许扩张到超出公众福利的需要之外……而这一切都没有别的目的，只是为了人民的和平、安全和公众福利。"④

在洛克的社会契约论中，平等占据着重要的位置，但是自由相对而言显得更为根本。在论述中，"至少他不把进一步的平等作为社会制度应该追求的更高的基本价值"⑤。彻底地以平等作为最为根本的价值来阐述社会契约论的是卢梭。在他看来，虽然社会契约论以自然状态为预设

---

① ［英］洛克：《政府论》下篇，叶启芳、瞿菊农译，商务印书馆2011年版，第18、77、76—78页。

② ［英］洛克：《政府论》下篇，叶启芳、瞿菊农译，商务印书馆2011年版，第35页。

③ ［美］列奥·施特劳斯、［美］约瑟夫·克罗波西主编：《政治哲学史》，李洪润等译，法律出版社2009年版，第508、478页。还可参见［美］纳坦·塔科夫《为了自由：洛克的教育思想》，邓文正译，生活·读书·新知三联书店2001年版；渠敬东、王楠《自由与教育：洛克与卢梭的教育哲学》，生活·读书·新知三联书店2012年版。

④ ［英］洛克：《政府论》下篇，叶启芳、瞿菊农译，商务印书馆2011年版，第80页。

⑤ 何怀宏：《契约伦理与社会正义》，中国人民大学出版社1993年版，第93页。

前提，但是无论是霍布斯还是洛克都没有真正把握原始的自然状态，而只是站在现代市民社会的立场上来推断自然状态，把现代市民社会中的人作为自然状态中的人。基于此，卢梭评论道："在我们对自然人丝毫没有认识以前，如果我们想确定自然人所遵循的法则，或者最适合他的素质的法则，那是徒劳无功的。"①

卢梭区分了自然法和理性，他认为在人类心灵最初的、简单的活动中，有如下两个原理先于理性而存在："一个原理是我们热烈地关切我们的幸福和我们自己的保存，另一个原理是我们在看到任何有感觉的生物、主要是我们的同类遭受灭亡或痛苦的时候，会感到一种天然的憎恶。"唯有上述两条原理相互配合并达成协调，自然法的一切规则才得以产生。在卢梭看来，基于这两个原理而生存的自然人与社会状态中生活的人所表现出来的特性有别。不过，霍布斯将政治社会中的人的特性归于自然人，把自然状态设想为一切人反对一切人的战争状态，显然是把人类进入私有制社会后的社会状态当作自然状态了。因此，卢梭提醒我们：霍布斯没有任何善的观念，也不知美德为何物，所以认为人天生是邪恶的；霍布斯不肯为同类服务，所以认为人根据所需便疯狂地把自己视作整个宇宙的中心。实质而言，在自然状态中，"既无所谓邪恶也无所谓美德"②。

在卢梭看来，自然状态中的人按其本性来说是平等的和富有怜悯心的，因此不存在一部分人统治另一部分人的状况。不过，人有两个特性异于其他动物：其一是意志自由，其二是人的可完善性。不仅如此，人所具有的自我完善的能力使得他或她能够"借助于环境的影响，继续不断地促进所有其他能力的发展"。继而，这种发展导致人类从自然状态步入社会状态，导致财富的增长和私有制的产生。在卢梭看来，私有制的产生是历史所趋，是人类不平等的根源和基础，一当这种不平等经过

----

① ［法］卢梭：《论人类不平等的起源和基础》，李常山译，商务印书馆1962年版，第66页。

② ［法］卢梭：《论人类不平等的起源和基础》，李常山译，商务印书馆1962年版，第67、97—98页。

富人和穷人的不平等过渡到统治者和被统治者的不平等,再迈入主人和奴隶的不平等这一不平等的顶点,[①] 那么整个社会就需要订立一种新的契约,这种契约所要解决的问题在于:人们结合起来,以所有共同的力量来保障每个结合者的人身和财富;并且,这一结合使得个人服从联合体像是在服从其本人,其自由度没有丝毫减弱。[②]

在订立社会契约时,卢梭强调以下几点:首先,每个人向社会奉献出自己的一切权利和自由,同时又从社会获得同等的权利和更高层次的自由,缔约双方的权利和义务是相互的。每个人都向全体奉献出自己,他或她并没有向任何人奉献出自己;不仅如此,从任何一个参与缔约的人那里,人们都可以获得自己所转让出去的同样的权利,因此"人们就得到了自己所丧失的一切东西的等价物以及更大的力量来保全自己的所有"。其次,参与缔结社会契约的人们都是平等的,自然所造成的身体上的不平等可以用道德、法律上的平等来代替;虽然人们在力量上和才智上不平等,但是在权利上却是人人平等的。再次,国家的主权属于人民,而不是政府或者行政官或者国王。立法权是主权的核心,它"是属于人民的,而且只能是属于人民的"。相对来讲,政府仅仅是"主权者的执行人";作为主权者的官吏,行政官只是以主权者之名行使主权者所委托给他们的权力。不仅如此,只要主权者愿意,他就随时可以"限制、改变和收回这种权力"[③]。

(三)个人主义及其局限

由前可知,在霍布斯、洛克以及卢梭的社会契约论中,关于自然状态的描述都是一种假定,是非历史的和虚构的。像罗尔斯在《正义论》中对原初状态的描述一样,这是一种抽象的理论设定。当然,紧随其后

[①] [法]卢梭:《论人类不平等的起源和基础》,李常山译,商务印书馆1962年版,第83、141页。
[②] [法]卢梭:《社会契约论》,何兆武译,商务印书馆2003年版,第19页。
[③] [法]卢梭:《社会契约论》,何兆武译,商务印书馆2003年版,第20、30、71、72、73页。

的是针对现代社会的个体化状况开出的药方。如果思想家们清醒地知道自然状态是一种理论设定，那么他们为社会政治设计的一套观念体系就有其存在的正当性。不过，这种针对现代社会的一个极端进路是个人主义。据史蒂文·卢克斯考证，最早问世的个人主义（Individualism）的用法是法语上的 Individualisme，19 世纪的法国保守主义者在消极意义上来使用该词。比如，天主教守旧派思想家梅斯特最早于 1820 年使用该词，以之来谴责启蒙思想与法国大革命的后果。在梅斯特看来，欧洲自由思想太多但信仰不足，这直接导致权威的衰落；代之而起的是个人意见，这助长了神界和俗界的无政府状态。"精神的这种深刻而惊人的分裂，所有学说的这种无穷破碎，政治新教变成了最极端的个人主义。"值得注意的是，圣西门主义者曾系统地使用了"个人主义"这个概念，并以之来指称一种有害的、消极的观念，"这种观念导致了现代批判时代的罪恶"①。

对个人主义做系统阐述并创造性地使用的是托克维尔。通过对民主在美国的全面考察，他赋予该词以"最独特、最有影响的自由主义含义"②。他认为，个人主义蕴含着平等和财产。随着身份的日趋平等，大量的个人便出现了。因为拥有丰富的知识和大量的财产，这些人能够满足自己所需。他们不愿负于人，也不愿求于人。"他们习惯于独立思考，认为自己的整个命运只操于自己手里。"个人平等与财富的私有使得人身依附关系解除，与之俱来的是个人的独立性。而随着独立性的拥有，对自我的关注和以个人为中心就显现出来。正是对平等的强调，托克维尔认为，在他的时代，没有追求平等的激情的支持，就不可能实现自由。虽然在自由的实现过程中平等至为关键，但是跟卢梭不同，托克维尔认为平等与专制是相辅相成的：如果说专制在人们之间筑起壁垒，把它们相互隔离，"使人们把互不关心视为一种公德"③；那么，平等使人们并

---

① ［英］史蒂文·卢克斯：《个人主义》，阎克文译，江苏人民出版社 2001 年版，第 2—3、4 页。
② ［英］史蒂文·卢克斯：《个人主义》，阎克文译，江苏人民出版社 2001 年版，第 9 页。
③ ［法］托克维尔：《论美国的民主》下卷，董果良译，商务印书馆 1988 年版，第 627、624、630 页。

立，使人们只顾自己，而无暇顾及别人。

不仅如此，托克维尔还区分了个人主义与利己主义（Egoism，法语是Egoisme）。在他看来，作为一种心安理得地只顾自己的价值观念，个人主义使每个公民与其他人相分离，甚至同亲戚朋友相疏远。不难想见，一旦每个公民精心营造属于自己的小世界，他们便只管自己而不管大社会。如果说利己主义源自一种盲目的本能，那么个人主义则主要来自错误的判断。究其实质，个人主义的发生往往可以追溯到理性缺失和心地不良。如果说利己主义会使一切美德的幼芽濒临枯死，那么个人主义会使公德的源泉遭遇干涸。需要注意的是，因为打击和破坏一切美德，个人主义最后会沦为利己主义。显而易见，如果对个人主义不加限制，那么它将滑向利己主义。原因在于，利己主义者只关心自己，往往以自我及其私利为中心；对于自己，他们有一种偏激的和过分的爱，以至于爱自己甚于一切。"利己主义是跟世界同样古老的一种恶习，它的出现与社会属于什么形态无涉。"而作为一种新观念创造出来的新词，个人主义是现代民主社会所特有的。[①] 进一步说，"民主既会造成一个平等的制度，也会造成一个利己主义的制度，而这取决于私有财产是被社会化还是被神圣化"[②]。

托克维尔认为，要克服个人主义的利己主义倾向有以下两点：其一，通过政治自由的实施来避免个人主义的消极后果。比如，地方性的自由往往使大多数公民重视与他人保持一种睦邻友好的情谊，从而"抵制那种使人们相互隔离的本能，而不断地导致人们恢复彼此协力的本性，并迫使他们互助"。其二，以正确理解的利益原则来克服个人主义的缺点。在托克维尔看来："个人利益即使不是人的行动的唯一动力，至少也是现有的主要动力。"所谓正确理解的利益原则即是正派地追求自己的利益，比如，就是为了自己的利益而为大众服务，美德、德行等都是个人利益的工具，不作恶、不为个人利益不择手段并不是不要个人利益，而

---

① ［法］托克维尔：《论美国的民主》下卷，董果良译，商务印书馆1988年版，第625、626页。
② ［美］罗贝特·N. 贝拉等：《心灵的习性：美国人生活中的个人主义和公共责任》，周穗明、翁寒松、翟宏彪译，中国社会科学出版社2011年版，英文版序言，第10页。

是不为小利而害大利。这种正确理解的利益原则虽然不足以使人有德，但是它可以使大多数公民"循规蹈矩、自我克制、温和稳健、深谋远虑和严于律己"。这并不是直接让人凭借自身意志以培养德行，而是让人在习惯的坚持中慢慢走上培养德行的道路。托克维尔比较乐观地认为，正确理解的利益原则"一旦完全支配道德世界，无疑不会出现太多的惊天动地的德行"。但是到那个时候，"怙恶不悛的歹行也将极其稀少"。①不难想见，现实个人有时会把私人生活与公共生活截然对立，把自己的首要任务理解为独立自主地"发现自我"；现实个人是在自我发现、自我实现之中不断生成的，或许再加上与其他几个亲人密友的关系之中建构的。显然，这种类型的个人主义往往蕴含着对公共生活的否定态度。②必须承认，不同于自私自利的利己主义，美国传统的个人主义在一定程度上是向社会责任敞开的。

以上我们更多关注的是 19 世界的美国个人主义，作为现代个人主义的典型形态，它是"美国人的第一语言"③，它构成了今天"美国文化的核心"、美国"最深刻的民族特性"，它是"美国文化特质中带根本性的东西"。这种个人主义强调以下两点：其一，对与生俱来的尊严、甚至人类个体的神圣性的一种信念；其二，对个人具有首要的现实性，而社会是第二序列的、衍生出的或人为生成的结构的一种信念。换句话说，这种观点认为个人相对于社会具有本体论的优先性。值得一提的是，"现代个人主义是在反对王室和贵族权威的斗争中逐步形成的，因为这些东西在人们看来是武断地压抑了公民们伸张自治权利的意愿"④。而

---

① ［法］托克维尔：《论美国的民主》下卷，董果良译，商务印书馆 1988 年版，第 632、654、652 页。

② ［美］罗贝特·N. 贝拉等：《心灵的习性：美国人生活中的个人主义和公共责任》，周穗明、翁寒松、翟宏彪译，中国社会科学出版社 2011 年版，第 216 页。

③ ［美］罗贝特·N. 贝拉等：《心灵的习性：美国人生活中的个人主义和公共责任》，周穗明、翁寒松、翟宏彪译，中国社会科学出版社 2011 年版，英文版序言，第 14 页。这里所谓语言"主要不是指语言学家所研究的语言"，"它是关于道德的、社会的和政治的事物的主导的美国话语形式"（参见上书，第 414 页）。

④ ［美］罗贝特·N. 贝拉等：《心灵的习性：美国人生活中的个人主义和公共责任》，周穗明、翁寒松、翟宏彪译，中国社会科学出版社 2011 年版，第 190、413、191 页。

前述的洛克等思想家为个人权利辩护的思想，可谓是这种个人主义的源泉。

个人主义最为基本的价值观念就是平等和自由。平等观念强调个人具有至高无上的尊严，理应得到同样的尊重。自由观念强调三个方面：其一，个人可以自主地决定自己的思想和行为。其二，个人在私生活中不受其他任何人的干扰，可以按照自己的方式做自己想做的事情、追求自己需要的利益。不过，个人行动如果不涉及他人的利害，就不必向社会负责交代。他人如果为了自己的好处，必要之时就可以对之进行忠告、指教，以至避而远之。如果有损于他人利益，个人理应负责交代，理应承受相关机构和组织法律层面的惩罚。其三，个人具有自己的理想追求，尤其是追求个性的自由而全面的发展。需注意的是，在古代，至高无上的国家对人民具有绝对的控制，"建立在这种原则之上的社会是不存在个人自由的"①。相较而言，在现代社会中，"个人自由是真正的现代自由。政治自由是个人自由的保障，因而是不可或缺的"②。

具体而言，个人主义往往表现在社会生活的多方面。首先，个人主义在经济上的表现，即经济个人主义。"作为一种学说，个人主义在个人及其心理倾向中寻找社会经济组织的必然依据，相信个人的行为就足以提供社会经济组织的原则，力求通过个人，尽可能让个人得到自由地自我发展的一切机会来实现社会进步。它相信，要做到这一点，有两种制度是必不可少的：经济自由（即企业自由）和私有财产。它相信，不同的个人有着不同的才能，应该允许每个人都在与别人的竞争中，尽最大努力来发展他们自己。因此，作为一种制度，个人主义乃是自由贸易制度，是竞争的制度，是私有财产的制度。"③ 其次，个人主义在政治法

---

① ［法］菲斯泰尔·德·古朗士：《古代城市：希腊罗马宗教、法律及制度研究》，吴晓群译，上海人民出版社2012年版，第247页。

② ［法］邦雅曼·贡斯当：《古代人的自由与现代人的自由》，阎克文、刘满贵译，商务印书馆1999年版，第41页。

③ 经济学家丹尼斯·H.罗伯逊语，转引自［英］史蒂文·卢克斯《个人主义》，阎克文译，江苏人民出版社2001年版，第83页。

律上的表现，即政治个人主义。前面我们所阐述的社会契约论基本上都持有这种信念，即政府及其法律是建立在公民个人同意的基础上的，其目的在于满足个人需要，实现个人利益，保障个人权利。再次，在宗教伦理上的表现，即伦理个人主义。这种个人主义或者把一己的趋乐避苦作为道德目标，或者主张个人俨然是一个在道德领域自我主宰的小上帝，或者在宗教上主张个人不需要教会或传教士的中介而与上帝直接交流。

毋庸讳言，个人主义是基于这样的人性假设：作为抽象个人，人人都有既定的兴趣、愿望、目的、需要等等，而社会或国家则是满足它们的工具或手段。关键在于，这种抽象个人观把决定社会安排（实然的或应然的）所要达到目标的有关个人特征——诸如需要、欲望、能力、权利等等——都设想为既定的、独立于社会环境的。这种抽象的个人观把个人仅仅理解为上述特征的负载者；不仅如此，"这些既定的抽象特征决定着他的行为，表达了他的兴趣、需要和权利"[1]。正是基于此，个人主义认为，一方面，"社会是由自治的、平等的单元即单一的个人组成，归根结底，这样的个人比任何更大的多人组合式团体更加重要。个人主义反映在个人私有财产权的概念上、个人的政治与法律自由上、个人应与上帝直接交流的观点上"[2]。另一方面，个人主义的高度发展导致集体价值观的日益衰落，这可谓个人主义的负面效果之一。霍布斯鲍姆认为，个人主义与自由市场的逻辑相适应，使个人发展从属于经济理性，进而"损害和败坏了组成社会的人与人之间的关系，造成了道德真空，除了眼前的个人需要之外，一切都微不足道。"[3]

正是立足于原子个人，在苏格兰启蒙思想家如斯密、李嘉图等所主张的个人主义的强劲推动下，英国建立了适合资产者的政治社会体制。

---

[1] ［英］史蒂文·卢克斯：《个人主义》，阎克文译，江苏人民出版社2001年版，第69页。

[2] ［英］艾伦·麦克法兰：《英国个人主义的起源》，管可秾译，商务印书馆2008年版，第11页。

[3] ［英］霍布斯鲍姆：《摆脱困境——社会主义仍然富有生命力》，曹宪强、梁战光译，《现代外国哲学社会科学文摘》1992年第1期。

这种社会模型是围绕着"经济人"而建构起来的，即社会秩序是个人追求一己的私人利益最大化而无意识地造成的。在那里，公共自由或我们所称的政治自由，只具有辅助性的或工具性的重要性，因为其重要性只在于强化个人自由。① 如果说苏格兰学派尤其是斯密力图用个人利益来制约激情，这对助长市民社会的气焰效果明显，那么他尝试着用道德情操来遏制这种气焰，则难免乏力。因为在斯密那里，传统的政治问题转变成为一系列经济问题的呈现，② 这就使得社会的政治维度不可避免地滑落了。

在社会契约论里，正是上述的原子个人成为了现代市民社会的细胞。也正是在此意义上，卢梭原本想把《社会契约论》题名为《论市民社会》以表明自己对市民社会的诊断，即单纯以个人占有为中心的市民社会存在诸多弊端。不过，他想通过社会契约论打造出一个政治与社会合一的社会模型，以解决苏格兰学派所面对的社会的政治维度滑落的问题，因此最终在书名上取前者而弃后者。在卢梭看来，只有让资产者成为公民，才能真正实现自由和平等，否则市民社会中的人只会走向堕落。因为市民社会以商业为基础，自然就有雇主和雇工，从而造成社会不平等现象。那里聚集着自私自利的商人，他们为了自己的利益而剥削他人。正是基于此，卢梭主张用政治来整合，即从自然状态出发，把社会分解为个人，订立契约，建立国家。而国家既立，社会的维度就消失了。③

应该指出，作为一种现代意义上的生活方式及其思想观念，个人主义并非这个世界从来就有的。作为现代政治思想冲突的一个焦点，它随现代性而来，或者说，它就是现代性的一部分内容。自步入现代性社会以来，科学技术、工具理性、市场经济、科层制度等等纷纷登场，并且

---

① ［英］唐纳德·温奇：《亚当·斯密的政治学》，褚平译，译林出版社 2010 年版，第 37 页。

② 参见［美］约瑟夫·克罗普西《国体与经体：对亚当·斯密原理的进一步思考》，邓文正译，上海人民出版社 2005 年版。

③ 参见王焱编《社会理论的两种传统》，生活·读书·新知三联书店 2012 年版，写在前面，第 5—9 页。

无可避免地冲击和瓦解传统社会的各种纽带。在此基础上，所催生的现代个人所具有的自我决定权利，现代社会生活所拥有的自主选择范围，都是古代人及其社会闻所未闻的。究其实质，从自主个人到个人主义，乃是一个现代性事件，是随着韦伯意义上的世界祛魅、理性化程度提升和诸神之争而诞生的。与之俱来的是，这种个人成了包括自由主义、保守主义与社会主义等各种意识形态的相互争论和为争夺公共权力的彼此斗争的场所，这使得现代性成为一种特殊社会现实和特殊世界观的组合。① 在这些世界观中，自由主义作为个人主义的坚决捍卫者，其本质是对专断权力、不宽容、压制和迫害的道德批判，其根据是一种价值多元主义的立场，其主张是一种个人自主或个人主义的实践，其保障是以思想自由和言论权利为核心的个人基本权利的实施。可以说，自由主义的内核至少包含着多元主义、个人主义和基本权利这三项原则，而其中个人主义是最为基本的。②

在罗尔斯这样的自由主义者看来："个人的观念乃是一种规范性观念。无论是法律的、政治的、还是道德的，抑或是哲学或宗教的个人观念，都依赖它所属的整体观点。"然而，问题在于：如何在多元主义价值观的冲突中，使自由而平等的公民能够维护一个稳定而正义的社会？虽然罗尔斯为此提出了"重叠共识"这一概念，但也不得不承认："自由主义思潮的一个共同主题是，国家决不能偏袒任何完备性学说及其相关的善观念。但是，自由主义没有做到这一点，事实上是任意偏袒此一或彼一形式的个人主义，这同样是自由主义的批评者们的一个共同主题。"③ 作为自由主义者的批评者，社会主义同自由主义一样都出自启蒙现代性，然而其代表了对现代性的极力超越，而自由主义代表了对现代性的深度认同；相较而言，保守主义代表了对现代性的反动，而且这种

---

① ［美］伊曼努尔·华勒斯坦等：《自由主义的终结》，郝名玮、张凡译，社会科学文献出版社 2002 年版，第 73 页。

② 参见周枫《个人主义：现代政治思想冲突的一个焦点》，载《社会理论的两种传统》，王焱主编，生活·读书·新知三联书店 2012 年版，第 270—302 页。

③ ［美］约翰·罗尔斯：《政治自由主义》，万俊人译，译林出版社 2000 年版，第 18、202 页。

反动往往以前现代社会的道德优势为依据。因此，自由主义可谓两面受敌。而当代的查尔斯·泰勒、麦金泰尔、桑德尔等所持的社群主义（communitarianism，也译为共同体主义）是传统保守主义思潮的一个延续，它把矛头直指个人主义，求助社群或共同体来拯救现代性危机。这其中，查尔斯·泰勒甚至把个人主义所引起的意义的丧失、工具理性扩张所带来的目的的晦暗以及前两者导致的整体自由的丧失作为现代性的三大隐忧。[①] 一言以蔽之，个人主义及其与自由主义的联系所引起的问题，说明了其作为社会自我批判的一条进路的局限性。不过，对这种局限性的克服是我们后面要重点阐述的。

二　社会自我批判的整体主义进路

自文艺复兴以来，自我的发现表现在以下三个方面：其一，发现个体自我；其二，发现人类自我；其三，发现民族自我。如前所述，由于对个体自我的强调使得个人主义成为现代性主流话语，而个人主义的观念反过来加剧了对原子个人的抽象化理解。基于此，人类，或者至少是属于某一政治共同体或政治社会的人就愈发分解为无数彼此竞争的个人，这种现代社会的高度分化现象就是社会的个体化。[②] 而这一现象进一步催发了民族自我意识的觉醒。原因在于，为了解决此一现象所指向的社会无政府状态，处于诞生或发展进程中的民族国家寄希望于国家理性对个人的整合和凝聚。这一希望引导下的直接极端后果即是迈向一种整体主义的制度安排。

（一）强化国家理性

自现代以来，个人脱离了原本终身相守的前国家形态的集体组织

[①] 参见［加］查尔斯·泰勒《本真性的伦理》，程炼译，上海三联书店2012年版，第1—15页。

[②] 参见［德］乌尔里希·贝克、［德］伊丽莎白·贝克－格恩斯海姆《个体化》，李荣山、范譞、张惠强译，北京大学出版社2011年版；［英］齐格蒙特·鲍曼《个体化社会》，范祥涛译，上海三联书店2002年版。

（如氏族、部落等），国家一跃为最重要的维持生存的单位，进而"国家开始对国家的个体成员拥有广泛的支配权"①。这种支配权涉及国家治理技术，而后者乃是不断强化国家理性（reason of state）的产物。作为一种崭新的知识样式和伦理观念，国家理性是关于国家行为的一套特殊规则，强调国家利益和政治稳定至为重要，认为所有政府行为都应该以国家目标为圭臬。在古希腊时期，修昔底德和塔西陀的史书中就有这种国家理性观的痕迹，而塔西陀更是被誉为国家理性观的伟大教导者，以至于后人从他的格言中整理出他的政治原理，从而提供了一个"关于古代世界如何谈论'国家理性'问题的知识宝藏"②。

"国家理性"作为一个政治术语，在现代政治思想史上扮演着重要的角色。因为它代表着现代国家观念的诞生，标志着一种新的政治态度。这个词最早出现在意大利，其影响却几乎扩展到整个欧洲。据考证，文艺复兴时期意大利的圭恰迪尼在其著作《关于佛罗伦萨政府的对话》中第一次使用"国家理性"（其意大利语是 ragione di stato），他主张国家理性应该关注基督教道德的公共利益。这标志着国家利益观从道德自觉到利益自觉的转变。而更为明晰地精确地使用该词的是16世纪的大主教兼人文主义者乔万尼·德拉·卡萨。值得一提的是，法国思想家乔瓦尼·博泰罗更是在1589年出版了《论"国家理性"》一书。他认为，国家理性是"关于如何创立、维持和扩展一个国家的手段的知识"。在该书的附录里，他毫无保留地承认国家利益与君主的自我利益并无二致。一言以蔽之，所谓"国家理性"不过是"利益理性"③。

正是考虑到"reason of state"与利益理性的关系，国内学界有时也

---

① ［德］诺伯特·埃利亚斯：《个体的社会》，翟三江、陆兴华译，译林出版社2008年版，第242页。
② ［德］弗里德里希·迈内克：《马基雅维里主义》，时殷弘译，商务印书馆2008年版，第81—82页。根据后述翻译的原因，译文有改动。
③ 参见［德］弗里德里希·迈内克《马基雅维里主义》，时殷弘译，商务印书馆2008年版，第134—137页。

把它翻译为"国家理由"①。实质而言,国家理性和国家理由是两个相互关联、但却具有不同内涵的术语,其主要的差别在于国家理由注重给予国家正当化以理由,而国家理性既有沿循着上一思路的阐释,也有限制国家使其具有理性的内涵。我们试举一例,在雅典人看来,"无论是战争、外交、谈判或投降(如果有必要甚至是向波斯人投降),国家的利益总是有足够的正当性,选择工具在任何情况下只是策略问题,而不涉及道德"②。究其实质,这是典型的国家理由。与之相反,如果我们仅仅追究道德理由,拷问其正当性和合理性,则无疑就触及国家理性了。迈内克曾在《马基雅维里主义》一书的开篇写道:国家理性是"民族行为的基本原理,国家的首要运动原则。它告诉政治家必须做什么来维持国家的健康和力量。国家是一种有机结构,其充分的权势只有依靠允许它以某种方式成长才能够维持,而'国家理由'为此类成长指明途径和目的"③。

在迈内克看来,第一个真正从本质上系统地阐释"国家理性"这一术语的是政治思想家马基雅维里(也译为马基雅维利)。虽然他并未明确地使用该词,但是该词所表现的思想内涵即是其思想的核心。作为一名具有浓厚爱国情怀的思想家,马基雅维里渴求意大利的统一;不仅如

---

① 必须指出的是,把"reason of state"翻译成国家理由而不是国家理性,确实是彰显了该词与国家利益的联系。但与此同时,这种译法也遮蔽了原本广阔的历史视野:作为一种政治观念和政治自觉,"reason of state"的出现无疑是与整个西方现代世界的理性化进程紧密关联的,其出现不仅意味着一种崭新类型的理性观的登场,而且意味着西方传统的道德理性的式微,还意味着一种工具理性意义上的国家观念的兴起,以及在此过程中一种现代政治观的兴起,其根本标志在于政治与道德的分野(周保巍:《"国家理由"还是"国家理性"——思想史脉络中"reason of state"的翻译》,《学海》2010年第5期)。这种分野就是所谓政治的去道德化和道德的去政治化。因此,把"reason of state"翻译为国家理性有利于展现其规范尺度,即上文提到的——限制国家以使其具有理性,而正是在此意义上,现代性进程中的国家理性才可谓异化为工具理性,从而与现实主义的政治利益相联盟,以至于国家理性一词"被用来描述17世纪的权势政治的特殊精神"([德]弗里德里希·迈内克:《马基雅维里主义》,时殷弘译,商务印书馆2008年版,第567页)。基于此,我们赞成把"reason of state"翻译为国家理性。毕竟,某种意义上可以说,现代性的进程正是国家理性化的过程。

② [英]贾斯汀·罗森伯格:《国家的秘密起源:国家理性的结构性基础》,亓同惠、段勇译,载《国家理性与现代国家》,许章润、翟志勇编,清华大学出版社2012年版,第145页。

③ [德]弗里德里希·迈内克:《马基雅维里主义》,时殷弘译,商务印书馆2008年版,第51页。

此，他竭力为一个期待获得新生的国家提供正当性的基础。有效地保障国家的存在和安全以获得国家的自主性，这不仅是马基雅维里的终极目标，也是他的国家理性观的理论目的。他甚至认为，可以不惜一切代价来保持国家的自主性。因为从客观上来说，在15世纪大部分时间里意大利的政治局面十分动荡，整个意大利世界分裂为几十个大大小小的王国、公国、城市共和国，这其中甚至还有教皇和教会的领地。这些所谓的"国家"要么陷入残暴的内乱，要么陷入彼此的外战。更值得一提的是，整个意大利世界屡次遭受法国等外敌入侵，而这些侵略者的"带路党"居然是意大利人自己。总而言之，这些内忧外患一度使得"阴谋、武装、联盟、行贿和背叛构成这一时期意大利的表面历史"[1]。

正是基于上述原因，马基雅维里不去奢谈应然，而选择面对实然。在《君主论》中，他甚至这样告诫我们："人们实际上怎样生活同人们应当怎样生活，其距离是如此之大，以致一个人要是为了应该怎样办而把实际上怎么回事抛诸脑后，那么他不但不能保存自己，反而会导致自我毁灭。"[2] 显然，在马基雅维里看来，君主制下的国家也是如此。为此，他一心要对同时代的政治理论进行直接抨击。当然，他首先指责这些理论没有强调政治生活中纯粹的权力的意义。因为这些理论幼稚地认为，似乎君主致力于追求有德行的生活，就能获得世俗意义上的荣誉和名声。然而，马基雅维里坚决认为这些理论忽视了一点：一个成功的政府的维持在某种程度上取决于一个毫不畏惧的自愿者使用有效的军事力量来补充说服艺术的不足。简单来说，他十分强调纯粹的武力在推行政府事务方面的作用。[3] 对马基雅维里而言，国家理性可以理解为这样一种原则："为了保证国家的延续，无论它要求个人做什么，对此有责任的个人都必须去做，而不管按照高贵和有德行的人自己的理解，这些行

---

[1] ［瑞］雅各布·布克哈特：《意大利文艺复兴时期的文化》，何新译，商务印书馆2010年版，第97页。

[2] ［意］尼科洛·马基雅维里：《君主论》，潘汉典译，商务印书馆2011年版，第73页。

[3] ［英］昆廷·斯金纳：《现代政治思想的基础》上卷，奚瑞森、亚方译，译林出版社2011年版，第138—140页。这里的自愿者是指这样的公民：愿意为自己的祖国而战斗，愿意为祖国的事业使用暴力。

为是多么令人反感。"①

马基雅维里如此提醒一个君主：最要紧的是设法避免被人蔑视和憎恨，如果做不到既被人畏惧又受人爱戴，那么至少被人畏惧要比受人爱戴好得多。但凡可能，不应偏离善良之道，不过如有必要他应该知道如何作恶。统治者应该懂得如何像一头野兽一样行动，既要模仿狮子的凶残，又要模仿狐狸的狡诈。② 概而言之，马基雅维里对君主的终极建议可以概括为这样一句话：君主首先要确保自己成为一个灵泛的人，也就是说他必须能够根据命运和环境的要求从行善到作恶，或者反过来。正是基于此，马基雅维里在基督教的道德家中间迅速赢得了一个"魔鬼般邪恶的人"的名声。实质而言，正如《君主论》所表明的那样，马基雅维里认为品德这个观念和美德这个观念彼此之间没有任何瓜葛。他将品德与在实践中"拯救我们国家的生存和维护其自由"所需要的一切品质等同起来。与此同时，无情地阐明这些品质与众所公认的基督教和属于道德规范的美德绝无任何干系。③

诚然，一方面，马基雅维里的政治言说反映了他对整个意大利世界处于分裂状态的忧患意识和爱国情怀；另一方面，马基雅维里的惊世之言表达了他的政治哲学的革命性意义：即现代政治哲学不再像古代政治哲学那样从"应该做什么（应然）"的道德高度去理解和评判政治，而是反过来从"事实上做什么（实然）"的现实政治角度去理解和评判政治自身以及一切超政治的道德诉求。正是通过区分政治与道德，或者说区分政治的"实然"与"应然"，马基雅维里奠定了现代政治哲学的新方式和新秩序。④ 正是如此，施特劳斯认为，作为现代政治哲学的奠基人，马基雅维里掀起了现代性的第一次浪潮，他将政治返还到一个低俗

---

① 王焱主编：《宪政主义与现代国家》，生活·读书·新知三联书店2003年版，第4—5页。
② [意]尼科洛·马基雅维里：《君主论》，潘汉典译，商务印书馆2011年版。
③ [英]昆廷·斯金纳：《现代政治思想的基础》上卷，奚瑞森、亚方译，译林出版社2011年版，第145—148、197页。
④ [意]尼科洛·马基雅维里：《论李维》，冯克利译，上海人民出版社2005年版，第43页；[美]哈维·曼斯菲尔德：《新的方式与制度：马基雅维利的〈论李维〉研究》，贺志刚译，华夏出版社2009年版，第1—10页。

但坚实的地基,通过降低政治目标的方式来实现目标。总的来说,马基雅维里的所有努力,无外乎是将政治同一切超出政治之外或之上的道德划清界限,捍卫政治本身的自主性。①

马基雅维里立足于政治现实的国家理性观可称之为马基雅维里主义。这种观念认为,统治者以任何手段,甚至不正当的手段追求自己的利益是可以容许的。这种观念某种意义上可以称之为国家主义,因此,我们可以把马基雅维里称之为国家主义者,即"那些在实际政治和'国家理性'方面有经验的人"。马基雅维里所系统阐述的这种观念影响深远,以至于在17世纪头10年的意大利,在市场挑夫和客栈工匠中间有着关于"国家理性"的种种讨论。② 不仅如此,这种观念还走出意大利,扩展到德意志,以至于在面对现实政治的整个欧洲大行其道。而著名的霍布斯、斯宾诺莎、费希特、黑格尔等思想家,也继承和发展了这种观念,从而为其传播起到了推波助澜的作用。

(二) 民族国家及其兴起

虽然国家理性观自现代以来才系统地得到阐述,但是要试图写一部关于国家理性的历史,就等于要写一部具有普遍性效应的政治史。如果那么做的话,实干的政治家们就将在其中大唱主角。诸如克伦威尔、拿破仑、俾斯麦等等政治人物,他们的政治体系也必定会在其中留下浓墨重彩的一笔,而且他们政治体系之间的内在关联也会得到深入揭示。究其实质,国家理性观本身在其历史生成中,比视之为一种观念的简单理解要远为清楚。③ 必须明确的是,这种国家理性观的传播背景乃是现代民族国家的兴起。根本而言,现代民族国家的兴起需要国家理性观的支持,民族国家的兴起又反过来促进了国家理性观的传播。

---

① 吴增定:《利维坦的道德困境:早期现代政治哲学的问题与脉络》,生活·读书·新知三联书店2012年版,第7页。

② [德] 弗里德里希·迈内克:《马基雅维里主义》,时殷弘译,商务印书馆2008年版,第205、200页。

③ [德] 弗里德里希·迈内克:《马基雅维里主义》,时殷弘译,商务印书馆2008年版,第75页。

16世纪之后，随着欧洲各民族国家兴起，国家理性观便慢慢成为现代欧洲各民族国家外交中的基本原则。在制定和实施本国对外政策时，政治家们不管在口头上是肯定还是否定，是推崇备至还是嗤之以鼻，在处理实际事务时往往都会不约而同地奉行这一原则。正如日本学者高山岩所言：" 在平稳的国家关系中，'国家理性'在'普遍规范性'外衣的打扮下显现其尊荣，而一旦面临危机，'国家理性'就会将外衣抛弃，在'出于国家的需要'的名义上显露其真容。"① 正是在此意义上，近代西方主权学说的创始者博丹曾如此说："没有任何与国家安全休戚相关的事情看上去会是可鄙的。"② 需要注意的是，这些观念影响了之后的民族国家的诞生和发展，而它们恰恰是在文艺复兴、宗教改革、启蒙运动、法国大革命等促进早期民族国家形成的社会运动中孕育、成形和巩固的。

上述可知，像马基雅维里这样的人文主义者有感于国家的分裂和屠弱，反对封建割据，主张国家统一，建立君主专制。马基雅维里的《佛罗伦萨史》则力图从历史角度进行总结，进而探索振兴国家的道路。而所谓历史总结，其目的是要弄清楚下面这个问题："经过一千年的辛勤劳苦之后，佛罗伦萨竟然变得这么衰微屠弱，其原因究竟何在。"③ 从更为广泛的意义上来说，马基雅维里的政治思考无非是要澄清两个问题：其一，包括佛罗伦萨在内的整个意大利世界为何一千多年来一直陷入内忧外患的分裂状态？其二，意大利如何结束这种分裂状态，成为一个统一的强国以重现古罗马时代的辉煌？在他看来，造成意大利长时间政治分裂的原因不外乎两个：其一，基督教对现实政治的控制使得世俗政治丧失了自主性；其二，古代哲学强调沉思生活对于政治实践的优先性，使人们缺乏公民德性和尚武精神。为什么这样说呢？因为两者都承诺了某种超政治、超国家的理想标准和道德规范。这种理想和规范不仅否定

---

① ［日］高山岩：《"国家理性"论与"国家社会"的现实——主权国家概念的理论再探讨之三》，王军译，《现代外国哲学社会科学文摘》1994年第8期。
② ［德］弗里德里希·迈内克：《马基雅维里主义》，时殷弘译，商务印书馆2008年版，第127页。
③ ［意］尼科洛·马基雅维里：《佛罗伦萨史》，李活译，商务印书馆1982年版，第51页。

现实政治的自主性，而且使得个人丧失对于国家利益的认同，仅仅关心一己的幸福与得救，如此必然导致国家的长期分裂与现实政治的持久孱弱。

马基雅维里将基督教教会和教皇势力的兴起追溯到西罗马帝国的崩溃，进而这样认为："罗马当时无君主，为了使自己得到安全，感到必须服从教皇。"教皇的力量虽然不足以实现意大利的统一，但是足以阻止其他的世俗君主国、共和国或者外来政治势力统一意大利。不过，情况却与此相反，教皇们为了增加自己的势力，与蛮族结盟，从而引狼入室。马基雅维里认为，在意大利境内，所有由北方蛮族进行的战争几乎都是教皇们惹起的，而在意大利全境泛滥成灾的蛮族，一般都是由教皇招进来的。这些做法"致使意大利软弱无力、动荡不安"。这样的直接后果是政教合一，致使帝国不断失去其权力，而教会却不断获得权力。如此一来，教会便"逐渐扩大自己的权威，凌驾于世俗王公之上"[①]。不仅如此，教会将所有的世俗政治贬低为一种世间权力，同时将自己看做一种精神权力即上帝在世俗世界的代理，并认为任何世间权力都应该受到精神权力的统治和领导。如此一来，教会就从根本上摧毁了世俗政治的自主性。

正是有感于世俗政治自主性的丧失，但丁在其著作中系统地阐述了建立君主专制政权的必要性。而彼特拉克通过展现古罗马帝国的辉煌历史，来激发意大利人的民族自豪感和自信心，进而走向民族独立统一的道路。当然，反对封建割据，渴望国家统一和建立强大王权的思想在马基雅维里那里表现得最为突出。他不仅通过著述研究意大利四分五裂的成因，而且主张政教分离，反对宗教的控制，认为世俗权力高于精神权力，强调君主应不惜一切代价以国家利益至上，动用一切手段来保障国家的安全和自主。可以说，马基雅维里是第一个想象出现代国家形式（即具有完整主权和彻底独立的单位）的人。必须指出的是，这种国家

[①] [意]尼科洛·马基雅维里：《佛罗伦萨史》，李活译，商务印书馆1982年版，第14、15、17页。

形式与资产阶级的利益紧密联系在一起。因为文艺复兴之后封建制逐渐衰败,而资本主义在意大利的一些主要城市如威尼斯、米兰等得到最初的萌芽,资产阶级只有与君主专制联盟才能获得更好的发展。因此,封建政权的旧瓶装进了资本主义的新酒。"现代的欧洲民族[Nationen]和现代的资产阶级社会就在这种君主国里发展起来"①。

民族国家乃是现代的产物,而民族国家的前提是民族的存在。霍布斯鲍姆说:"民族不但是特定时空下的产物,而且是一项相当晚近的人类发明。"② 在中世纪,基督教徒都信奉天主教,只要是受过教育的人都使用拉丁语。欧洲人也没有效忠国家的观念,因为他们首先认为自己是基督徒,其次才是某一个地区的居民,最后才是所谓的盎格鲁-撒克逊人、高卢人、日耳曼人等。及至蛮族击溃西罗马帝国,不同的语言、传统、风俗和法涌现出来,进一步促进了民族文化的形成和发展。而城市的兴起和方言文学的出现,促进了民族意识的觉醒,为现代民族国家的初具雏形创造了条件。欧洲各地方文学的出现与若干城市的兴起几乎是同步的,"在行政事务中首先采用本国方言的是城市,这种首创性完全符合在中世纪文明中以城市为其杰出代表的那种世俗精神"③。城市文化的世俗性特别表现于方言写作,比如但丁的《宴会》是意大利第一部用俗语写成的学术性论著,它打破了拉丁文的垄断,遂成为意大利民族意识觉醒的开端之作。除了方言的写作,在宗教色彩浓重的欧洲还翻译了各种地方语言版本的《圣经》。正是基于此,方言经过一系列变迁而日益集中化为统一的民族语言。各种民族语言的形成和发展,慢慢打破了中世纪以来拉丁文在宗教传播、民众教化等方面的垄断地位,从而有力地推动了宗教改革的深化、民族意识的觉醒。

在安德森看来,文艺复兴、宗教改革、启蒙运动等现代性事件大大加速了宗教共同体和君主制王朝的衰落。与之相伴生的是,一种想象的

---

① 《马克思恩格斯选集》第4卷,人民出版社1995年版,第261页。
② [英]埃里克·霍布斯鲍姆:《民族与民族主义》,李金梅译,上海人民出版社2000年版,第10页。
③ [比]亨利·皮雷纳:《中世纪的城市》,陈国樑译,商务印书馆1985年版,第142页。

政治共同体——民族及其国家的兴起。民族之所以成为想象的共同体，就在于人与人之间的相互关联是被想象出来的。对于这些人即民族成员来说，虽然他们互不相识，但是他们"相互连接的意象却活在每一位成员的心中"。一旦方言成为印刷文字，这种固定的语言通过广泛传播而塑造出稳定的"主观的民族理念"。这无疑也为现代民族和民族国家的兴起创造了条件。因此，在安德森视野中，所谓民族，不仅是一种想象的政治共同体，而且"是想象为本质上有限的，同时也享有主权的共同体"。这一共同体的形成是"生产体系和生产关系（资本主义）、传播科技（印刷品）和人类语言宿命的多样性这三个因素之间半偶然的，但又富有爆炸性的相互作用"[1]。随着工业技术的发展和资产阶级势力的增长，为了争取更多生存机会和更大发展空间，被分割、被压迫的各民族都要求统一和独立，与之相伴随的是民族主义思潮的兴起。在此意义上，盖尔纳说得好："向工业主义过渡的时期也必然是一个民族主义的时期"[2]。

正是工业技术与资本主义的发展使得西班牙、葡萄牙、荷兰、英国等国家先后成为现代意义上的民族国家，进而走上现代化之路。不过，较为落后的德意志民族就没有那么幸运，在拿破仑战争时期德国政治一度濒临崩溃。有感于自己时代的德意志在政治处境上跟马基雅维里时期意大利的政治处境的高度相似，正在阅读《君主论》的黑格尔特别关心马基雅维里所遭遇的一个具体实践的政治难题，即"通过民族国家而形成民族统一体"。在16世纪的意大利与19世纪的德国之间这种"历史形势的亲和性，促成了黑格尔对马基雅维利的复兴"[3]。这实质上促成了黑格尔对国家理性和国家主义的推崇，这也从侧面反映了拿破仑战争给德意志造成的创伤，以至于就连习惯沉思生活的哲学家也迫切地希望通过

---

[1] ［美］本尼迪克特·安德森：《想象的共同体》，吴叡人译，上海人民出版社2003年版，第6、5、52、51页。

[2] ［英］厄内斯特·盖尔纳：《民族与民族主义》，韩红译，中央编译出版社2002年版，第53页。

[3] ［法］路易·阿尔都塞：《哲学与政治：路易·阿尔都塞读本》，陈越编译，吉林人民出版社2003年版，第392页。译文有改动。

政治联合来创建一个高度统一的、与日耳曼文化相匹配的民族国家。黑格尔认为："一个民族的国家制度必须体现这一民族对自己权利和地位的感情，否则国家只能是外部存在着，而没有任何价值和意义。"① 因此，当普鲁士解决德国政治的危机后，他为之欢呼雀跃、大唱赞歌，而其"全部思想和希望从此以后也将集中于普鲁士国家上"②。他认为国家是至高无上的，一切问题都可诉诸国家，而"国家成长为君主立宪制乃是现代的成就"。正是基于此，不难理解为何黑格尔把国家称为地上行进的神，并竭力从哲学上为之辩护，因为他曾言："哲学主要是或者纯粹是为国家服务的"③。

（三）整体主义及其困境

在黑格尔看来，君主立宪制是最合乎理性、合乎时代精神的政治制度。根据掌权者数量的差别，古代国家制度可以划分为"一人的"君主制、"一些人的"贵族制、"多数人或一切人的"民主制。这种纯粹数量差别的标准只是外在的，并不能表示事物的本质。"这种区分是以尚未分割的实体性的统一为其基础的。这种统一还没有达到它的内部划分……从而也没有达到深度和具体合理性。"④ 如果说国家在本质上是普遍意志的实现，那么上述三种政体都是特殊意志的表达，是片面的、不符合理性的，因而国家作为普遍意志的实现便不可能在上述任何一种政体中获得自身的现实性。黑格尔认为，国家的主权必须人格化在君主身上才是真实的。而现代的君主立宪制因为具有君主、贵族和人民等三个要素而扬弃了上述三种政体，是合乎理性的，在那里普遍意志是能够得到实现的。

---

① ［德］黑格尔：《法哲学原理》，范扬、张企泰译，商务印书馆1961年版，第291—292页。
② ［德］恩斯特·卡西尔：《国家的神话》，范进、杨君游、柯锦华译，华夏出版社1999年版，第308页。
③ ［德］黑格尔：《法哲学原理》，范扬、张企泰译，商务印书馆1961年版，第287、8页。
④ ［德］黑格尔：《法哲学原理》，范扬、张企泰译，商务印书馆1961年版，第287页。

然而，黑格尔的君主立宪制与现代许多国家实行的人民主权、议会主权的虚君式立宪制具有云泥之别。这是因为，立宪是辅，而君主是根本的。黑格尔说："君主要处理民族国家事务，特别是与其他国家有关的外部事务。君主是国家政权的中心，一切依据法律要求强制实行的事情都由此出发，因此法律的威势是在君主之手。各等级代表参加立法，提供维持政权的手段。"① 这即是说，君主作为国家政权的中心，不仅对立法具有最后的决断权，而且手握内政事务和外交事务的大权。正是在君主权的统摄下，黑格尔对孟德斯鸠的三权分立说进行了修正，把国家权力划分为以下三种：其一是立法权，即规定和确立所谓普遍物的权力；其二是行政权，即让各个特殊领域从属于所谓普遍物的权力；其三是王权，即把各种权力统一于君主个人的权力，显然，它就是君主立宪制的顶峰。黑格尔非常强调王权，以至于如此说："王权而且只有王权才有权直接统率武装力量，通过使节等维持同其他国家的关系，宣战媾和以及缔结条约。"②

显而易见，在黑格尔看来，君主的权力乃是至高无上的，作为整体的统一，君主代表国家人格是现实的、合理的。"如果一个民族被思考为不是一个家长制的部落……而是一个内部发展了的、真正有机的整体，那么，在这样一个民族中，主权就是整体的人格；符合自己的概念而实际存在的这种人格就是君主其人。"黑格尔甚至提醒我们，作为一群无定形的东西，人民如果没有自己的君主，就不再是一个国家，也就"没有主权，没有政府，没有法庭，没有官府，没有等级"。正是基于此，各种不同的权力作为君主立宪制国家这一整体的各个环节，都竭力在自己的职能范围实现整体利益，亦即普遍意志的实现。不过，正因为黑格尔认为君主是世袭的，所以他不赞成通过选举制来产生君主。③

---

① ［德］黑格尔：《黑格尔政治著作选》，薛华译，商务印书馆1981年版，第75页。
② ［德］黑格尔：《法哲学原理》，范扬、张企泰译，商务印书馆1961年版，第345页。
③ ［德］黑格尔：《法哲学原理》，范扬、张企泰译，商务印书馆1961年版，第298、300—304页。

黑格尔对君主立宪制的赞扬本质上是对普鲁士国家的辩护。在他那里，所谓国家乃是伦理理念的现实，是绝对自在自为的理性东西，因此成为国家成员是单个人的最高义务。[①] 在黑格尔看来，作为具有伦理理性的整体，自在自为的国家实质上是自由的现实化；而个人自由之成为现实，只不过是整体之中的一些环节而已。在他看来，为了实现个人的自由，个人必须服从国家，必须把国家当作地上的神物一样崇敬。国家作为一个有机整体，是目的而不是手段，它作为独立的力量高于个人以及由单个人组成的市民社会。

黑格尔把人类社会视为一个精神的有机整体，它有一个发育成长史：从主观精神到客观精神，再到绝对精神。国家作为客观精神中伦理的第三阶段，是对家庭和市民社会的扬弃。家庭是直接的或自然的伦理精神，在那里，人们意识到自己是在这种统一中，"从而使自己在其中不是一个独立的人，而成为一个成员"。而市民社会乃是原子个人的集合，在其中，每个人不以绝对的统一性而以各自的特殊性为目的，每个人都以自身为目的，哪怕与他人发生关系也是为了自己的特殊目的。然而，"特殊目的通过同他人的关系就取得了普遍性的形式，并且在满足他人福利的同时，满足自己"[②]。如果说家庭以自然血缘为基础的伦理所在地是乡村，那么市民社会以工商业为基础的原子个人间联合的伦理所在地则是城市，而作为伦理实体的国家实质上是这两个有限环节的统一。

在黑格尔看来，一个国家之成为现实的国家，需要与其他国家发生关系。不仅如此，相对于个人而言，国家具有绝对优先性。"由于国家是客观精神，所以个人本身只有成为国家成员才具有客观性、真理性和伦理性。"换句话说，个人只有成为国家成员才能实现其人格、自由与权利，才有生命的意义和存在的价值。作为普遍物，国家"是每个人作

[①] [英] L. T. 霍布豪斯：《形而上学的国家论》，汪淑均译，商务印书馆1997年版，第13—14页。

[②] [德] 黑格尔：《法哲学原理》，范扬、张企泰译，商务印书馆1961年版，第175、197页。

为特殊的事业",在国家中特殊的"个人是被规定着过普遍生活的"。①黑格尔认为,普遍意志作为特殊意志的真理和本质,只有它才能促进特殊的个人利益。单个人本身的目的和利益并非其真实性,也并非理性的自由。当个人利益与普遍利益发生冲突时,牺牲个人利益恰恰是为了实现个人的本质意志。不难看出,"在伦理领域中,这一逻辑的结果则是更高层次的国家主体性优先于个体的主观自由"②。而且,在黑格尔那里,没有比国家更高的联合组织,尽管国家作为绝对精神的一种表现形式,但"高于国家的,只有世界历史的一种精神,这实质上是一个历史发展过程,而且是各个国家相互斗争和破坏的过程"③。

　　黑格尔这种整体主义的国家观在希腊先哲的思想中有其雏形。比如,柏拉图从整体主义出发,认为国家灵魂与个人灵魂具有同构性:"在国家里存在的东西在每一个人的灵魂里也存在着,且数目相同。"④ 需要注意的是,这种类比并不只是一种形象的说法,它恰恰表现了柏拉图的基本倾向:"统一多样性将我们精神的混乱、我们期望和情欲的混乱、政治和社会生活的混乱,带进一种秩序,达到协调一致。"⑤ 这种观念把国家作为一种有机整体,并力图把个人囊括进这种整体秩序中,体现出国家(整体)对个人(部分)的优先性。实质而言,亚里士多德反复论证了整体对部分的优先性,并明确断言:"城邦〔虽在发生程序上后于个人和家庭〕,在本性上则先于个人和家庭。就本性来说,全体先于部分……因为〔个人只是城邦的组成部分,〕每一个隔离的个人都不足以自给其生活,必须共同集合于城邦这个整体〔才能大家满足其需要〕。"⑥

　　古希腊的整体观传到中世纪,在基督教哲学中有其反映,阿奎那曾

---

　　① [德]黑格尔:《法哲学原理》,范扬、张企泰译,商务印书馆1961年版,第347、259、253、254页。
　　② [德]于尔根·哈贝马斯:《现代性的哲学话语》,曹卫东译,译林出版社2011年版,第47页。
　　③ [英]L. T. 霍布豪斯:《形而上学的国家论》,汪淑均译,商务印书馆1997年版,第64页。
　　④ [希]柏拉图:《理想国》,郭斌和、张竹明译,商务印书馆1986年版,第168页。
　　⑤ [德]恩斯特·卡西尔:《国家的神话》,范进、杨君游、柯锦华译,华夏出版社1999年版,第93页。
　　⑥ [希]亚里士多德:《政治学》,吴寿彭译,商务印书馆2010年版,第8—9页。

言:"部分不属于它自己:它属于全体,在全体之中,它是其所是。"①只不过,在基督教哲学中,"作为一个单独国家出现的人类全体是由上帝亲自奠定的,并且上帝亲自通过君主政体而进行统治。任何局部的统一体,无论其是教会的或世俗的,都从这个原始的统一体中获得它的权利"。而且,国家自身本无甚价值,只具备"有条件的价值",就是使人脱离最大的罪恶即无政府状态的罪恶,毕竟在堕落的人类社会,"在一个腐败的无组织的世界中,世俗国家能够维护一种均衡,一种确定的比例和平衡的力量"②。

自现代以后,古希腊的整体观在孟德斯鸠、孔德、斯宾塞、维科等人那里获得了发展,而前述的黑格尔也继承了这种观念。③ 黑格尔的整体主义国家观是理性国家观,这种观念将现实理想化,从而否认理想和现实的差别。霍布豪斯批判之:"要使个人成为国家的一部分,以削弱个性的原则;把国家推崇为人类社会最高和最后的组织形式,以削弱人性的原则。"④ 在黑格尔的整体主义国家观里,作为国家成员的个人没有独立的价值,也基本上没有自己的独立生活;国家作为一个有机整体,它本身就是目的,个人只是其手段;国家对个人而言具有最高权力,个人的最高义务则是做国家成员并服从国家。黑格尔反对将个人意志绝对化,反对将个人利益作为人们相互结合为国家的最终目的。确切地说,整体主义认为,虽然人类社会表面上看是混乱的,但在其外表下存在着一定的结构——尤其是国家政治结构及其统御下的经济结构,包括各种约束个人的行为准则、制度和法律。不仅如此,个人必须服从社会整体的设计和安排,全力投身于公共事务中去,哪怕牺牲自己既有的权益。

---

① 转引自[法]朱利安·班达《对欧洲民族的讲话》,余碧平译,上海人民出版社2005年版,第26页。

② [德]恩斯特·卡西尔:《国家的神话》,范进、杨君游、柯锦华译,华夏出版社1999年版,第133、137页。

③ 参见王南湜《社会哲学:现代实践哲学视野中的社会生活》,云南人民出版社2002年版,第120—125页。

④ [英]L. T. 霍布豪斯:《形而上学的国家论》,汪淑均译,商务印书馆1997年版,第17—18页。

极端的整体主义者甚至认为，作为微不足道的组成部分，个人与整体相比并无多大价值。换句话说，对于整体，个人根本没有什么价值，他们不过是随时准备牺牲的对象。

三 社会自我批判的社会主义进路

无论社会自我批判的个人主义进路和整体主义进路，都是对现代社会的特定反映。在这样的社会中，原子个人乃是市民社会的细胞，而国家理性是政治国家的基础。只不过，个人主义进路较为注重原子个人，整体主义进路更为强调民族国家；二者看似相互对立，实则相互勾连，构成了一个所谓的抽象社会。马克思的社会自我批判思想就展现出超越二者的特质。如果说个人主义进路强调以个人为本，整体主义进路认为以国家为本，那么它主张以社会为本，则可称之为社会主义进路。一方面，从现实的关系中的个人出发，它认为市民社会决定政治国家；另一方面，把国家权力归还给社会，进而统一国家与社会以克服二者的现代分离。

（一）超越抽象社会

如前所述，各种社会契约论者所主张的社会模式实质都是面对市民社会的。这种市民社会，即是马克思所说的资产阶级社会，也即是资本主义社会。其中，市场经济作为一种经济制度是核心所在。作为一种社会制度，市场经济通过一系列复杂的制度安排以及与这些制度相联系的一系列法律关系，来消除交易成本，解决信任问题。这些制度安排广泛使用一种将各种交易中涉及的因素予以普遍化的程序技术，因此与以往的具体交易不同，市场经济通过以广告为突出代表的欲望生产机制来刺激消费，从而解决了欲望问题。如此一来，欲望问题与信任问题便在现代社会的个人主义这一点上汇合。而作为欲望生产者的消费个体，正是现代社会中个人主义的基础。然而，这种现代个体，在解决欲望的同时，还在规训自我，亦即用利益来管制激情从而实现对自我的治理。这种个人主义的自我不仅是利益主体，而且是一种具有复杂结构的深度自我。正是纪律、礼貌、争取主观权利等不同机制，使以深度自我为基础的现代个人主义得以发展。在此意义上，在现代社会中，以深度自我和欲望生产为基础的个人主义构成了抽象市场运作的主体化前提。[1]

以市场经济为核心的资本主义是现代性得到空前扩张的重要原因之一。在吉登斯看来，作为一个商品生产体系，资本主义主要反映的是对资本的私人占有、劳动者的雇佣关系、面向市场的激烈竞争等内容。在此基础上，工业主义得以形成——在商品化过程中注重以机械化的方式对物质世界的非生命资源进行利用，并生产出大规模产品。"工业主义预先设定了生产的规范化社会组织，旨在使人的行为、机器与原材料的投入与产品的产出协调。"[2] 现代民族国家为资本主义和工业主义提供了一个全面运行的平台。

正是在上述意义上，民族国家的兴起是现代性得到空前扩张的另一重要原因。随着民族国家的兴起，国家治理技术愈益成为一个关键的问题，这一点突出地体现在国家理性观和各种治理术的发展上。因此，民族国家要求不断完善行政管理系统。其中，行政管理系统的集中化有赖于强大的监督能力。所谓监督是对被管辖人口的行动的管制，既可以是直接的也可以是间接的。[3] 像福柯所分析的，现代社会所采取的监督制度区别于传统的主要靠暴力手段进行的监督制度，它主要依靠诸如监狱、医院、疯人院、学校、工厂之类的对人进行监督。在这里，权力的形象成为小心谨慎、细致入微的，而不再是充满随意性的、暴虐的。随着国家监督能力的日益增强，社会内部使用暴力来解决冲突的必要性就大大减弱，于是暴力工具愈益被民族国家所垄断。如此一来，军事力量便从内在霸权的维持转向外敌入侵的抵御或者为对外扩张提供支持。

---

[1] 李猛：《论抽象社会》，《社会学研究》1999 年第 1 期。
[2] [英] 安东尼·吉登斯：《现代性的后果》，田禾译，译林出版社 2011 年版，第 49—50 页。
[3] [英] 安东尼·吉登斯：《民族国家与暴力》，胡宗泽、赵力涛译，生活·读书·新知三联书店 1998 年版，第 359 页。

不仅如此，国家对国内贸易与国际贸易的管理越来越关注。表面上而言，国家对贸易的管理属于国家理性和治理理性的范畴。然而，这样很可能将政治问题技术化，并有将政治理性化和经济理性化合流的趋势。① 因为这样很容易把资本主义、工业主义、监督和军事力量相互连接起来。首先，军事力量和工业化之间的直接关系主要是战争的工业化，即由于技术的发明和运用，军工生产和战争本身已经工业化了。其次，资本主义和工业主义由劳动的商品化而相互连接。再次，监督强化了企业、工厂和车间的管理权而同工业主义进行连接。最后，资本主义和军事力量也存在连接，资本主义的发展要求动用军事力量来对外扩张以实现资本的原始积累。正是在此相互连接的基础上，现代性便向全球蔓延开来，便形成现代性的全球化现象：（一）世界资本主义经济；（二）国际劳动分工；（三）民族国家体系；（四）世界军事秩序。②

如果说个人主义进路立基于原子个人，并向以市场经济为核心的资本主义展开，那么整体主义进路则立基于国家理性，并向民族国家开拓疆界。两者看似相互对立和矛盾，实则从两极遥相呼应、相互勾连，组成了现代抽象社会（abstract society）。对于现代人来说，他们所生活的社会，好像变成了一个抽象的对象，需要不断加以考察、研究、反思和转变。如此一来，每个人的具体生活都是可以思辨旁观和沉思冥想的，而作为一个被冷眼旁观的"场景"（spectacle），社会成为一个一般化的抽象物。在人们心目中，也在许多社会理论中，社会成为一架由毫无感情色彩的众多程序装配而成的机器，它可以组装、调试、修理甚至重构。然而，那里没有人的任何位置。一言以蔽之，现代社会成为一个抽象社会。③ 毋庸讳言，抽象社会的重要范本就是纳粹主义等极权主义。极权主义的出现是"因为在个人主义深深植根并占优势的社会里，试图使个人主义从属于全体性的社会的最高权力"。这就是说，在那里，个人主

---

① 李猛：《论抽象社会》，《社会学研究》1999年第1期。
② ［英］安东尼·吉登斯：《现代性的后果》，田禾译，译林出版社2011年版，第62页。
③ 李猛：《论抽象社会》，《社会学研究》1999年第1期。

义与整体主义"相互联结，组成一个整体"①。

按照李猛的分析，抽象社会有如下三个特征：其一是程序性，即现代社会的许多互动都是借助某种程式化和类型化而形成的。这既突出地体现于科层制和现代市场交易中，又体现于诸如"程序正义"等制度安排中。其二是反思性，即观念性和超越性，侧重于观念上的返回自身（自我审查）来达成一种自我超越。在现代社会中，许多具体的互动和认同往往需要借助各种超越具体情境的框架，尤其是各种以书面形式存在的话语体系。其三是非人格化，即现代社会的互动所涉及的机制、知识或观念，大多都与个人的具体特征或人际的具体关系无甚关联。更进一步说，它们所赖以运行的基础正是对人格关系的克服或超越。因此，在此般社会中，即使不说人消失了或者人成为了社会有机体的"零件"，也可以说人成了所谓单向度的人（one-dimensioned man）。总而言之，抽象社会的抽象性，不仅体现在各种制度中被广泛采用的程序技术，而且体现在围绕"社会"这种崭新的理念模式所产生的一系列抽象观念。②

在抽象社会及其理论中，一方面是抽象的原子个人或者对原子个人的假设。比如卢梭从个人的前提出发达到共同体，而个人又被设想为自由自主的个体，他所理解的社会契约属于超越历史之外的纯粹规范性的范围。这即是说，抽象的个人们达成契约而从自然状态跃到社会状态，这是卢梭的规范性理想。抽象社会及其理论中的另一方面是对整体国家的强调。在黑格尔那里，整体国家是高于市民社会的，而市民社会又高于家庭以及家庭中的个人即市民社会中的成员。换句话说，个人必须服从国家这个抽象物，这个庞然大物。

不过，在马克思看来，一方面，通过契约来建立天生独立的主体之间的关系和联系本身就是假象——马克思所谓"大大小小的鲁滨逊一类故事所造成的美学上的假象"。不过，这不光是假象，而且是"对于16世纪以来就作了准备、而在18世纪大踏步走向成熟的'市民社会'的

---

① ［法］路易·迪蒙：《论个体主义：对现代意识形态的人类学观点》，谷方译，上海人民出版社2003年版，第127页。译文有改动。

② 李猛：《论抽象社会》，《社会学研究》1999年第1期。

预感"。原因在于，现代市民社会中的个人（也就是18世纪的个人），不仅是封建社会形式解体的结果，而且是16世纪以来新兴生产力的承担者。但是，在斯密、李嘉图等人看来，这些个人是曾在过去存在过的理想，是历史的起点，而非历史的产物。①另一方面，市民社会是国家的基础，是全部历史的真正发源地和舞台，而这些社会结构植根于处在社会实践中的具体的、现实的个人。因此，现实的个人是一切社会组织的本质所在。显然，与抽象社会的原子个人不同，马克思看到的是历史的个人，是具体的现实的个人，是社会关系中的个人。而从这一点出发，才有所谓市民社会和国家。正是基于此，马克思强调"每个人的自由发展是一切人的自由发展的条件"②，而"任何解放都是使人的世界和人的关系回归于人自身"③。以上观点，我们称之为立足于关系中的个人的社会本位论，从它出发所展开的社会自我批判就是社会主义进路。该进路有别于个人主义进路和整体主义进路，并显示出其超越抽象社会的特质。

（二）从现实的个人出发

个人主义和整体主义都是现代社会以来社会理论的抽象进路，如果说个人主义宣称不存在什么社会，只有彼此互动的个体，那么整体主义则主张把社会系统理解为有机整体，这个具有一定结构并组织有序的整体不能还原为各部分的总和，尤其是不能还原为个体成员的行动。马克思把现实的个人视作社会运动的主体，视作历史过程的出发点，同时克服了从抽象的总体出发的唯心主义社会观和从生物性的个人出发的旧唯物主义社会观。因此，他的独特进路既不是个人主义的，也不是整体主义的，而是对两者的选择性吸收（即扬弃或综合）。就其强调从现实个人出发来说，马克思吸取了个人主义进路的合理成分；就其强调社会是有机体而言，他吸取了整体主义的真理颗粒。但这种选择性吸收（即扬

---

① 《马克思恩格斯选集》第2卷，人民出版社1995年版，第1—2页。
② 《马克思恩格斯选集》第1卷，人民出版社1995年版，第294页。
③ 《马克思恩格斯全集》第3卷，人民出版社2002年版，第189页。

弃或综合）并不是将二者简单地进行堆砌，而是使它们的合理成分和真理颗粒交相中介，从而在一种崭新视域中综合为一个特殊的理论进路。对于马克思而言，通向这一特殊理论进路的坚实基础在于历史性、批判性的实践唯物主义。①

在黑格尔那里，现实的、活生生的人，作为真正的主体被看成世界精神的手段。如果说其有什么能动性的话，最终也都沦为绝对精神的傀儡和玩偶。这是因为"人的本质，人，在黑格尔看来是和自我意识等同的"②。而自我意识只不过是走向绝对精神的一个阶段。如此一来，个人成为绝对精神自我实现的工具，社会、国家都是绝对精神的外在体现。不过，国家被赋予了至高无上的地位。原因在于，市民社会中"任何个体的行为，由于它的私有性质因而必然都是以个人利益来排斥公共利益的"。显而易见，黑格尔看到私有财产是造成个体与整体对立的原因，因此主张强大的官僚政治国家应以无可争议的权威置于这些个人的集合体即市民社会之上。换句话说，在黑格尔视野中，"国家是强加于市民社会之上的社会结构和经济结构，并被归属于独立的政治力量和制度"。可以看出，"在黑格尔的体系中，所有的范畴终止于存在着的秩序中"③。如此一来，黑格尔的保守就使得其批判色彩大打折扣了，因此马克思认为其学说只不过是"徒有其表的批判主义"④。

费尔巴哈认为黑格尔的绝对精神不应当高居于感性事物之上，而应该降落到尘世的"特殊者的直观"来实现理念的定在或世俗化，需要"道成肉身"。从感性的人出发，费尔巴哈在主体现实化的道路上比黑格尔前进了一大步。而且，"比'纯粹的'唯物主义者有很大的优点：他承认人也是'感性对象'。但是，他把人只看作是'感性对象'，而不是

---

① 参见王南湜《社会哲学：现代实践哲学视野中的社会生活》，云南人民出版社2002年版，第133—134页。
② 《马克思恩格斯全集》第42卷，人民出版社1979年版，第165页。
③ [美]赫伯特·马尔库塞：《理性和革命：黑格尔和社会理论的兴起》，程志民等译，上海人民出版社2007年版，第157、191、223页。
④ 《马克思恩格斯全集》第42卷，人民出版社1979年版，第171页。

'感性活动'。"① 这即是说，费尔巴哈所谓感性的人仍是抽象的人，他从自然性上去看待人，只把人看作生物学意义上的人，并未看到人对于外部自然的否定性关系。虽然他不满足于抽象思维而主张感性直观，但他并没有把感性对象理解为实践的产物。在这一点上，他甚至不如黑格尔，后者尚且把劳动引入自己的思考，但是他却忽视了劳动。"劳动把人类存在的自然条件改造成社会条件。由于在其自由哲学中删掉了劳动过程，因而，费尔巴哈清除了一个自然可以变成自由的中介的决定性因素。"② 在马克思视野中，费尔巴哈只是做到对市民社会的单个人的直观，并且把单个人看作抽象的个体。恩格斯在《路德维希·费尔巴哈和德国古典哲学的终结》中也明确把握到这一点："要从费尔巴哈的抽象的人转到现实的、活生生的人，就必须把这些人作为在历史中行动的人去考察。"③

在马克思看来，并没有纯粹的个体，没有离群索居、独来独往的个人，而只有处于自然关系和社会关系这"双重关系"中的"现实的个人"。正是立足于这"双重关系"中的"现实的个人"的社会实践活动，马克思认为在本质上全部社会生活都是实践的。因此，"凡是把理论导致神秘主义的神秘东西，都能在人的实践中以及对这个实践的理解中得到合理的解决"④。这里体现的就是马克思对实践的关注。他强调革命的、批判的实践对解释世界的理论的优先性。如果说意识形态家们"从意识出发，把意识看作是有生命的个人"，那么实践的唯物主义者"则是从现实的、有生命的个人本身出发，把意识仅仅看作是他们的意识"。正是在此意义上，马克思（和恩格斯）批评黑格尔等人"离开实在的历史基础而转到思想基础上去"，他们都是"不能摆脱意识形态羁绊的人"。⑤

---

① 《马克思恩格斯选集》第1卷，人民出版社1995年版，第77—78页。
② [美]赫伯特·马尔库塞:《理性和革命:黑格尔和社会理论的兴起》，程志民等译，上海人民出版社2007年版，第234页。
③ 《马克思恩格斯选集》第4卷，人民出版社1995年版，第241页。
④ 《马克思恩格斯选集》第1卷，人民出版社1995年版，第60页。
⑤ 《马克思恩格斯全集》第3卷，人民出版社1960年版，第30、536、537页。

马克思的理论集中在劳动上，早在《1844年经济学哲学手稿》中他就把人的类本质深刻地把握为自由的有意识的活动（即劳动），从而突破了费尔巴哈的狭隘视界。正是从劳动这一感性活动出发，他批判和超越了费尔巴哈的类本质理论，并逐步把出发点从"类存在物"转移到"现实的个人"。在《德意志意识形态》中，马克思（和恩格斯）反复强调"我们的出发点是从事实际活动的人"，要"从现实的、有生命的个人本身出发"。此处所谓现实的、有生命的个人，是指从事感性实践活动即进行物质生产的个人。正是基于此，从一定的现实个人的实际生活过程中，"社会结构和国家"也应运而生。一言以蔽之，"全部人类历史的第一个前提无疑是有生命的个人的存在"①。

从现实的个人出发并深入人的感性实践活动，马克思"完成了黑格尔的辩证法原则，即内容（现实）的结构决定了理论的结构。他使市民社会的基础成为市民社会理论的基础"②。在他看来，市民社会的基础是在一定历史条件下进行生产和交往的现实的个人。这里暴露了马克思与斯密等人的市民社会观点的不同之处：在后者那里，作为出发点，市民社会中的单个人是被思考出来的、想象出来的，是被假设为摆脱了自然联系等等的；而在马克思那里，这些自然联系等等在过去的历史时代往往把单个的人束缚于一定的狭隘人群之中，从而"使他成为人群中的附属物"，即个人从属于较大的整体。及至18世纪，在市民社会中，相对独立的人与人之间的关系逐渐由外在的物与物之间的关系来中介。因此，马克思深刻地指出，斯密等人所在的"产生这种孤立个人的观点的时代，正是具有迄今为止最发达的社会关系（从这种观点看来是一般关系）的时代"③。

"人的本质不是单个人所固有的抽象物，在其现实性上，它是一切社

---

① 《马克思恩格斯选集》第1卷，人民出版社1995年版，第71—73、67页。
② ［美］赫伯特·马尔库塞：《理性和革命：黑格尔和社会理论的兴起》，程志民等译，上海人民出版社2007年版，第234页。
③ 参见《马克思恩格斯选集》第2卷，人民出版社1995年版，第1—2页。

会关系的总和。"① 马克思认为，所谓个人并非抽象之物，而是现实的具体的个人、社会关系中的个人。社会发展有其本体论基础，即"在现实个人的相互关系中并通过他们的相互关系而创造历史的现实个人的行动。这些关系是社会关系，这些个人是社会个人，社会就是由社会关系中的个人所构成的"。一旦离开那些现实的关系，个人是无法理解的。不仅如此，关系中的个人并不是固定的，而是历史地变化的。社会关系中的个人是"构成社会生活的基本要素"，或者说"构成社会的基本实体是社会关系中的个人"。这体现了马克思对个人主义进路和整体主义进路的独特综合。这是因为，在他看来，真正的社会并不排斥个人，而是包容个人、成就个人和发展个人的。正是基于此，古尔德对马克思思想进行批判性重建的目标是指导实践："为了一个更加理性的社会实践，我希望作出的贡献就是阐明个体的理想和共同体的理想，并表明它们不是相互冲突而是彼此相互促进的。"②

对此，马克思（和恩格斯）在《共产党宣言》中有精辟的论述："代替那存在着阶级和阶级对立的资产阶级旧社会的，将是这样一个联合体，在那里，每个人的自由发展是一切人的自由发展的条件。"③ 这可谓马克思对未来理想社会的核心看法。1894 年有人请恩格斯为日内瓦出版的《新纪元》找一段题词，他写信回复说，除了上述这句话，"我再也找不出合适的了"④。实际上，恩格斯也曾在《反杜林论》中表达了相同的思想："要不是每一个人都得到解放，社会也不能得到解放。"⑤

应该指出，关于个人与社会的关系问题是贯穿了马克思一生的主题。从早年马克思对自我意识的关注，到《莱茵报》时期物质利益的困惑，再到转向经济学研究，都体现了对这一问题的热切关注。在对早期哲学信仰进行清理的著作《德意志意识形态》中，马克思（和恩格斯）不仅

---

① 《马克思恩格斯选集》第 1 卷，人民出版社 1995 年版，第 60 页。
② [美] 古尔德：《马克思的社会本体论：马克思社会实在理论中的个性和共同体》，王虎学译，北京师范大学出版社 2009 年版，第 37、13、11 页。
③ 《马克思恩格斯选集》第 1 卷，人民出版社 1995 年版，第 294 页。
④ 《马克思恩格斯选集》第 4 卷，人民出版社 1995 年版，第 730 页。
⑤ 《马克思恩格斯选集》第 3 卷，人民出版社 1995 年版，第 644 页。

强调了个人与社会（联合体、共同体）的相互依赖和互为条件，而且把"虚假的共同体"和"真实的共同体"区别开来。在他们看来，个人只有在真实的共同体中才能获得全面发展其才能的手段。换句话说，只有在真实的共同体中，个人才能获得自由。更具体地说，个人正是"在自己的联合中并通过这种联合获得自己的自由"①。需要注意的是，"真正的个人"和"真正的共同体"之间的统一并非一蹴而就，而是要经历漫长的进程。基于此，在《1857—1858 年经济学手稿》中，马克思强调个人发展的不同程度标志着不同的社会历史发展阶段：第一阶段的社会形式是建立在人的依赖关系之上的；第二阶段的社会形式则表现为以物的依赖性为基础的人的独立性；第三阶段的社会形式表现为"建立在个人全面发展和他们共同的、社会的生产能力成为从属于他们的社会财富这一基础上的自由个性"②。

（三）社会与国家的关系

在马克思那里，一般意义上的国家与社会及其关系常常分别用所谓政治国家与市民社会及其关系来表征。通过对黑格尔市民社会观的批判、继承和发展，他深刻阐述了自己关于社会及其与国家关系的观点。如前所述，黑格尔的国家观是充满理想色彩的理性国家观。这种观点对青年马克思是有影响的，以至于后者相信"国家应该是政治的和法的理性的实现"③。直到《莱茵报》时期遭遇物质利益的困惑，马克思从政治舞台回到克罗茨纳赫的书房，从而展开对黑格尔法哲学的系统批判。在黑格尔那里，无论是家庭、市民社会还是国家，无非都是绝对精神的外化。如果说家庭和市民社会都只是特殊领域或有限性领域，那么国家则是克服这种有限性的普遍领域。家庭和市民社会都是普遍性观念的特定环节。换句话说，把家庭和市民社会结合成国家的并非它们自己的展开过程，而是普遍性观念的展开过程。原因在于，"它们的存在归功于另外的精

---

① 《马克思恩格斯选集》第 1 卷，人民出版社 1995 年版，第 119 页。
② 《马克思恩格斯全集》第 30 卷，人民出版社 1995 年版，第 107—108 页。
③ 《马克思恩格斯全集》第 1 卷，人民出版社 1956 年版，第 14 页。

神，而不归功于它们自己的精神"①。显而易见，黑格尔颠倒了政治国家与市民社会二者的根本关系，他把家庭和市民社会都看作绝对理念的一个发展阶段，进而认为国家在逻辑规定上高于家庭和市民社会。

然而，在马克思看来，这种逻辑规定并不等同于历史规定，它只是黑格尔神秘化的思辨哲学的一厢情愿，毕竟市民社会和国家的对立不具有历史意义和现实必然性。从古希腊到中世纪，市民社会和国家是合一的，因此市民社会天生就有政治性质。在马克思看来，市民社会和国家的分离只是现代性条件下的产物，是资产阶级发展的产物。不仅如此，市民社会"始终标志着直接从生产和交往中发展起来的社会组织，这种社会组织在一切时代都构成国家的基础以及任何其他的观念的上层建筑的基础"②。只不过黑格尔所注重的思辨哲学却把这一切头足倒置，在他那里历史观的前提是抽象层面的绝对精神。而在马克思的历史唯物主义视野中，被黑格尔颠倒的市民社会与国家之间的关系再次被颠倒过来。

作为历史唯物主义的创立者，马克思从实际的历史现实出发，认为市民社会是生产力发展到特定社会历史阶段的产物。具体来说，以从劳动生产和社会交往中发展起来的特定社会组织为基本形式，以整个社会网络中的商业生活和工业生活为主要内容，市民社会是如下这样的社会生活领域：对于建立在其上的政治国家及其附属物，它具有相对独立性，还有基础性、决定性地位。马克思（和恩格斯）直接这样指出："在过去一切历史阶段上受生产力制约同时又制约生产力的交往形式，就是市民社会。"一言以蔽之，市民社会"是全部历史的真正发源地和舞台"。③

在马克思看来，家庭和市民社会都是国家的现实的构成部分，是国家产生的内在动力和必要条件。换句话说，"政治国家没有家庭的天然基础和市民社会的人为基础就不可能存在"④。其中，市民社会的成员受

---

① 《马克思恩格斯全集》第3卷，人民出版社2002年版，第11页。
② 《马克思恩格斯选集》第1卷，人民出版社1995年版，第131页。
③ 《马克思恩格斯选集》第1卷，人民出版社1995年版，第87—88页。
④ 《马克思恩格斯全集》第1卷，人民出版社1956年版，第252页。

制于自身的需要和利己的冲动。显而易见，马克思所谓的市民社会，是一种与现代市场经济紧密相连的现代社会形式。相对来说，"国家是统治阶级的各个人借以实现其共同利益的形式，是该时代的整个市民社会获得集中表现的形式"①。

从外延上来说，国家与社会互相排斥，而不是互相包含。在恩格斯看来，国家是社会发展到在一定历史阶段的产物；一旦社会陷入不可解决的内在矛盾和不可调和的冲突，就需要有一种表面上凌驾于社会之上的力量来解决矛盾和缓和冲突；"这种从社会中产生但又自居于社会之上并且日益同社会相异化的力量，就是国家。"②从这个意义上来说，国家主要是指高居于社会之上的政治权力机构和社会管理系统。在政治哲学的意义上，社会是和国家相对立的，它始终标志着直接从生产活动和日常交往中发展起来的社会关系。在马克思看来，社会生产关系是随着物质生产资料、生产力的变化而变化的。这些生产关系的总和就是所谓社会关系，这些社会关系构成所谓社会，"构成一个处于一定历史发展阶段上的社会，具有独特的特征的社会"③。可见，马克思主要是从性质、功能和结构上来区分国家和社会的。具体来说，从马克思对国家与社会关系的分析，可以看出二者的以下区别④：

首先，如果国家是所谓普遍性领域，那么社会则是特殊性领域。如果说黑格尔试图从理念展开的不同环节来把握国家的普遍性、社会的特殊性及其二者的关系，那么马克思则从社会内部的各种对立的利益关系中来把握之。在马克思看来，在阶级社会中只有相互冲突的特殊利益，这使得社会难以协调和维持其普遍利益。正因为如此，普遍利益才采取国家这种与特殊利益相脱离的独立形式。虽然国家努力去代表社会的普遍利益，但是在特定历史条件下它往往被统治阶级所操纵，进而沦为

---

① 《马克思恩格斯选集》第 1 卷，人民出版社 1995 年版，第 132 页。
② 《马克思恩格斯选集》第 4 卷，人民出版社 1995 年版，第 170 页。
③ 《马克思恩格斯选集》第 1 卷，人民出版社 1995 年版，第 345 页。
④ 以下三个观点，参见荣剑《马克思的国家和社会理论》，《中国社会科学》2001 年第 3 期。

"虚幻的共同体"①。正因为如此,创造真正的共同体以代替虚假的共同体就成为必要,而无产阶级就承担着创造真正的共同体这一历史使命。

其次,如果说国家是所谓自为性领域,那么社会则是自在性领域。在马克思看来,作为管理公共事务的权力机关,国家并非任意地而是自觉地通过一系列政治法律制度来维持一定的社会秩序,这就是国家的自为性。实质而言,国家的自为性就体现在其组织形式上。因此,马克思说:"国家不外是资产者为了在国内外相互保障各自的财产和利益所必然要采取的一种组织形式"②。自现代性社会诞生以来,国家自为性的标志就是民族国家的政治民主化程度的高低。政治民主化使得民族国家的政治行为愈益趋于规范化,国家对社会的管理也愈益趋于合法化。不过,这只是就一般情况而言。实际上,在整个现代性进程中,国家并未摆脱持续的动荡。原因在于,在特定的历史条件下,各种不同的甚至对立的特殊利益集团相互博弈;虽然这些特殊利益集团都在自觉不自觉地表达着自己的利益诉求,但是作为这些特殊利益集团相互博弈的场域,社会无疑仍处在相对自发的状态之中。这就是社会的自在性。

再次,如果说国家是所谓政治领域,那么社会则是经济领域。对马克思来说,国家作为公共权力机关,其一切活动最为凸显的是政治性质。因此可以得出结论:"一切共同的规章都是以国家为中介的,都获得了政治形式。"在特定的国家领域中,社会阶级的关系主要表现为政治的关系,社会矛盾主要表现为政治冲突和斗争,管理社会的手段主要表现为政治的强制。而市民社会的兴起就植根于一系列现代市场经济制度,它表明"财产关系已经摆脱了古典古代的和中世纪的共同体"。一旦标志着财产关系的私有制摆脱了这种共同体,国家与市民社会就分离开来。换句话说:"国家获得了和市民社会并列并且在市民社会之外的独立存在"。不难得出结论:"现代国家是与这种现代私有制相适应的。"③ 一言以蔽之,如果政治是国家的主要职能,那么经济则是社会的主要职能。

---

① 《马克思恩格斯选集》第 1 卷,人民出版社 1995 年版,第 84 页。
② 《马克思恩格斯选集》第 1 卷,人民出版社 1995 年版,第 132 页。
③ 《马克思恩格斯选集》第 1 卷,人民出版社 1995 年版,第 132、130、132、131 页。

因此，在某种意义上来说，政治和经济的关系正好表征着国家和社会的关系。需要注意的是，社会经济条件决定着国家政治的发展状况，如果不说社会经济的发展只能交由国家自上而下地进行宏观调控的话，至少可以说，国家对经济的干预是不可或缺的，而这种干预反过来会受到社会中特殊利益集团的抵抗。

虽然马克思一度用市民社会和政治国家来指代社会与国家，并在《黑格尔法哲学批判》中频频使用"市民社会"一词，但是在《1844年经济学哲学手稿》以及之后的著作中很少或者没有使用该词，原因何在呢？一方面，如前所述，随着思想视野的不断开阔，马克思认识到市民社会的解剖应该到政治经济学中去寻找，从而开启了近40年的政治经济学批判。另一方面，马克思中晚期更多使用和考察的是"资产阶级社会"这一市民社会的典型形态。所谓资产阶级社会即是"现代社会"，也就是资本主义社会。他曾明确提出："'现代'社会就是存在于一切文明国度中的资本主义社会。"① 马克思所谓的"现代社会"可称之为"现代性社会"。正是基于对现代性社会的发现，马克思对这一社会进行了批判和重构。② 在他看来，资产阶级社会作为现代性社会的一种典型形态是应该也是可以被超越的。

现代性的一个重要的标志就是政治国家与市民社会的分离。这种分离的原因之一是政治解放，马克思无疑把握到这一点，他说："政治解放一方面把人变成市民社会的成员，变成利己的、独立的个人，另一方面把人变成公民，变成法人。"对于马克思来说，政治解放本身还远不是人类解放，尽管"在迄今为止的世界制度的范围内，它是人类解放的最后形式"③。人类解放到底是一种什么社会状态呢？马克思指出了政治国家与市民社会统一的方向。那么，怎样才能使得国家和社会真正地统一呢？唯一的途径只有民主制的实现。究其实质，民主制的实现乃是社

---

① 《马克思恩格斯选集》第3卷，人民出版社1995年版，第313页。
② 邹诗鹏：《马克思对现代性社会的发现、批判与重构》，《中国社会科学》2009年第4期。
③ 《马克思恩格斯全集》第1卷，人民出版社1956年版，第443、429页。

会对政治的普遍参与，以致国家权力回归社会而由社会自行掌握。这就需要，一方面，无产阶级把资产阶级推下历史舞台，建立无产阶级政权；另一方面，吸引广大的人民群众参加国家政治管理，让国家各项职能逐渐回归社会。因此，马克思说："把靠社会供养而又阻碍社会自由发展的国家这个寄生赘瘤迄今所夺去的一切力量，归还给社会机体。"[①]

我们不禁要问，克服了国家与社会二元对立关系的统一体是什么呢？无论是《1844年经济学哲学手稿》中所谓"人同自然界的完成了的本质的统一"[②]的共产主义社会，还是在《关于费尔巴哈的提纲》中标志着"新唯物主义的立脚点"的"人类社会或社会的人类"，都是对现代政治国家与市民社会二分的超越。在《〈黑格尔法哲学批判〉导言》中，马克思通过对市民社会中阶级结构的深刻分析，第一次提出了依赖于无产阶级及其革命来克服市民社会弊端的构想。在《哲学的贫困》中，马克思则明确地写道："劳动阶级在发展进程中将创造一个消除阶级和阶级对立的联合体来代替旧的市民社会"[③]。如果说政权本身是市民社会内部阶级对立的表现，那么，马克思（和恩格斯）在《共产党宣言》中则把取代阶级对立的新的社会形式称之为"自由人的联合体"。

[①]《马克思恩格斯选集》第3卷，人民出版社1995年版，第57—58页。
[②]《马克思恩格斯全集》第3卷，人民出版社2002年版，第301页。
[③]《马克思恩格斯选集》第1卷，人民出版社1995年版，第61、15、194页。

第四章　社会自我批判对中国现代性建构的意义

从社会自我批判的角度来重释马克思的批判思想，并在追溯这一思想的现代性语境之后，进一步考察社会自我批判的主要内涵、一般机制和具体进路，这是本研究的重点工作。如果研究就此搁置，那么我们无法把握这一研究对中国社会建设的理论价值和现实意义。本研究的目的在于，在"照着讲"和"接着讲"的基础上探索社会自我批判对中国现代性建构的意义所在，这是"应着讲"（对中国社会的回应）。

一　百年现代化进程对中国现代性的求索

中国近代社会的新陈代谢就是中国的百年现代化进程，此一进程体现了中华民族对现代性价值的求索，而这种求索的艰辛与曲折反映于现代化思想的历史演变。中国的百年现代化进程就是近代以来中国的社会自我批判，究其实质就是中国现代性的奠基、选择与建构。具体言之，中华民族在民族危机中寻找国家独立的希望，因为民族国家的确立乃是现代性建构的基石；另外，在众多主义话语的争斗中转入社会主义，直至中华人民共和国成立，这是现代性道路的选择；随着社会主义社会的建设，现代化走向深处，中国现代性建构的任务才真正提上议事日程。

（一）寻找民族国家：现代性的奠基
民族国家是现代性的产物。正如马克思没有使用过现代性这一概念一样，他也没有使用过"民族国家"这一概念，但在他的视野里，民族国家即是资本主义国家。在马克思看来："实际上国家不外是资产者为了在国内外相互保障各自的财产和利益所必然要采取的一种组织形式。""国家是统治阶级的各个人借以实现其共同利益的形式，是该时代的整个市民社会获得集中表现的形式。"因此，民族国家本质上是一个利益共同体。民族国家为了自身的发展，不得不开拓世界市场。"由于开拓了世界市场，使一切国家的生产和消费都成为世界性的了。"如此一来，导致了生产力和世界交往的普遍发展。"由于一切生产工具的迅速改进，由于交通的极其便利，把一切民族甚至最野蛮的民族都卷到文明中来了。"① 于是，历史终将打破民族的界限而不断向世界历史过渡，这使得民族的片面性和局限性日益成为不可能。

　　正是在世界历史的广阔视野中，身在19世纪的马克思描述并预言了包括中国在内的东方社会及其历史命运。马克思把中国称作"活的化石"，他毫不留情地抨击腐朽的清王朝安于现状、不思进取和幻想自欺。不过，鸦片战争使得清王朝名誉扫地，"天朝帝国万世长存的迷信破了产，野蛮的、闭关自守的、与文明世界隔绝的状态被打破"。接着，马克思这样形象地描述，一旦这种相对隔绝的状态被英国的暴力所打破，既定社会的解体必将接踵而来，这"正如小心保存在密闭棺材里的木乃伊一接触新鲜空气便必然要解体一样"。究其实质，英国的暴力摧毁了清王朝的经济基础，而且"在亚洲造成了一场前所未闻的最大的、老实说也是唯一的一次社会革命"。毋庸讳言，马克思认为，亚洲的社会变革（其中当然包括"天朝的崩溃"即中国传统社会的解体）是在西方资本主义列强的强烈冲击下发生的。因此，他对中国人民抱有深切的同情，并认为后者的反侵略是合情合理的，因为它不仅是"保卫社稷和家园的战争"，而且是"保存中华民族的人民战争。"令人震撼的是，马克思不仅站在道义的立场上对英国的侵略行径进行猛烈抨击，而且站在世界历史的原则高度深刻地指出："如果亚洲的社会状态没有一个根本的革命，

----

① 《马克思恩格斯选集》第1卷，人民出版社1995年版，第132、276页。

人类能不能实现自己的命运？"如果这个问题的答案是否定的，那么不管英国犯下了多少不可饶恕的罪行，它所造成的社会革命"毕竟是充当了历史的不自觉的工具"①。这种"历史的不自觉的工具"对于中国而言，就是西方现代文明对中国古老文明的冲撞。

从马克思的世界历史理论来看包括当时中国在内的东方社会，可以得出如下结论：② 其一，作为一个自足的体系，东方的自然经济和专制政治是东方社会停滞不前的内在原因，而对外封闭则是其长期保持自足状态的外在条件，因此只有外来的新鲜空气才能使这个停滞的帝国解体。其二，晚近以来，历史向世界历史的转变是一个不以人的意志为转移的潮流，几乎所有的民族都被裹挟于其中，中国也不例外。其三，作为当时新生产方式的代表，西方资本主义虽然在冲击、摧毁旧世界时"完全是受极卑鄙的利益所驱使"③，但是在客观上激起了亚洲的社会革命。黑格尔曾预言道："受制于欧洲人，乃是亚细亚洲各帝国必然的命运；不久以后，中国也必然会屈服于这种命运。"④ 可见，亚洲近代可谓是欧洲近代的产物，"亚洲问题是一个'世界历史'问题"⑤。本质上而言，亚洲的社会革命是对西方挑战的回应，即是为了抗拒资本主义霸权。

西欧资本主义的全球拓展实质上是现代化的逐步展开。现代化在世界上一经展开，其影响便无可避免地渗及全球各处。因此，现代化乃是"人类历史上最剧烈、最深远并且显然是无可避免的一场社会变革"。中国是现代化的后来者之一，"对于一个后来者而言，现代化总是裹挟着对外来挑战的回应"。众所周知，西方的侵袭乃是近代中国历史的最重要部分。在整个19世纪中，特别是自鸦片战争以后，中国蒙受了严重的主权丧失。这从根本上挑战了中华帝国的中心地位，使得中华帝国不仅

---

① 《马克思恩格斯选集》第1卷，人民出版社1995年版，第691、692、765、710、766页。
② 曾亚雄：《"冲击—反应论"与马克思的中国观》，《江汉论坛》2003年第9期。
③ 《马克思恩格斯选集》第1卷，人民出版社1995年版，第766页。
④ ［德］黑格尔：《历史哲学》，王造时译，上海书店出版社2006年版，第132页。
⑤ 汪晖：《现代中国思想的兴起》下卷第二部，生活·读书·新知三联书店2008年版，第1552页。

从中心走向边缘,而且成了西方列强竞逐之地,以至一些仁人志士把这种挑战看作三千年未有之变局。究其实质,"在帝制时代后期,中国关于世界秩序的构想,是把安全和权力的实际现状与理论和观念上中华中心论结合起来。中华中心论是中国文化优越性在制度上的表现形式,中国历代王朝对这一点的强调是不遗余力的,需知中华帝国晚期的纳贡体系就是为在礼仪上制度化地表达不平等和等级制而精心设计出来的。在纳贡体系的实践之中,中国表现出自己是个中央之国,周围是一些文化低贱的藩属国,其统治者接受中国的册封,进而按约朝贡并与中国互市。"①

然而,当时西方的冲撞使得中国的"天下性"结构备受打击,而受到打击的还包括中国的世界观。中国的世界观作为一个宏伟的思想体系,具有无与伦比的历史连续性和不可匹配性。它的"无与伦比之处在于,它所宣称的万年江山和独放光彩的理论,是有东亚历史的经验和事实来加以证明的,并且似乎还被中国世界秩序的运作所强化了。"而19世纪下半叶,最根本的冲突存在于中国秩序和西方秩序之间。如果说中国秩序是完整无缺、未受挑战的,那么西方秩序则呈现出现代结构,充满活力,并因现代知识和现代技术得到巩固。②

在黑格尔看来,中国只是一个停滞的东方帝国,任何进步都不可能从中产生,因为中国只是君主覆灭的一再重复而已,只具有"那个永不变动的单一"③。这一判断源于黑格尔所置身的现代世界中民族国家的逐步凸显。可见,"现代社会的历史意识无可争辩地为民族国家所支配"。也正是把握到黑格尔的进步历史观中民族国家的重要地位,杜赞奇揭示出"从民族国家拯救历史"的重要性,他说:"历史是非民族国家转入

---

① [美]吉尔伯特·罗兹曼主编:《中国的现代化》,国家社会科学基金"比较现代化"课题组译,江苏人民出版社2003年版,第3、7、23页;[美]费正清:《中国的世界秩序:传统中国的对外关系》,杜继东译,中国社会科学出版社2010年版。

② [美]吉尔伯特·罗兹曼主编:《中国的现代化》,国家社会科学基金"比较现代化"课题组译,江苏人民出版社2003年版,第34、39页。

③ [德]黑格尔:《历史哲学》,王造时译,上海书店出版社2006年版,第107页。

民族国家的主要模式；在东亚及世界各地，历史成为民族的生存形式，成为文明世界的一员有利于民族国家以历史主体的资格进行自卫，但与此同时，采用此种启蒙历史就必然要以现代性为其最终目标。"① 确实，19世纪末期，中国外迫于救亡的压力，内激于现代性的追求。如果中国要从根本上以现代性为最终目标，那么民族国家的建立可谓是为追求现代性争取资格，即为现代性奠基。

晚清的仁人志士希望民族能够自决，国家能够富强，这种迫切的想法使得国家主义一度盛行。就本质而言，国家主义乃是民族主义在逻辑上的归宿或极端发展。值得注意的是，"晚清国家主义的兴起并不是某种理论传播的结果，它深刻地植根于这一时期的历史形势之中"②。正是在此背景下，由于帝国主义的剥削，中国现代化作为被迫的现代化可谓步履维艰，因为它是被西方炮舰的威胁与轰击逼出来的。然而，改变中国社会的基本力量并不只是西方的炮舰，而是其背后的工业技术。不仅如此，浸入中国的西方文化（近代的与现代的）在基调上是工业的。在以工业为载体肆意传播的西方文化的冲撞下，中国固有的社会结构、传统的价值观念将遭遇解组与崩溃。因此，"现代化要求中国实施一套向西方引进文化和技术的完整方案。"虽然中国作为被迫选择现代化的社会，不无勉强地吸收并扩展西方的现代知识和技术，但是国家的积弱并不只是缺乏知识技术那么简单。因为"无论对于现代化的先行者还是对于后来者而言，现代化过程实质上都是一种国内转变"③。这种国内转变是一种整体性的，而不仅仅是技术的移植。正是有感于此，严复比较早地宣布了一个振聋发聩的观点："西方强大的根本原因，即造成东西方不同的根本原因，绝不仅仅在于武器和技术，也不仅仅在于经济、政治

---

① [美] 杜赞奇：《从民族国家拯救历史：民族主义话语与中国现代史研究》，王宪明、高继美、李海燕、李点译，江苏人民出版社2009年版，第1、27页。
② 汪晖：《现代中国思想的兴起》下卷第一部，生活·读书·新知三联书店2008年版，第991页。
③ [美] 吉尔伯特·罗兹曼主编：《中国的现代化》，国家社会科学基金"比较现代化"课题组译，江苏人民出版社2003年版，第27、12页。

组织或任何制度设施，而在于对现实的完全不同的体察。因此，应该在思想和价值观的领域里去寻找。"① 可以说，严复几乎预言了近代中国为寻找一个富强的民族国家所要走的弯路，即器物层面的改变、制度层面的改变和文化层面的改变。

　　从甲午战争到辛亥革命，通常被认为是现代化冲动出现新势头的时期。其间，要求重大政策性变革的民众呼声响彻云霄，这些呼声中有主张改革的，也有号召革命的。这些观念必然体现在实践上。如果说改良蜕除了王朝纪元的许多基本特征，那么革命则摧毁了帝国秩序的断壁残垣。清王朝作为最后一个朝代国家，其灭亡虽然受到资本主义文明摧枯拉朽式的裹挟，但其实是辛亥革命所致。因此，"辛亥革命之在中国现代化之意义，最主要的乃在于他结束了二千余年的'朝代国家'的形态，而代之以一'民族国家'的形态"②。辛亥革命结束了传统中国以文化为基础的"天下性"结构，取而代之的是以政治为基础的"国家性"结构。换句话说，这乃是"一个使'天下'成为'国家'的过程"③，是中国传统政治结构的突破与创新，更是中国政治现代化的过程中一个重要的里程碑。总而言之，辛亥革命的成功和中华民国的建立，在实践上初步完成国家的现代转型，为中国现代性的追求奠定了基础。

（二）转入社会主义：现代性的选择

　　19 世纪末，作为帝国主义扩张浪潮的一部分，外国列强进一步加紧了对中国的欺压和凌辱。在仇视和忧虑的气氛中，一股强大的民族主义力量开始在中国滋生。然而，"中国民族主义的日趋强烈和复杂只是反映了晚清社会寻求自我实现的一种新的探索。"④ 及至辛亥革命，民族主

---

① ［美］本杰明·史华慈：《寻求富强：严复与西方》，叶凤美译，江苏人民出版社 2010 年版，第 29 页。
② 金耀基：《〈从传统到现代〉补篇》，法律出版社 2010 年版，第 37 页。
③ ［美］约瑟夫·列文森：《儒教中国及其现代命运》，郑大华、任菁译，广西师范大学出版社 2009 年版，第 84 页。
④ ［美］史景迁：《追寻现代中国：1600—1912 年的中国历史》，黄纯艳译，上海远东出版社 2005 年版，第 277 页。

义运动达到了一个早期的高潮，给政治和社会带来了活力。"民族主义又称为'本能的爱国主义'。它坚信它要保卫民族国家的尊严，掌握民族国家发展的自主性。"① 这即是说，民族主义以对民族国家的关怀为其核心。当然，民族国家是一种有着明确疆界的政治体制，这一"领土性的主权形式是由全球性的民族国家体系及其话语所塑造的。"在全球的民族国家体系中，"中国人民是一个被西方资产阶级压迫的无产阶级民族，是国际无产阶级的一部分"。因此，"孙中山把中国的命运与世界上所有被压迫民族的命运联系起来"②。显然，中国现代化尤其包括政治现代化的根本前提就是民族国家的建构。如果说晚清帝国坚持改良是其自我转化的途径，那么选择革命意味着建立中华民国的策略，而二者其实都跟重新建构现代民族国家有关。

值得注意的是，严复通过引入斯宾塞的社会有机体概念而揭示了民族国家栩栩如生的形象："作为中国这个有机体的一个细胞，每个中国人的责任不在于恪守任何一套固定的、普遍的价值观念或任何一套固定的信念，而应把对自己所在的社会有机体的生存和发展负责放在首位。"这即是说，个人应该认识到自我利益和整个社会有机体利益的一致性，从而把自己充分解放的能力融合在一起为社会有机体即民族国家的富强服务。毋庸讳言，民族国家的富强恰恰是为了更好地进行社会有机体一级的生存竞争，因为民族国家作为一个集合体，处在诸多为生存而竞争的同类集合体的世界之中。此处的关键在于，"他（个人——引者注）把民族集体作为社会有机体加以维护和推进当做自己直接的基本职责。那么，不仅他的自身利益，而且他自己的价值和自己才能的充分发挥，都将不同程度地与社会实体的权力和威望相一致"。此处的社会实体在特定时期首要的是民族国家。显然，严复主张个人应该为增进国家富强而奋斗，在他那里国家利益至上的观点是理所当然的。正是基于此，他把斯密所谓的国民财富首先理解为民族国家的财富。③ 总结来说，严复

---

① 林毓生：《中国传统的创造性转化》，生活·读书·新知三联书店2011年版，第567页。
② [美]杜赞奇：《从民族国家拯救历史：民族主义话语与中国现代史研究》，王宪明、高继美、李海燕、李点译，江苏人民出版社2009年版，第81、10—11页。
③ [美]本杰明·史华慈：《寻求富强：严复与西方》，叶凤美译，江苏人民出版社2010年版，第38、13、79页。

一方面主张应该充分发挥人的全部才能，另一方面主张应该把个人才能努力导向为集体目标。

自19世纪下半叶到20世纪上半叶，民族的危机使得中国社会中出现了所谓"救亡与启蒙的双重变奏"。相较而言，救亡之声压过启蒙之音，尽管救亡与启蒙相互促进。实质而言，民族国家意识也是启蒙的一个重要方面。如果说启蒙主要表现为对平等个人的呼唤和发展，以及对包括科学精神在内的理性的建构，那么民族国家意识虽不属于启蒙原则，但却是启蒙的间接产物。原因在于，"启蒙所鼓励的是在社会平等背景中的自由竞争，当把'个人'这一单位换算成'民族'和'国家'，自由竞争的关系同样成立"[①]。这即是说，在民族国家的世界框架内，民族国家的利益至上原则不过是个人利益至上原则在国家关系中的放大而已。正是基于此，在救亡与启蒙相互交织中，严复看到了寻求民族国家的富强的可能性。他所译介的进化论一旦与社会理论结合起来，便产生了与民族国家紧密联系的社会达尔文主义。这种话语在中国知识分子中生根于20世纪初年。它坚持认为，中华民族"可以跳出或改善其在世界资本主义体系中的从属地位"。显然，社会达尔文主义具有民族主义倾向，它坚持用一种进化的历史观来启蒙，而在现代中国，"启蒙历史在民族兴起并通过竞争走向现代化的过程中所起的作用确实是丰碑性的"[②]。

毋庸置疑，社会达尔文主义只是众多主义话语之一。这些话语还包括由胡适大力引介的实用主义，以及由李大钊、陈独秀等所主张的马克思主义等等。毫无疑问，它们都是对"现代中国向何处去"的探索与回答。如前所述，关于"现代中国向何处去"的问题，其中经由器物层面的改变到制度层面的改变，再到文化层面的改变。确切地说，这个逐步深化的过程反映的是一种重心的转移，而不是以偏概全地言此而失彼。

[①] 赵汀阳：《没有世界观的世界》，中国人民大学出版社2005年版，第87—88页。
[②] ［美］杜赞奇：《从民族国家拯救历史：民族主义话语与中国现代史研究》，王宪明、高继美、李海燕、李点译，江苏人民出版社2009年版，第48、49页。

黄仁宇曾以"梯度式的反应"对中国现代化这一由温和而激进的过程作出重要阐释。在此"梯度式的反应"中，那种"改革—失败—压力—再改革"的循环模式往往呈现为一个波浪式的激进化过程，一波推一波，由局部而向全面改革。① 而正是人们将每次改革的失败都归咎于改革不彻底的缘故，致使改革最终被推进为激进革命。

在这一历史转折中，五四运动无疑是一个重要的里程碑。究其实质，五四运动的彻底反传统本身就是由中国王朝体制中文化与政治秩序的有机统一而造成的。在这样的王朝体制下，天子把文化道德秩序与社会政治秩序整合于一体。制度中的这一关键点的崩溃意味着社会精英的文化道德秩序的合法性原则的崩溃，而这又进一步使得对传统秩序的全盘攻击成为可能。在对传统秩序的全盘攻击中，马克思主义无疑是最为引人注目的。毛泽东在谈及五四时期马克思主义与十月革命的关系问题时说："十月革命一声炮响，给我们送来了马克思列宁主义。"② 实质而言，马克思列宁主义本身就"是西方文化之一部分，但却又是反西方主导性文化的文化。马列主义是一部分中国知识分子在寻求富强之道的长远过程中最后引进的西方思想"③。

在《中国革命和中国共产党》中，毛泽东曾说："中国封建社会内的商品经济的发展，已经孕育着资本主义的萌芽，如果没有外国资本主义的影响，中国也将缓慢地发展到资本主义社会。"④ 作为马克思主义的中国传人之一，毛泽东认为帝国主义扼杀了民族资本积累。一个重要原因在于，西方民族国家演化为资本主义强国，是按西方的国家利益重构非西方国家的政治—经济秩序的结果；而西方民族国家的殖民化导致了非西方国家既成制度结构的解体，同时阻碍了其资本主义结构的成熟。更甚的是，先发资本主义国家还把自身的经济危机转嫁

---

① 参见黄仁宇《资本主义与二十一世纪》，生活·读书·新知三联书店1997年版，第470—473页。
② 《毛泽东选集》第4卷，人民出版社1991年版，第1471页。
③ 金耀基：《〈从传统到现代〉补篇》，法律出版社2010年版，第177页。
④ 《毛泽东选集》第2卷，人民出版社1991年版，第626页。

到非资本主义国家,这造成了后者经济状况的凋敝和政治紊乱。① 在此背景下,中国作为后发的现代化国家虽然没有建立标准的资本主义体系,却也使自身处于现代文明的耳濡目染之中。一方面,世界历史造就资本的国家化和世界市场,从而使后发国家不再脱离现代文明而成为与西方国家共时态的存在。这就为后发国家提供了发展契机,使其能够不经历资本主义社会的诸种波折而吸收它的诸多成就。另一方面,通过西方殖民者的侵略与掠夺的事实,一部分知识分子看到了资本主义所催生的负面效应,从而强烈主张规避资本主义而选择社会主义道路。

需要注意的是,关于中国知识分子为什么转向社会主义的问题,学术界有很多分析,除了上面分析的历史境遇和基本国情使然,还有马克思主张改造世界的哲学与中国传统的实用理性相契合、马克思的共产主义社会与中国传统的天下大同观相亲和②等等。这些说法当然有道理,但是在意识形态的变动期(即五四前后),不少新兴知识分子转向社会主义的平等民主理念,而不是自由主义的民主理念,至少还应当考虑以下两个因素:其一,诸民族国家竞争的处境使中国民族主义诉求更亲和社会主义的平等理念,这为反抗民族国家之间的不平等,进而为中华民族建构现代民族国家提供了社会动员的理念资源;其二,在社会秩序的大变动中,民间伦理中的均贫富观念随着儒家礼制的崩溃而不再受抑制,并被某些新兴知识分子引入新价值理念的建构,它与社会主义的平等民主理念有明显的亲和性。相反,"个体自由的理念从来就不是锚在民间底层中的。中国民间伦理中的均贫富观念在传统社会受到礼的制度化抑制,一旦这种抑制不复存在,它就会争取占有意识形态的空间,这与'平等的民主'理念诉求是一致的。"③

---

① 刘小枫:《现代性社会理论绪论——现代性与现代中国》,上海三联书店1998年版,第36页。

② 参见李泽厚《试谈马克思主义在中国》,载《中国现代思想史论》,生活·读书·新知三联书店2008年版。

③ 刘小枫:《现代性社会理论绪论——现代性与现代中国》,上海三联书店1998年版,第115页。

马克思主义传入中国并成为中国人民追求民族解放的思想武器，这本身是世界历史的产物。不过，马克思主义必须在中国具体化以回应中国向何处去的问题。毛泽东在1938年所著的《中国共产党在民族战争中的地位》中说："马克思主义必须和我国的具体特点相结合并通过一定的民族形式才能实现。"因为中华民族本身有数千年的历史，有她自身的特点。如果我们离开中国自身的特点而去谈所谓马克思主义，只能得出抽象而又空洞的马克思主义。因此，要使马克思主义在中国能够具体化，就要使它在中国的每一具体表现中带有中国的特点，换句话说，要按照中国的特点去运用它，使之带有"新鲜活泼的、为中国老百姓所喜闻乐见的中国作风和中国气派"[1]。总而言之，毛泽东思想不仅是马克思主义中国化的早期结晶即马克思主义基本原理同中国革命实践相结合的理论产物，更是一种对西方挑战所带来的民族性问题进行回应的文化产物。

中国知识分子纷纷转向社会主义，呼吁并实践着马克思主义中国化。实质而言，他们期待着对现代民族国家的建构，是对西方现代性之外的另类现代性的寻求。如果说民族国家的确立是对现代性的奠基，那么转向社会主义则是对现代性的选择。现代中国的革命实践不仅充分说明了"只有马克思主义才能救中国"，而且深刻阐明了中国现代性作为另类现代性的可能。换句话说，现代性并不必然等于西方现代性，谈中国现代性的建构不等于西方化。"现代性的西方模式不是唯一'真正的'现代性，尽管现代性的西方模式享有历史上的优先地位，并且将继续作为其他现代性的一个基本参照点。"[2] 从这个意义上来说，汪晖所谓"反现代性的现代性"[3] 亦即反西方资本主义现代性的中国社会主义现代性，更是以西方的现代性为参照的，更何况在马克思那里社会主义现代性本身

---

[1] 《毛泽东选集》第2卷，人民出版社1991年版，第534页。
[2] ［以］S. N. 艾森斯塔特：《反思现代性》，旷新年、王爱松译，生活·读书·新知三联书店2006年版，第38页。
[3] 参见汪晖《去政治化的政治：短20世纪的终结和90年代》，生活·读书·新知三联书店2008年版。

就是在资本主义现代性的基础上生成的。

(三) 思入现代化深处：现代性的建构

冯契先生认为，从 1840 年到 1949 年，"时代的中心问题是'中国向何处去？'——灾难深重的中华民族，如何才能获得自由解放，摆脱帝国主义的压迫、欺凌和奴役？"这一中心问题在政治—文化领域又体现为所谓"古今中西"之争。"其内容就是如何向西方学习，并且对传统进行反省，来寻求救国救民的真理，以便使中华民族走上自由解放的道路。"随着中华人民共和国的成立，冯契先生视野中"时代的中心问题已经由'中国向何处去'的革命问题，转变为'如何使我国现代化'的建设问题"[①]。究其实质，这两个问题是完全贯通的，"如何使我国现代化"是"中国向何处去"的延续。"中国向何处去"指向民族国家的建立，而从中华民国的成立标志着中国已从一个典型的传统社会向具有现代色彩的新式民族国家过渡，这是现代化的基础。但是，"独立自主的，能被社会成员在政治上、文化上高度认同的现代民族国家始终未能建立，直到中华人民共和国成立，才标志着中国现代民族国家的真正建成。"[②] 自此，作为时代的中心问题的革命问题才转到新的中心问题即建设问题上。

需要注意的是，冯契先生说的是中心问题，事实上中国近代史上一直贯穿着革命与改革之争，比如晚清政府力图通过洋务自强运动、戊戌维新运动和立宪运动而走自上而下的改革道路，但它们都未成功。正是这种不成功使得改革在与革命之争中逐渐落入下风，并最终被激进革命的话语与实践所替代。辛亥革命的成功就在于推翻两千年来的帝制而确立适应世界历史潮流的共和制度。然而，辛亥革命迎来的却是权威失落、地方割据与社会失序的局面。从 1911 到 1949 年的近 40 年间，是"中国内忧外患同时加深、半边缘化、与革命化同步发展的时

[①] 冯契：《中国近代哲学的革命进程》，上海人民出版社 1989 年版，第 4、716 页。
[②] 高华：《革命年代》，广东人民出版社 2012 年版，第 13 页。

期。国家的实效统治断裂，现代化处于自发的游离状态，被挤压在一条窄缝中继续进行"①。因此，中国现代化所必须面临的首要问题是政治共同体的重建。及至中华人民共和国的成立，中国经历了近40年的大动荡才重新找到国家的重心。不得不说的是，在此期间国内政治分裂，虽然在民族危机的压力下，国共两党有过反帝国主义和反封建军阀的合作，但统一战线最终破裂。在1928—1937年间的政治实践表明，国民党在政治上不能对社会各阶层进行有效组织，原因在于"其制度运转的动力并非来自社会各阶层对它的支持，而是完全依赖于军事强权统治"②。

正是由于国民党缺乏制度创新的能力，从而不能把现代化的新要求和新内容纳入政治制度的框架，所以各种群体的要求必然用其他方式表达出来，并逐步形成新的社会和政治中心，最终取代国民党的统治。众所周知，取代国民党的正是中国共产党。何以如此呢？我们需要绕一个圈子，明白如下道理：近代中国的变革之所以异常艰难和曲折，究其原因在于自上而下的屡次改革仅仅局限在上层结构，而很少扩展到下层社会；相对而言，在广大的农村社会里，传统思想观念和制度架构却根深蒂固，很少甚至几乎没有遭受重大冲击。近代中国虽然遭受到外部世界的极大挑战，但作为一个东方农业社会，即使1911年的辛亥革命也并未对农村产生强烈影响。虽然无数仁人志士先是致力于改革中国传统的政治法律制度，然后又致力于变革传统的思想价值观念，但却很少真正触及如何改造以农为本的广大农村社会这一实质问题。因此，农村社会的重整乃是中国变革最为艰巨而又重要的任务。③虽然如梁漱溟、晏阳初等先进人士纷纷投身于乡村建设，但是作为中国变革的关键任务，农村社会的重整最终落在以马克思主义为指导思想的中国共产党身上，以至

---

① 罗荣渠：《现代化新论——世界与中国的现代化进程》，商务印书馆2004年版，第498页。
② 高华：《革命年代》，广东人民出版社2012年版，第37—38页。
③ 高华：《革命年代》，广东人民出版社2012年版，第12、16页。

于梁漱溟认为"30年代的共产主义运动正适合了中国的真正需要"①。

在中国共产党的领导下，1949年中华人民共和国成立，它标志着政治共同体的重建任务得以大体完成。通过初步实现高度的政治统一与社会稳定，中国也逐步迈入了重要的现代化建设时期。我们知道，国内危机与国际混乱同步发生，它们共同促成了"中国不仅力图实现自己国家的独立自主的发展，而且力图探索一条非资本主义发展的道路"②。正是基于此，社会主义制度的确立乃是社会主义现代化的里程碑。社会主义制度内涵丰富，其中之一就是政治制度，政治制度决定着一定的政治结构。对于现代化而言，政治结构无疑具有重大意义，原因在于"它影响着决策，影响着决定执行什么政策并作出何种选择的协调和控制。它不仅意味着权力的行使，也意味着意志的动员"③。总的来说，走上社会主义道路而非资本主义道路是对中国现代化的自觉回应，因为社会主义作为一种新的制度结构和信仰体系，把现代性的一般取向和民族性的特殊取向结合起来。

由前述可知，正是由于西方的挑战，中国才被迫现代化。在此意义上，相对于西方内源自生型的现代化，中国现代化是外源植入型的。确切地说，中国现代化的展开过程，实际上植根于一种深深的困境意识。在现代化即现代性的求索过程中，这种困境意识具体表现为，一边肯定现代性、呼唤现代性，另一边质疑、诘难现代性，甚至反抗现代性。毫无疑问，对现代性的质疑、诘难与反抗也构成了中国现代性意识的有机

---

① [美]艾恺：《最后的儒家：梁漱溟与中国现代化的两难》，王宗昱、冀建中译，江苏人民出版社2011年版，第6页。特别应该看到的是，1949年的胜利和解放使得许多具有自己明确哲学观点、信仰甚至体系的著名学者和知识分子如金岳霖、冯友兰、贺麟、汤用彤、朱光潜等，都先后放弃或批判了自己的原哲学倾向，并进而接受马克思主义。甚至像顽强固执的熊十力、梁漱溟，也都在他们的晚期学术著作中，表露出或反射出他们对马克思主义哲学某种程度上的认同或肯定（参见李泽厚《中国现代思想史论》，生活·读书·新知三联书店2008年版，第158页）。

② 罗荣渠：《现代化新论——世界与中国的现代化进程》，商务印书馆2004年版，第500页。

③ [美]吉尔伯特·罗兹曼主编：《中国的现代化》，国家社会科学基金"比较现代化"课题组译，江苏人民出版社2003年版，第8页。

组成部分。西方现代性是在现代世界体系中产生并以西方为中心向周边不断扩散开去，一旦扩展到中国这片土地并显示出一定的示范效应自是情理之中。但是，在中国现代性建构的过程中，中国所置身的困境使得危机意识凸显出来。一方面，这种危机意识决定了中国现代性并不是西方现代性的翻版；另一方面，对现代性危机的意识已经构成了中国现代性的根本特征。① 正是基于此，虽然1949年中华人民共和国的成立带来了中国发展模式的大转换，亦即开辟了社会主义现代化的新道路，但是社会主义道路在头30年中一直处在不断的探索和实验之中，而且在此过程中又出现了一些意想不到的新问题。比如，最初预计要用10年到15年时间来实现从新民主主义向社会主义阶段的渐进过渡，但不到10年就宣告完成"三大改造"进入社会主义社会，并提出钢铁生产在15年内超英赶美。在"不断革命"论的指导下，急于求成的强过渡造成了现代化的自我断裂，结果反而丢失了大好的发展机遇。② 特别值得一提的是，"文化大革命"走到了"左"的极端，造成了严重的社会混乱。

　　正是看到了国内的"左倾"错误所带来的危害，作为敏锐政治家的邓小平提醒我们："我们都是搞革命的，搞革命的人最容易犯急性病……这往往使我们不能冷静地分析主客观方面的情况，从而违反客观世界发展的规律。"③ 正是因为把握到我国社会主义道路中的经验和教训，以及当今世界和平与发展的两大主题，邓小平才主张去对"什么是社会主义，怎样建设社会主义"的问题重新加以认识。不仅如此，他审时度势地"推行封闭式的现代化路线向开放式的现代化路线的重大转变"，正是这一次独特的体制内模式转换，才使得我国从封闭走向开放、从计划经济走向市场经济取得了突破性进展。④ 如果说革命问题是近代

---

① 陈赟：《困境中的中国现代性意识》，华东师范大学出版社2005年版，导言，第1—2页。
② 罗荣渠：《现代化新论——世界与中国的现代化进程》，商务印书馆2004年版，第510页。
③ 《邓小平文选》第3卷，人民出版社1993年版，第139—140页。
④ 罗荣渠：《现代化新论——世界与中国的现代化进程》，商务印书馆2004年版，第501—502页。

中国的中心问题的话,那么国家既立,时代的中心问题转化为建设问题。国家百废待兴之时一味强调激进革命的话语并主张革命万能论,即使不是不切实际的,也是本末倒置的。恩格斯曾清醒地告诫我们:"在任何一次革命中,就像其他任何时候一样,难免作出许多蠢事;当人们最后平静下来,能够重新进行批评的时候,必然会得出这样的结论:我们做了许多最好不做的事,而没有做许多应该做的事,因此事情搞糟了。"① 究其实质,虽然革命是建设的基础和前提,但是建设更是革命的目标和归宿。

然而,建设问题绝非纯粹的经济建设,诚如金耀基所指出的:"中国的现代化旨在建立一个中国的现代性,惟中国现代性之建构不仅是国家之富强,中国现代性之建构,讲到底,是在求建立一个中国的现代文明秩序。中国的现代文明秩序涵盖的不止是法律的、经济的、社会的秩序,也包括伦理的、政治的、学术的与生态秩序。"② 这即是说,中国现代化是整个社会的全面(包括经济、政治、文化等)现代化。然而,在我国现代化建设之中,体制成为发展的瓶颈。这就要求我们,一方面要完善社会主义市场经济,另一方面要把政治体制改革提上议事日程。这是因为,"不改革政治体制,就不能保障经济体制改革的成果,不能使经济体制改革继续前进"③。

在全面现代化过程中,人的现代化至为关键。毋庸讳言,在民族危亡时期,救亡压倒启蒙,要实现个体意义上的启蒙并不现实。原因在于,"不顾一切代价以维护集体认同(collective identity)的需要,遮蔽了早先所倡导的个人自主性的需要"④。不仅如此,在兵荒马乱的战争年代和革命时期,个人自主也缺乏社会经济的基础。中华人民共和国成立后,随着社会主义制度的建立,一时百废待兴,"集体化大生产"和"以阶级斗争为纲"并没有为个体自我的觉醒提供多少空间。及至改革开放,

---

① 《马克思恩格斯选集》第 3 卷,人民出版社 1995 年版,第 249 页。
② 金耀基:《从传统到现代》,法律出版社 2010 年版,增订版序,第 4 页。
③ 《邓小平文选》第 3 卷,人民出版社 1993 年版,第 176 页。
④ [美]舒衡哲:《中国启蒙运动——知识分子与"五四"遗产》,刘京建译,新星出版社 2007 年版,第 274 页。

"以经济建设为中心"压倒个体启蒙。不论是民族救亡还是经济建设，都是民族意义上的中国崛起和振兴，而首先不是以个体价值为取向的，更遑论个体自我觉醒基础上的市民社会培育。"现代民族国家的思想启蒙以及现代市场经济的思想启蒙虽然都与现代性个体价值启蒙相关，乃至包含着现代性个体价值启蒙的因素，创造着现代性个体价值启蒙的条件，但毕竟不等于现代性个体价值启蒙。"[①] 因此，在完成了民族国家的确立后，社会主义市场经济建设如火如荼地进行着，个体自我的觉醒、市民社会的培育和民主政治的建制无疑成为中国现代性建构的当代使命，这也是社会自我批判的当代吁求。

二 社会自我批判的当代吁求

重拾在民族救亡与社会建设中被长期搁置的个体启蒙，是新的历史条件下社会自我批判的使命所在。当然，这一任务乃是在社会主义市场经济的完善中凸显出来的。而反过来，个体自我的觉醒又促进社会主义市场经济的完善。不仅如此，社会主义市场经济的完善为培育社会主义市民社会奠定基础。而无论是社会主义市场经济的完善还是社会主义市民社会的培育，都需要深化体制改革从而迈向政治现代性（即社会主义民主政治）。

（一）深化启蒙以促进个体自我觉醒

在哈贝马斯看来，现代性"深深地打上了个人自由的烙印"[②]。原因在于，西方进入现代性社会乃是以个体自我的觉醒为其开端的，即只有现代才有个人观念。[③] 一言以蔽之，"个体的生成可以视为现代性的

---

① 李海青：《马克思主义中国化进程中的现代性个体价值启蒙——一种基于历史发展逻辑的梳理》，《江苏行政学院学报》2012年第5期。
② 包亚明主编：《现代性的地平线——哈贝马斯访谈录》，李安东、段怀清译，上海人民出版社1997年版，第122页。
③ [德]诺伯特·埃利亚斯：《个体的社会》，翟三江、陆兴华译，译林出版社2003年版，第184页。

标志"①。在西方现代性进程中，如果说个体主体性的普遍扩展是现代社会自我发展的前提条件，那么个人自由而全面的发展则是整个现代社会自我发展的最终目的。如果超越对所谓"存在决定意识"的狭隘理解，那么个人的独立、自由和权利这些现代性的核心理念和价值不仅是为适应社会转型和时代要求所形成的，而且参与了对现代个人和社会秩序的形塑。作为现代独立个体形成的精神条件，它们也是西方现代社会生活的指导思想。② 因为中国现代性是后发的现代性，所以个体自我觉醒更是中国现代性建构的重要内容。进而言之，个体自我的觉醒不仅与中国现代性的发展是同一个过程，而且是中国求索现代性价值的一个特殊策略或者具体手段。自19世纪遭遇西方列强的挑战以来，中国的无数仁人志士就已开启了现代化道路的理论追问和实践探索。其中的一条主线是，为了实现民族国家的确立并竭力追寻国家富强，或者说为了实现传统社会的现代化，现实个人必须主动承担更多社会责任，并且竭力投身于实践。在此过程中，中国传统文化中崇公抑私的观念根深蒂固，使得个体自我觉醒——中国个体启蒙——的重任一再被延搁。

自鸦片战争以来，中西之间的遭遇使得中国现代性的形成与发展都颇具曲折性，其中更是出现了既学习吸收西方现代性又排斥西方现代性的精神分裂。在此过程中，包括重塑现代个体自我的中国现代性建构始终伴随着对中国传统文化的自我批判和检讨。实质而言，通过对宋明理学的反思和当时社会生活的批评，明清之际的顾炎武、黄宗羲等思想家就提出了呼吁个性解放、重视个人权益的思想，进而宣告"中国封建社会已进入了自我批判的阶段，传统的天命世界已开始出现裂痕，一个以人的自我觉醒为特征的时代正徐徐到来"③。

在中国的古代文献特别是传统典籍中，"私"主要是指小群体，而

---

① 刘小枫：《现代性社会理论绪论——现代性与现代中国》，上海三联书店1998年版，第22页。

② 顾红亮、刘晓虹：《想象个人——中国个人观的现代转型》，上海古籍出版社2006年版，第5—6页。

③ 顾红亮、刘晓虹：《想象个人——中国个人观的现代转型》，上海古籍出版社2006年版，第14页。

非特指现实个人。虽然"私"的范围可以是大群体，也可以是小群体，可以是社会上层，也可以是社会底层，但都是对更大范围的隶属者而言。需要注意的是，"一家一户当是利益分割的最小单位，连这最小的'私'都是以群体来承担，没有个体的位置，那'个人'又何在？"① 可见，这一意义上的"私"，本质上是"无我"。在唐纳德·蒙罗看来，传统儒家所推崇的是"无我"的境界。换句话说，儒家所推崇的"自我"实质是一种克制的自我或"无我"的人格。所谓无我的人格则是心甘情愿地把他自己的，或他所属的某个小集体（如一个村庄）的利益服从于一个更大的社会群体的利益。② 正是公私观念在中国语境中的特殊性，使得个体权利始终得不到真正的保障。谈及此，就连梁漱溟也不得不承认：中国文化的最大积弊在于缺失个体的人。在他看来："在以个人为本位的西洋社会，到处活跃着权利观念。反之，到处弥漫着义务观念之中国，其个人便几乎没有地位。此时个人失没于伦理之中，殆将永不被发现。自由之主体且不立，自由其如何得立？"③ 相较而言，在杜维明看来，儒家并非没有个人主义，只不过，哪怕是在与西方遭遇之中，儒家个人主义也只是"把个人的积极性调动起来共赴国难的精神，而不是西方意义上的个人主义"④。实际而言，这种个人主义只是胡适所谓"家族的个人主义"在国家层面的翻版。"家族的个人主义"使人过分依赖家族，这就导致传统中国人丧失独立的人格和自主的能力。⑤

必须承认的是，个体不仅是道德主体，而且更是法权主体。就中国传统的现代转化而言，以道德主体为核心的个人观念需要吸收法权主体的观念来充实自身的内容，进而指导中国的社会实践。就近代以来中国由传统社会向现代社会过渡的过程而言，一方面意味着独立个体的逐渐

---

① 刘泽华等：《公私观念与中国社会》，中国人民大学出版社2003年版，第256—257页。
② 转引自［美］郝大维、安乐哲《汉哲学思维的文化探源》，施忠连译，江苏人民出版社1999年版，第27页。
③ 梁漱溟：《中国文化要义》，上海人民出版社2005年版，第221页。
④ ［美］杜维明：《东亚价值与多元现代性》，中国社会科学出版社2001年版，第81页。
⑤ 金观涛、刘青峰：《观念史研究：中国现代重要政治术语的形成》，法律出版社2009年版，第169页。

生成，即个人从家族、王朝国家等传统共同体中分化出来的过程，另一方面则是新型共同体即以独立个体的自由和权利为基础的现代民族国家的生成过程。从理论上而言，这两个方面互为条件，相辅相成。进而言之，一方面，现代民族国家的建立，被视为个人获得独立自由的先决条件；另一方面，没有个人的独立与自由，就不可能真正建立起现代民族国家。现代民族国家不仅仅是文化共同体和种族共同体，更是在此基础上建立起来的政治共同体。无论是中国传统的转化还是更为广泛的社会转型，都要求形成现代社会中的个人。①

尽管如此，中国现代个人的生成是内在地复杂的。其中，迫于时势，民族救亡压倒个体启蒙，即个性解放运动让位于民族解放运动。因此，即使是在梁启超的国民思想中，也反映出"新民的社会的自我几乎完全掩盖了个人的自我"②的一面。不仅如此，为了说明社会与个人是群己关系，严复所译介的斯宾塞的"社会有机体"观念也派上了用场。"由社会有机体观念再推衍出来'小己大群'观念，就是对待一个国家民族的群体而言，个人价值为轻，群体价值为重。"③虽然五四时期个体自我的觉醒有了很大的突破和推进，但是个人、个体和个位等概念相较国家、社会、家庭等集体性概念而言，仍为逊色。"个人的解放是通向群体、社会和国家的真正解放的基本条件，它不过是现代性的目的论历史观和民族国家理念的独特呈现方式。"④显然，现代中国的个人观念是民族国家话语基调下的个人观念，其底色为民族主义。

---

① 顾红亮、刘晓虹：《想象个人——中国个人观的现代转型》，上海古籍出版社 2006 年版，第 11—12 页。

② 张灏：《梁启超与中国思想的过渡》，崔志海等译，江苏人民出版社 1995 年版，第 155 页。需要注意的是，此处的"社会的自我"跟本研究的"社会自我"虽然表面上一字之差，且实质上有联系，但并非同一个东西。前者强调个人自我的社会（群体）维度，后者虽然植根于这个维度，但更强调一个群体的自我维度。就实质而言，梁启超提出以新民建设新中国的主张，认为在个人身上存在着双重的自我，即以私人利益为中心的"小我"和以国家利益为中心的"大我"；"小我"是第二位的，应该始终服从"大我"。

③ 王尔敏：《中国近代思想史论》，社会科学文献出版社 2003 年版，第 34 页。

④ 汪晖：《现代中国思想的兴起》下卷第一部，生活·读书·新知三联书店 2008 年版，第 1026 页。

虽然现代意义上个人的生成过程是如此错综复杂而艰难曲折，但中国社会毕竟走上了个体化的道路。毋庸讳言，个体化主要还是存在于知识精英的话语层面。不过，随着社会主义国家的确立，个体化作为中国现代性建构的重要内容正逐步展开。而社会结构的实际变化及其对个体的影响是在这个时代才发生的。如前所述，中国传统文化将整体利益置于个人利益之上，主张个人从属于整体。至少在意识形态层面上，整体（不论是家庭还是国家）的存在并不是为了支撑个人，恰恰相反，个人的存在是为了延续整体。在此意义上，传统中国没有个人身份，因为个人仅仅存在于与家庭、世系或其他等级性社会关系网络的关系中，并且是为了它们才存在的。

值得注意的是，在1949年至1976年间，社会主义国家一方面通过中国共产党和计划经济时代的意识形态掌握政治权力，另一方面通过计划经济及其集体再分配体系掌握经济权力，这两方面几乎渗透到整个社会生活中。如此一来，"国家和单位组织占有和控制了个人在社会、政治、经济和文化生活中所必需的资源，以及实现利益的机会，进而处于一种几乎是绝对的优势地位，由此形成了对单位成员的支配关系。国家的统治通过其隶属的单位组织，就能实现对个人的统治"[1]。借用哈贝马斯的说法，即是个人的生活世界受到了政治系统和经济系统的殖民。具体而言，这种殖民是由国家主导的成分制度、户籍制度、农村公社制度和城市单位制度以及政治档案制度四种机制完成的。而这四种机制的产生背景即以社会主义和民族主义为主旨将中国建设成富强的现代民族国家的一系列意识形态的、政治的与经济的社会改造工程。[2]

毋庸置疑，新中国成立以来的社会是一个高度整体主义的社会。现实个人往往脱离了大家庭、亲属组织、地方社区等曾经囊括一切的传统社会网络，进而被组织进新建立的农村公社或城市单位之中。这使得现实个人似乎全然失去了自由与自主性，无法选择其所生活或工作的场所，

---

[1] 李路路、李汉林：《中国的单位组织》，浙江人民出版社2000年版，第42页。
[2] 参见［美］阎云翔《中国社会的个体化》，陆洋等译，上海译文出版社2012年版，第353—355页。

更别说选择要参与的社会团体或政治团体了。然而，在更深的层面，现实个人也往往被从家庭、亲属和社区所构成的传统网络中抽离出来，从而摆脱了以儒家和父权为主基调的传统价值与行为规范的束缚。特别需要注意的是，现实个人被号召和组织起来，致力于参与政党国家所推动的政治团体、经济生活和社会运动，并将自身重新塑造为政党国家的公民。如此一来，中国反而实现了某种形式的个体化，因为各种社会主义实践恰恰就是去传统、脱嵌与再嵌入的过程。国家将现实个人从个体—祖先的轴线上抽离出来而嵌入在个体—政党和国家的轴线上。

在上述基础上，国家便成为现实个人所归属的最强大也是最终的实体。因为，通过制度化建设，国家中的"每一个大小集体都成为自我满足的单位。这种现象，严格地说，不只是封建遗毒的回光返照，也是现代集团的控御机制"①。虽然这反映了中国传统文化隐而不显的持续影响，但是也反映了当时主流思想的历史合理性，因为以毛泽东为代表的一批先进知识分子既竭力避免资本主义现代性的西方模式，又竭力避免苏联模式的社会主义现代性，从而主张对国家主权和民族主义的坚持。不管怎么说，从新中国到改革开放，个体—社会—国家间关系的转变可以概括为部分的和集体式的个体化，这构成了中国现代化事业的一部分。②

尽管如此，长期的计划经济体制事实上导致了国家向"全能国家"方向的发展，即社会的高度政治化和国家对资源的高度垄断，而后者又导致了现实个人对国家（以及作为其构成部件和代表的"单位"）的高度依赖。因为这种依赖性在很大程度上决定一个人的职业生涯、社会地位乃至一生的命运，所以极大地制约着个人的行为与价值的选择。对于改革开放前中国单位制度的历史合理性（在当时情况下的社会动员及生活秩序安排之意义等）无疑需要历史学者们审慎地进行研究，但这种制度对人的束缚却是不争的事实，而且其负面影响至今仍未完全消除。幸

---

① ［美］杜维明：《杜维明文集》第 2 卷，武汉出版社 2002 年版，第 463 页。
② 参见［美］阎云翔《中国社会的个体化》，陆洋等译，上海译文出版社 2012 年版，第 356—357 页。

运的是，1978年以后，中国社会发展进入了一个崭新的历史时期，个体化也走向新的历史阶段。经济发展使以前受压抑的个体主体性在实际生活中逐渐获得了承认。可以说，改革开放在根本意义上就是一场人的解放运动，它试图在个人、社会和国家关系上对现实个人进行重新定位，进而确立一种新的关系模式。

改革开放以来，中国政府实行了一系列改革，其目标在于：通过调整国家对商品、劳动力和资本市场进行控制的体制机制，将经济从国家主导的社会主义机制中适当解放出来，同时将现实个人从无所不包的城市单位、农村公社等社会主义组织中摆脱出来。毫无疑问，这直接催生了一种虽然有限但为国家认可的社会个体化过程。在此过程中，虽然现实个人依然受到地域流动的限制以及对从农村迁到城市的机会的严格管制，但是现实个人被动员起来以充分发挥主观能动性。这种个体化确保了高速的经济增长率，中国经济正是靠这一增长率震撼了全球市场。值得注意的是，这种个体化确实给个体公民带来了更多的流动、选择和自由，但也导致了所谓"无公德个人"的崛起。原因在于，虽然对个人权利的声张往往采取公众吁求的形式求助于国家，但国家相应的制度保障与支持要么缺乏[①]，要么显得滞后。

目前，中国只是出现吉登斯所谓的解放政治，尚未出现像欧洲社会那样标志着个体化趋势的生活政治或自我政治，因为对大多数个体中国人而言，日常生活的主要目标是改善生活境遇，而不是通过生活方式的选择来实现自我。具体而言，整个改革开放都可以看作是国家通过消除或减少之前的制度性支持而为个体松绑，同时又力图保持对个体的政治控制的一个过程。这种从社会主义脱嵌的过程一直受到那些乐于寻找新机遇的个体的欢迎，他们称之为个体的解放；但是对于那些企图维持其特权的个体而言，这意味着被国家抛弃，因此必须抵制。正是因为缺乏相应的制度保障和支持，"个体中国人还未崛起为一个真正自决、独立

---

① [美]阎云翔：《中国社会的个体化》，陆洋等译，上海译文出版社2012年版，第21、343页。

和自立的行为主体"①。现代中国的个人更多地体现为"意识形态化的个人"②，因为个人总是为意识形态话语所包围。总的来说，个人在中国并未成为贝克等人所谓"一个基本社会范畴的事实。"③

诚然，对于当代的中国青年而言，个人幸福和个体自我的实现无疑成为了人生的终极目标，这说明社会正在经历价值观从集体导向转向个体导向的过程。在此过程中，日渐崛起的个体不仅在思想和实践中强调权利，而且有忽视自身义务和他人个体权利的趋势——这就落入了一种所谓"无公德个人"的窠臼。究其原因，日渐崛起的个体大多局限在私人生活领域，而自我主义则盛行于无公德的个人间的交往之中。循此线索我们便不难发现，这一定意义上是由缺乏社会制度保障所致，进而言之，"中国缺乏对个体自觉的社会、文化、政治的承认"。比如，"传统中国法律的基本参照点不是个体，而是集体"。正是由于不可剥夺的权利这一概念的缺失，个人将无法获得真正的自决。因此，在中国，西方的个人主义从未被理解为一种可以解放中国个体的反传统思维模式；相反，它是作为救亡图存、建设强大民族国家的工具而被引介使用的。④这使得中国社会的个体化道路并非简单地表现为对欧洲社会个体化路径的纯粹复制。不难得出结论，如果要继续推进中国社会的个体化进程，达成个体自我的觉醒，那么我们所要做的工作还很多。其中，重拾自近代以来一再延搁的启蒙重任并深化之乃是明智之举。必须注意的是，启蒙一方面指向现实个人的自我觉醒——使个人成为公开并且独立运用自己的理性的人，另一方面则指向人民的启蒙——"把人民对于自己所属的国家的义务和权利公开地教导给他们"⑤。

---

① [挪]贺美德、[挪]鲁纳：《"自我"中国——现代中国社会中个体的崛起》，许烨芳等译，上海译文出版社2011年版，导论，第14—15、19、33页。

② 此一概念参见金观涛、刘青峰《观念史研究：中国现代重要政治术语的形成》，法律出版社2009年版，第173—178页。

③ [挪]贺美德、[挪]鲁纳：《"自我"中国——现代中国社会中个体的崛起》，许烨芳等译，上海译文出版社2011年版，前言，第1页。

④ [挪]贺美德、[挪]鲁纳：《"自我"中国——现代中国社会中个体的崛起》，许烨芳等译，上海译文出版社2011年版，导论，第2、29、30页。

⑤ [德]康德：《历史理性批判文集》，何兆武译，商务印书馆1990年版，第157页。

（二）完善市场经济以培育市民社会

确切地说，中国社会的个体化进程虽然自毛泽东时代就开始，甚至可追溯到近代与西方的遭遇，但是真正踏上个体化道路却是由计划经济向市场经济的转型所促成的。这即是说，个体化本身乃是市场经济发展的结果，尽管个体化又反过来促进市场经济的完善。所以，加强对市场经济的认识对深化体制改革以促进包括个体化在内的中国社会的发展无疑大有裨益。

一般而言，当生产技术水平达到可能存在剩余产品的时候，经济交换便可能发生，而要进行经济交换，就需要市场，这种意义上的市场经济乃是广义。但这种理解无甚意义，因为人们仍然生产自己生活所需的大部分，只是附带地把部分剩余产品拿到市场上进行交换。这种交换还不是为了市场，换句话说，市场还没有支配人们的经济生活。在自给自足的自然经济中，虽然一部分人超越了自给自足的状况而为了交换而生产，但是这部分人还只是少数。只有在整个社会内市场成为调节经济主要手段时，市场经济才名副其实地存在。为了概念的明确，我们把经常联系在一起使用的"商品经济"和"市场经济"区分开来，前者泛指存在着商品交换的经济，不管这种经济在全部经济体系中所占比重为多少，也不论市场规律是否被扭曲；后者则特指以市场为主要经济活动调节手段的经济体系。按此区分，市场经济必然是一种商品经济，而商品经济却不必然是市场经济。

市场经济是相对于非市场经济而言的，只不过，此处的非市场经济并非泛指任何一种不是市场经济的经济形式，而是专指文明时代的第一个阶段，即在文明时代范围内，市场还没有成为调节经济生活的主要方式。非市场经济存在的技术条件在一般情况下是分工不发达的农业生产，而在特定情况下则可能是分工发展了的生产活动方式。就前一种情况而言，市场交换在客观上不可能发展起来；就后一种情况而言，市场交换虽有可能发展但却在人为控制的情况下没能发展起来。希克斯曾认为，非市场经济究其实质可称之为"习俗—指令经济"①，即习俗经济与指令经济在某种比例上的混合。所谓习俗经济，顾名思义，即一种依赖于习俗进行活动的经济。但是，习俗并不能涵盖一切情况，一旦出现新的情况就需要人们作出决定以改变既有的习惯。这种针对新的情况而作出的改变既有习惯的经济形式就是指令经济。当然，正如一成不变地按照习俗进行活动的经济是难以想象的一样，纯粹按照指令进行活动的经济很难被看到。概而言之，虽然指令经济基本上是按照指令中心的指令进行的，但是指令并不能详尽无遗地包括每个人经济活动的全部细节。

需要注意的是，虽然习俗也曾是由人制定的指令，但是习俗作为组织经济活动的方式，是在人们参与活动的情况下自发地进行的，相较而言，指令则是人们自觉地发出的。如果说习俗作为活动的指导总是分散在一些小群体中，那么指令则往往源于一个集权中心，从而在一个大范围内，甚至在一个民族国家范围内起作用。因此，完全按照习俗进行的经济活动必定是分散的，而完全按指令进行的经济活动必定是集中的。在分散的习俗经济中不可能出现大规模的社会分工，而在集中的指令经济中则有可能实现之，从而达到较高专业化水平和较高劳动生产率。希克斯认为，"专门化（即专业化——引者注）实际上是一个规模经济学的问题；它的确有赖于需求的集中：但市场只是可以使需求集中的办法之一。"② 言下之意，另外一个办法就是通过指令来达成。

就本质而言，非市场经济是习俗经济与指令经济的某种比例的组合。根据这种组合，非市场经济便呈现为两种模式：以习俗经济为主、指令经济为辅的经济模式和以指令经济为主、习俗经济为辅的经济模式，前一种非市场经济我们一般称之为自然经济，后一种非市场经济则被称之为计划经济。作为一种以习俗经济为主导的非市场经济，自然经济在其活动空间里并没有给指令以特定位置，主要地以习俗或惯例作为组织活动的方式。它只有在生产技术水平不高、分工与专业化程度较低的农业生产技术

---

① ［英］约翰·希克斯：《经济史理论》，厉以平译，商务印书馆1987年版，第16页。
② ［英］约翰·希克斯：《经济史理论》，厉以平译，商务印书馆1987年版，第23页。

条件下才有可能。这即是说，在自然经济中，农业生产占主导地位。在这种经济形式中，人的依赖关系是必然的，不可或缺的，因为生产率的低下，并不足以形成物的依赖关系以取代人的依赖关系。一方面，剩余产品的出现能够供养一个高居于社会之上的国家机构，这个国家机构反过来巩固和维持人的依赖关系，这即是国家的社会整合。因此，个人的能动性被束缚于其中而得不到充分发挥，这必然造成长期的经济停滞。如此一来，人们寄希望于国家机构的保护，以至于寄希望于"明君"和"清官"。

一旦社会生产力发展到超出农业技术的水平，社会分工就得到较大发展，随之而起的是市场经济。然而，受制于市场的不完备，便有可能以计划经济暂时替代市场经济。计划经济是一种以政府指令代替市场机制来组织经济活动的方式。随着农业技术让位于工业技术，遵从习俗的分散的农业生产就被较为集中的工业生产所取代，而由于市场的不完备等原因，国家用指令来协调之。计划经济虽然与自然经济同属非市场经济，但是后者建立在农业生产的基础上，前者则须以工业生产为主导。诚然，从农业生产为主的自然经济转化为以工业生产为主的计划经济是一个相当长的发展过程。而在计划经济为主导的经济体制中，自然经济与市场经济往往混杂在一起，尽管国家通过高度统一的指令使得经济呈现一体化状态。

就实质而言，计划经济作为历史的产物，不是人们自发活动的结果，而是人们有意识地对经济生活特别是其制度条件进行改造的结果。而所谓改造，乃是由于在工业生产占据主导地位的条件下改造前社会中的经济制度的畸形发展所致。一般而言，实行计划经济的社会并不是经济最发达的国家，也不是那些原发型现代化国家，而是在世界历史进程中受到进行殖民扩张的发达国家经济剥削的第三世界国家。因此，计划经济的确立，并不是简单意义上的生产力的发展，而是第三世界国家在世界历史进程中为了民族国家的独立发展所作出的努力。毋庸讳言，这些努力使得社会主义运动和民族解放运动相交汇，并且这种交汇由于广泛的社会动员而聚集了最为壮大的社会力量。一方面，高度集权的计划经济将全民族的力量集中起来，从而加强国家的自卫能力，有利于民族解放事业；另一方面，民族解放运动则为计划经济的发展提供了最广泛的群众基础。就社会历史而言，虽然计划经济在争取民族国家的独立发展方面有其合理性，但是在现代民族国家的经济建设中有其局限性。因此，现代民族国家的经济发展面临一个紧迫的问题，即从计划经济转化为市场经济的体制改革问题。

从计划经济转化为市场经济是一个艰难而曲折的过程。因为市场经济的确立需要克服非市场经济生产条件、制度条件和思想观念条件的阻碍。首先，市场经济要存在，就要克服以农业生产为主导的社会生产，代之以工业生产为主导的社会生产，因为工业生产乃是市场经济存在和发展的技术条件。其次，市场经济要存在，就必须消解非市场经济存在的制度条件，以建立适合市场经济存在的制度条件。如果说社会与国家的同构形成了非市场经济社会存在的制度条件，那么打破国家垄断、建立分散化和明晰化的产权则是市场经济社会存在的制度条件。再次，市场经济要存在，就要与非市场经济社会的观念作斗争，冲破来自于非市场经济社会的观念条件的桎梏。随着主体化、个体化和世俗化的进程对非市场经济社会的观念条件的冲击，日益凸显的主体性意识、个体性意识和功利意识三者共同构成市场经济存在的观念条件。①

对中国而言，在计划经济向市场经济转变之前，关于市场经济是姓"资"姓"社"的问题，争论颇多。长久以来，人们普遍认为只要是社会主义国家就是计划经济体制，而市场经济体制是在资本主义发展过程中形成的。这种僵化的思维捆住了国家发展的手脚。针对此，邓小平在1987年的《计划和市场都是发展生产力的方法》中指出："为什么一谈市场就说是资本主义，只有计划才是社会主义呢？计划和市场都是方法嘛。只要对发展生产力有好处，就可以利用。它为社会主义服务，就是社会主义的；为资本主义服务，就是资本主义的。"② 显然，市场作为一

---

① 参见王南湜《社会哲学：现代实践哲学视野中的社会生活》，云南人民出版社2001年版，第260—271页。

② 《邓小平文选》第3卷，人民出版社1993年版，第203页。相关论述，还可参见该书第364、373页。

种方法对解放生产力和发展生产力有好处，因此可用之于社会主义社会。尽管"社会主义也可以搞市场经济"① 这种看法有实用主义之嫌，但是作为解放思想的成果之一，对认识"什么是社会主义、怎样建设社会主义"这个关键问题有深远的意义。

历史也证明，市场经济的确立与自由贸易的展开是我国社会发展的加速器。关于市场经济体制中的自由贸易，马克思早就如此论断："我们赞成自由贸易，因为在实现自由贸易以后，政治经济学的全部规律及其最惊人的矛盾将在更大的范围内，在更广的区域里，在全世界的土地上发生作用；因为所有这些矛盾一旦拧在一起，互相冲突起来，就会引起一场斗争，而这场斗争的结局则将是无产阶级的胜利。"② 换句话说，自由贸易本来就遵循着政治经济学的规律，它在全球的展开有利于将生产的矛盾逐步展开，从而有利于全世界无产阶级的解放。

话说回来，市场经济的确立并不意味着所有经济活动都是在市场范围内的自由活动。诚然，"那只看不见的手——市场——在促进流动性方面发挥着决定性作用，因为它需要自由和流动的劳动力。"不过，"那只看得见的手——国家——也同样重要，因为国家也在按照自己的方式刺激经济发展和改变社会结构。"③ 在中国"以经济建设为中心"的非常时期，这种情况尤甚，更不要说市场经济在西方世界的孕育和发展根本就没有离开过一定程度的国家干预——在历史上，如果说最早是以重商主义的形式，那么后来则是以帝国主义的形式。

在布罗代尔视野中，一方面，孕育着市场经济的西方资本主义国家不是试图保护自由市场，而是竭力保护垄断；另一方面，与其说资本主义国家是保护市场，不如说是"反市场"的。这即是说，资本主义国家始终具有垄断性。④ 如果市场经济是"自在的存在"，那么资本主义国家

---

① 《邓小平文选》第 2 卷，人民出版社 1994 年版，第 236 页。
② 《马克思恩格斯全集》第 4 卷，人民出版社 1958 年版，第 295—296 页。
③ [美] 阎云翔：《中国社会的个体化》，陆洋等译，上海译文出版社 2012 年版，第 330 页。
④ [法] 费尔南·布罗代尔：《15 世纪至 18 世纪的物质文明、经济和资本主义》第 2 卷，顾良译，生活·读书·新知三联书店 1993 年版，第 640 页。

则是"自为的存在",是操控与垄断的领域;如果市场经济的特质是公开性与平等性的话,那么资本主义国家则是欺骗性与独占性。只不过,资本主义与市场经济可以说是完全对立但又搅和在一起,相互利用。这种批判确实具有警世性,毕竟在中国有不少自由主义或者自称自由主义者将市场经济想象为完美的乌托邦,并以国家、市场二元对立的框架来论述二者的关系。

波兰尼认为,没有干预的、自我控制的自由市场社会乃是一个神话或者乌托邦,但是这种批判是在市场经济范围内进行的。如果把这种反市场称之为一种反向运动的话,那么这种反向运动是在市场经济环境下出现的反向运动,而不是说离开市场经济制度的反向运动。① 因此,先是简单地把资本主义直接等同于市场经济,从而试图在社会主义社会发展中硬性取消市场经济,这明显是泼洗脚水而把婴儿也一起倒掉的做法。如果说这种做法实不可取的话,那么 80 年代关于市场经济是姓"资"姓"社"的大讨论便成为不攻自破的伪问题了。就实质而言,国家对市场的干预并非要取代市场的地位,"而是以市场对资源的配置为基础,改变市场失衡的条件,引导市场走向均衡发展"②。然而,在往昔的计划经济体制下,膨胀的国家观念吞并了市场的逻辑;在当今的市场经济改革中,又有人误认为实行市场经济,就可以不需要政府。前者可以称之为政治全能的"国家的神话",后者则近乎为无政府主义的"市场乌托邦"了。③

把握到这一点,那么确立与完善市场经济的重要性便凸显出来,这种重要性乃是对培育市民社会来说的。随着改革开放的逐步展开和市场经济体制的逐步确立,一股市民社会研究热潮在学界兴起了,它甚至成为分析中国社会转型的一个新范式,这是因为其关涉当代中国社会发展

---

① [英] 卡尔·波兰尼:《大转型:我们时代的政治和经济起源》,冯钢、刘阳译,浙江人民出版社 2007 年版。还可参见王绍光《波兰尼的〈大转型〉与中国大转型》,生活·读书·新知三联书店 2012 年版,第 64—65 页。

② 华民等:《不均衡的经济与国家:国家干预经济的目的和方法》,上海远东出版社 1998年版,第 119 页。

③ 刘军宁等编:《市场逻辑与国家观念》,生活·读书·新知三联书店 1995 年版,第 1 页。

与中国现代性建构的诸多理论和实践难题。进而言之，中国经济改革进入建立市场经济新阶段，这使得资源分配、社会分化、政府职能转变、社会整合等问题的提出和研究有了现实可能性。这一经验层面发展的关键在于"国家与社会的良性互动如何可能"这一全新问题的提出，其深层意蕴之一在于个体自我的觉醒。正是基于此，建构中国的市民社会才被提上议事日程。在马克思（和恩格斯）视野中，市民社会有狭义和广义之分：如果说狭义的市民社会是西方特别是西欧所孕育和产生的资产阶级社会，那么广义的市民社会则"始终标志着直接从生产和交往中发展起来的社会组织"①。马克思甚至在1846年底写给安年科夫的信中如此说：

"在生产、交换和消费发展的一定阶段上，就会有相应的社会制度、相应的家庭、等级或阶级组织，一句话，就会有相应的市民社会。有一定的市民社会，就会有不过是市民社会的正式表现的相应的政治国家。"②

具体言之，市民社会的基本组成是这样的：以市场经济作为基础，以契约关系作为中轴，以尊重和保护社会成员基本权利和自由作为前提。就西方市民社会的历史沿革来说，一部市民社会史就是人类追求自身的自由本质、主体价值，以自觉地实现自己的社会解放，并最终求得全面发展的历史。就市场经济与市民社会的关系而言，市场经济是市民社会的基础，而市民社会的培育有助于市场经济的完善。不仅如此，市场经济和市民社会都以个体自我的觉醒为前提，这表现为人由作为群体主体转向作为个体主体而存在。而反过来，个体主体的生成促进市场经济的完善和市民社会的建构。③

葛兰西曾言："每个国家都是伦理的，因为它的最重要的职能之一是

---

① 《马克思恩格斯选集》第1卷，人民出版社1995年版，第131页。
② 《马克思恩格斯选集》第4卷，人民出版社1995年版，第532页。
③ 刘放桐：《市场经济、"市民社会"、个体主体和现代化》，《河北学刊》1997年第1期。还可参见袁祖社《权力与自由——市民社会的人学考察》，中国社会科学出版社2003年版，第10、277页。

把广大居民群众提高到符合生产力发展需要从而符合统治阶级利益的一定的文化和道德水平（或型式）。"① 毋庸讳言，中国尤其如此。从国家与社会关系这条主线看，中国从传统农业社会向现代工业社会的转型之所以显得困难重重、步履维艰，首先便在于缺乏一个国家之外的相对独立的社会。社会始终笼罩在国家的阴影之下，没有发展出自己的独立形态。这种"国家强于社会"的模式正是维持中华帝国延续两千余年而没有发生基本改变的症结所在。不仅如此，在西方中国研究学界看来，"国家对社会的强力控制"仍然是改革开放之前中国的主要特征，这实质上是对"国家强于社会"模式的沿袭。在费正清与赖肖尔看来，中国近代史的进程完全是由西方的挑战所决定的；中国对西方挑战的回应之所以如此迟缓，则主要是"因为中国社会幅员如此辽阔，组织如此牢固，以致无法迅速地转变成西方的组织模式"②。从传统而言，作为中国关于"国家—社会"关系的经典表述，"民间—官府"模式向来就隐含着官府蹂躏民间、民间反抗官府的紧张关系。在甘阳看来，这导致"中国的'民间'百姓几乎根本就不相信社会与国家（所谓民间与官府）之间可能建立一种良性的互动关系"③。

从社会现实层面而言，1949年后的中国是一个整体主义色彩较重的社会。"虽然中国共产党体制下的国家是一个现代组织形式，但它所驾驭的是一个顽固的前现代社会"。这就使得一方面"国家深受传统中国社会的影响"，另一方面"社会亦被国家所改造"。④ 如此一来，不难理解以下这一事实：与许多人在90年代早期的愿望相违，中国消费者协会并没有发展成为一股市民社会的力量。相反，通过各种政府机构的努力它被纳入到国家体制中，成为诸多 GONGO（政府资助的非政府组织，一

---

① ［意］安东尼奥·葛兰西：《狱中札记》，葆煦译，人民出版社1983年版，第217页。
② ［美］费正清、［美］赖肖尔主编：《中国：传统与变革》，陈仲丹、潘兴明、庞朝阳译，江苏人民出版社1992年版，第314页。
③ 甘阳：《民间社会概念批判》，载《国家与社会》，张静主编，浙江人民出版社1998年版，第34页。
④ ［美］赵文词：《五代美国学者对中国国家与社会关系的研究》，载《改革开放与中国社会》，涂肇庆、林益民主编，牛津大学出版社1999年版，第45—46、47页。

个特有的中文术语)之一。① 确实,20世纪90年代以来市民社会的概念一度被广泛采纳,但是不久之后它就失去吸引力,其中的主要原因在于中国社会的发展并不符合西方对市民社会的流行见解。

关于当代中国是否出现了市民社会的问题,学界众说纷纭。在俞可平看来,"个人自由活动的空间已经明显增大,政治国家与市民社会之间的界限正在变得明晰起来,一个相对独立的市民社会正在中国逐渐显形"②。而邓正来认为,市民社会虽然在中国并未成熟,但已初露端倪乃是不争的事实。③ 因此,不难得出结论:一方面,在当代中国,完善市场经济以促进市民社会建构是任重而道远的;另一方面,只有冲破那些阻碍市场经济发展和完善的桎梏,为市民社会的建构打下坚实基础,才能进一步期待国家与社会的良性互动。

(三)通过体制改革迈向政治现代性

诚如在第一章的分析,在马克思那里,市民社会乃是政治国家的基础,这无疑决定了国家权力行使的目的和方向。如果市民社会具有目的性质,那么政治国家则体现为手段的性质。换句话说,国家政府的行为必须服务于市民社会的利益。因此,国家原则上并不能任意渗透市民社会。不仅如此,"政治制度本身只有在各私人领域达到独立存在的地方才能发展起来。在商业和地产还不自由、还没有达到独立的地方,也就不会有政治制度"④。所谓政治制度当然指的是现代政治制度。这一制度

---

① [美]阎云翔:《中国社会的个体化》,陆洋等译,上海译文出版社2012年版,第26页。
② 俞可平列举了几个实例来说明这一点:(1)体制外经济的发展;(2)政府权力的下放和职能的转变;(3)私人利益得到承认和鼓励,产权概念开始明确;(4)个人的生活方式开始远离政治。参见俞可平《社会主义市民社会:一个新的研究课题》,《天津社会科学》1993年第4期。
③ 邓正来归纳了市民社会的如下特点:(1)以市场经济/私有产权,以及社会流动和分化为基础;(2)其内在联系不是传统的血缘关系,或指令性关系,而是契约性关系;(3)遵循法治原则;(4)高度自治;(5)存在公共领域;(6)内部正常的民主发展。参见邓正来《国家与社会——回顾中国市民社会研究》,载《国家与社会》,张静主编,浙江人民出版社1998年版,第278—279页。
④ 《马克思恩格斯全集》第3卷,人民出版社2002年版,第42页。

所体现的国家权力是市民社会通过多数同意的原则授予的,所以,人民有权监督国家权力的运行,并享有对国家权力的最高裁判权。

对于中国这样的发展中国家而言,需要将市民社会的培育与经济体制改革、政治体制改革相协调。市民社会与经济体制的关系我们在上一部分已经有所论述,在此我们重点关注市民社会与政治体制改革的关系。这里需要注意以下两点:其一,需要国家领导层进行理性的变革,主动放弃既得权力和利益,不断地改革作为公共权威的国家权力及其运作的制度体系;其二,需要社会公众进行理性的表达,积极争取正当的权利和自由,参与公共事务并影响国家决策,从而创造培育市民社会所需的各种经济社会条件。在此基础上,市民社会与政治国家才能形成良性的互动关系,从而为市场经济和民主政治的健康发展打下良好的基础。

值得一提的是,现代民主政治只有在成熟的市民社会的基础上才能真正建立起来。在马克思看来,只有在市民社会与政治国家分离的前提下,代议民主制才能产生和存在,市民社会中的实际不平等与政治国家中的形式平等方可并行不悖,"正如基督徒在天国是平等的,而在尘世则不平等一样,人民的单个成员在他们的政治世界的天国是平等的,而在社会的尘世存在中却不平等"[①]。相较马克思而言,巴林顿·摩尔则更多地强调市民社会成熟程度对民主政治的影响。通过比较英法资产阶级革命前市民社会的发展状况,他发现英国市民社会比法国市民社会较为成熟。原因在于,在商业化过程中英国传统贵族和农民消失殆尽,而在大革命前法国传统贵族和农民仍大量存在,这直接导致法国民主政治的发展比英国付出更为沉重的代价。[②] 关于这一点,亚洲某些新兴国家和地区也提供了参照:它们一般先是致力于市场经济发展,打下市民社会基础,然后推进民主政治发展。虽然其过程并不尽如人意,但并未付出太沉重的代价。相较而言,苏联、东欧的代价颇大,这是因为其政治变革之前的市民社会基础比较薄弱。

---

① 《马克思恩格斯全集》第 3 卷,人民出版社 2002 年版,第 100 页。
② 参见[美]巴林顿·摩尔《民主与专制的社会起源:现代世界形成过程中的地主与农民》,王茁、顾洁译,上海译文出版社 2013 年版,第二章。

市民社会对于政治国家的作用主要表现在如下两个方面：一方面，作为制衡国家的力量，市民社会旨在维护其独立自主性以拓展自由的空间，使自己免受政治国家的超常干预和侵犯；另一方面，通过培育多元利益社团，市民社会一旦发展到特定历史阶段，其各种社团便会以多种方式在政治上积极表达利益诉求。不管是要求独立自主性以拓展自由空间，还是积极表达利益诉求，都是建立民主政治的基本前提和强大动力。在此意义上，市民社会的积极培育无疑为民主政治奠定了坚实的社会基础。即使民主政治尚未确立，市民社会也可以通过各种非官方安排的渠道对国家的各种决策产生重大的影响，进而逼近民主决策的目标。[1] 正是基于以上理由，再加上长期以来小农经济的政治影响表现为行政权力支配社会，因此，中国要想实现民主政治，进一步培育市民社会就显得尤为关键。

市民社会对于民主政治的意义主要表现在如下几点[2]：首先，市民社会能消解民主的政治压力。在高度政治化的社会中，几乎所有的社会问题都是政治问题，这给政治系统施加了巨大压力。一旦推行民主政治，政治系统便可能濒临崩溃。而随着市民社会的发展，大量的政治事务转化为私人事务，大量的政治矛盾转化为私人矛盾。如此一来，民主政治的发展就要从容得多，其代价也小得多。其次，市民社会孕育民主的政治文化。不同的政治制度乃是不同的政治文化所孕育出来的。而政治文化往往体现为国民的政治觉悟。随着市场经济的发展，民主政治文化也应运而生。再次，市民社会构建民主的外围机制。市场经济的发展，促进社会利益的分化；一旦诸多分化的利益在市民社会内部难以实现，它们在政治上的表达就尤为必要。在此过程中，健康运行的市民社会往往积极地发展出非暴力的有序结构来支持群众的利益表达，使各种利益诉求有条不紊地进入政治系统。如此一来，市民社会与政治系统之间的良性互动便可以实现。

---

[1] 邓正来：《国家与社会：中国市民社会研究》，北京大学出版社2008年版，第13页。
[2] 储建国：《市场经济、市民社会和民主政治》，《武汉大学学报》（哲学社会科学版）1999年第1期。

需要注意的是，在政治系统中，民主与法治，不应该如人们常常习惯地表达的那样，是两个彼此外在、各自独立的范畴，而应是表里一体的"内外"关系：民主是一种"国体"，是一种政治文明的实质；法治是它的"政体"，是一种政治文明的形式。只有这样的结合，才能是真正彻底的民主和真正现代的法治。若不进入法治的状态，民主就只能是一个良好的愿望，始终停留在口号之上；不以民主为实质和灵魂，法治也可能走向反面，最终无法超越人治的藩篱。在此意义上，法治是一种文化样态。进而言之，"法治文化"是指实现了民主法治的社会中一种普遍的生活方式。①马长山认为，中国要真正走向民主法治，就必须重构国家与市民社会的关系，确立多元权力基础、公权力权威和良法之治，并实现依法治国和市民社会理性规则秩序的回应和契合。②然而，迫在眉睫的事情乃是在市场经济基础上培育市民社会，只有在此前提下才能进一步重构所谓国家与市民社会的关系。

在培育市民社会的过程中，经济改革无疑是最为基础的。相对于经济改革而言，政治改革的渐进之路颇为复杂，但二者的思路是相通的。当前，中国学界大体接受了"在市场经济基础上推进政治改革"这一思路。毋庸置疑，这涉及经济改革与政治改革的关系。亨廷顿认为："政治变革要求社会对国家的控制，而经济变革则要求减少国家对社会的控制。"一般来说，经济发展会促进民主化。值得注意的是，在那些已经达到中上经济发展水平的国家比较容易出现政治变革，那里的社会环境也较有利于政治竞争，因此，经济和社会环境对扩大政治竞争和参与较为有利。而经济变革更容易出现在那些经济发展水平较低的国家，因此，一个具有对民主化较为有利的经济环境的社会往往很可能具有使得经济改革更为困难的政治环境。反过来，一个有利于经济变革的政治条件的社会也很可能有对民主化不利的经济条件。因此，我们不难理解此一断言："威权政府可能比民主政府能够更好地推进经济改革。"在这方面，

---

① 李德顺：《走向民主法治：当代中国政治文明的价值体系初探》，法律出版社2011年版，前言，第1—2页。
② 参见马长山《国家、市民社会与法治》，商务印书馆2002年版。

苏联的教训尤为深刻，戈尔巴乔夫的高级顾问曾经对亨廷顿说："我们应该先集中权力推行经济体制改革，而把政治公开性先缓一缓。而事实上，我们却颠倒行事。现在，我们不再有权威来做该做的事了。"① 换句话说，威权政府最好在进行政治变革之前进行经济变革。

十一届三中全会之后，作为改革开放的伟大导师邓小平在总结历史经验时指出"要发展生产力，经济体制改革是必由之路"。及至1984年，他强调经济体制改革的基本原则是政企职责分开和简政放权。而关于经济体制改革和政治体制改革的关系，邓小平强调二者必须相互适应、相互依赖和相互配合。"只搞经济体制改革，不搞政治体制改革，经济体制改革也搞不通……我们所有的改革最终能不能成功，还是决定于政治体制的改革。"② 显而易见，作为一个总体性目标，邓小平视野中的改革包含着经济体制改革和政治体制改革。

在邓小平看来，政治体制改革是经济体制改革成功的必要条件，而该两种体制改革都跟我国的现代化事业紧密关联。"不改革政治体制，就不能保障经济体制改革的成果，不能使经济体制改革继续前进，就会阻碍生产力的发展，阻碍四个现代化的实现。"③ 需要指出的是，经济体制改革与政治体制改革毫无疑问是一个系统工程。对于经济体制改革与其所推进的政治体制改革而言，二者之间必须植入一个中介——市民社会。只有通过市民社会的中介，渐进式的政治体制改革才有可能。作为人类政治文明发展、进步的主要手段，政治体制改革是一个处于政治发展进程中的国家推动自身政治发展的基本途径。毋庸置疑，政治体制改革一直是我国迈向政治现代性即社会主义民主政治的主要手段和基本途径。

尽管如此，把社会主义跟民主政治结合起来一度是人们所讳言的。据笔者目力所及，最早在学术作品中提及把二者结合起来的中国学者是

---

① [美] S. 亨廷顿：《经济改革与政治改革》，载《市场逻辑与国家观念》，刘军宁等编，生活·读书·新知三联书店1995年版，第291、294、295、295—296页。
② 《邓小平文选》第3卷，人民出版社1993年版，第138、164页。
③ 《邓小平文选》第3卷，人民出版社1993年版，第176页。

金耀基,他早在1977年就在自己的著作中如此论述:"民主法治可以与资本主义结合,也可以与社会主义结合。唯资本主义与民主法治结合,才有完善资本主义之病象的可能;唯社会主义与民主政治结合,才有完善社会主义之可能。"不仅如此,他甚至强调政治现代性是中国现代性建构的重要内容,即"中国现代化必须包括政治的现代化——以民主法治为基底的政治体系"[①]。当然,长期以来我国讳言社会主义与民主政治的结合,其中一个重要原因乃是意识形态的冷战,另外一个原因是我国的德治传统使得我们对民主政治的理解没有达到下面这一高度:"西方民主政治的发展不是基于对道德之无限圆满性的追求,恰恰相反,它是基于对道德在现实生活中常常会感到无能这一事实的确认,是基于对人性的有限性方面、人性的负面价值的认识。"[②]

正是由于国家建设中的经验与教训,邓小平在痛定思痛后能够深入把握到如下这点:建设社会主义民主政治对于我国现代化事业具有重要而深远的意义。他说:"没有民主就没有社会主义,就没有社会主义的现代化。"[③] 换句话说,社会主义民主正是社会主义的本质要求和内在属性,这就要求我们在社会主义政治体制改革之中进一步扩大社会主义民主。具体地说,作为迈向政治现代性的根本指标,社会主义民主政治不仅要被理解为实现社会主义现代化的重要保证,而且要被把握为社会主义现代化建设的重要内容。需要注意的是,政治体制改革本身会引发社会的不稳定,因为它所涉及的人和事都很广泛,并且触及许多人的利益。[④] 中国政治体制改革的复杂性、艰巨性比经济体制改革更甚,如果政治体制改革的措施过于粗糙或急躁,就很可能造成社会的不稳定,甚至重蹈苏联的覆辙,严重影响社会主义事业的发展。因此,在迈向政治现代性的过程中,确保社会稳定尤为必要。

---

① 金耀基:《〈从传统到现代〉补篇》,法律出版社2010年版,第13页。
② 郑家栋:《断裂中的传统》,中国社会科学出版社2001年版,第11页。
③ 《邓小平文选》第2卷,人民出版社1994年版,第168页。
④ 参见《邓小平文选》第3卷,人民出版社1993年版,第176页。

结语　社会自我批判的缘起、进路及限度

在人类社会生活中，社会自我批判无论作为观念活动还是现实活动无疑都是存在的。只是自进入现代性社会以来，随着民族历史逐渐向世界历史过渡，社会自我批判便成为较为普遍的社会现象。然而，如此熟识的东西却不是真正知道的东西，黑格尔说得没错，"因为它是熟知的"[1]。确实，熟知非真知。这种熟知一旦被人捅破那层窗户纸，离真知便不远了。马克思正是捅破那层窗户纸的人。然而，当初人们环绕着"社会自我批判"，用改良与革命之争以及二者的话语之争来揭示它。毋庸讳言，揭示的另一面是遮蔽，尽管改良与革命已经揭示得够多。至少，如果基于社会群体的自主性来探究社会自我批判、社会自我超越以及社会自我完善的话，之前所常用的概念就显得有所乏力。

批判是思想家（或者学者）介入时代、社会乃至世界的最好姿态。马克思究其一生都葆有这样一种姿态，并发展着自己的批判思想。这一思想的语境就是现代性问题。可以说，现代性问题贯穿了马克思的批判思想，并成为这一思想的一条主线，即马克思的整个批判思想是对现代性社会的发现、批判和重构。现代性作为世界历史事件不断进行全球扩张，便成为诸民族国家的存在命运，随之而起的是这样的感叹："在历

---

[1]　[德]黑格尔：《精神现象学》上卷，贺麟、王玖兴译，商务印书馆1979年版，第22—23页。

史上没有任何一个时代像当前这样，人对自身这样地困惑不解。"① 因为在传统社会业已解体、现代性尚未完全确立的过渡时代，人如何在现代社会中安身立命乃是一个悬而未决且需要每一个个体去耐心求解的根本性社会问题。

马克思的思想无疑对我们思考该社会问题具有重要启示。因此，回到马克思的著作，进而深入挖掘那些隐而不彰或者只是留下一些路标的思想宝藏尤为必要。当然，沉入经典是为了进一步言说当下时代、社会乃至世界的正当性与合理性。正是在此意义上，社会自我批判作为一种观念活动无疑是一种"武器的批判"，它引导、促发并矫正现实形态的社会自我批判（即"批判的武器"）。弗耶利曾说，观念是"我们感觉和冲动所呈现的知觉形式；每个观念不仅涵盖一种智力行为，而且涵盖知觉和意志的某种特定的方向。因此，对于社会亦如对于个体一样，每个观念均为一种力量，这种力量愈加趋向与实现其自身的目的"②。可见，观念参与对社会生活的形塑。如果对于现实的社会生活而言，物质与精神的利益直接支配着人们的行为，那么观念往往决定了这些行为到底被利益推向何方。

社会自我批判作为观念活动，通过自觉的有机形式和自发的无机形式的共同作用，集中表现为意识形态和社会心理的张力。不仅如此，社会自我批判的作用机制是一个"上下来去"的循环路线。这就决定了社会自我批判的公共性旨趣，即它本身既不满足于社会群体中个人的一己之私，它指向社会秩序，也不满足于社会整体的多数愿望，它保护沉默的少数尤其是个人。如果社会自我批判直面的是社会问题，那么必须指出，"个人与社会的关系是一切社会问题的根源"③。

就现代社会而言，它包括政治社会（即一般意义上的国家，或者政

---

① ［德］马克斯·舍勒：《人在宇宙中的地位》，李伯杰译，贵州人民出版社1989年版，第2页。
② 转引自［英］约翰·伯瑞《进步的观念》，范祥涛译，上海三联书店2005年版，第1页。
③ ［英］鲍桑葵：《关于国家的哲学理论》，汪淑钧译，商务印书馆1995年版，第78页。

治国家）与市民社会（即一般意义上的社会，或者经济社会）。因此，个人与社会的关系就细化、甚至复杂化为个人、社会与国家的关系。马克思看到了个人、社会与国家的复杂关系，进而揭示出"人的本质乃是一切社会关系的总和"这一历史唯物主义观念。通过对黑格尔的市民社会批判和对古典政治经济学的研究，马克思在社会自我批判方面强调用社会主义进路代替整体主义进路和个人主义进路。这一进路明确反对狭隘的民族国家本位论和片面的原子个人假设，而主张基于关系中的个人的社会本位论。

　　社会自我批判的作用绝不止于解释世界，关键在于改变世界。因此，发掘马克思的社会自我批判思想，乃是为了揭示其深厚的历史意蕴和当代意义。进而言之，社会自我批判在中国现代性建构的过程中并不满足于停留在理论话语层面，而是期望作为一种批判性、建设性力量参与其中并得到落实。原因在于，作为中国现代性建构的重要组成部分，社会主义改革本身是当代中国的社会自我批判（即现实形态的社会自我批判）。① 毫无疑问，作为贯穿于中国现代性建构全过程的总体性任务，社会主义改革一方面具有突破原有的社会束缚、形成崭新社会结构的建设性，另一方面具有可能爆发新的社会冲突、冲击固有社会秩序的破坏性。因此，在变革社会中采用何种整合机制，既能减弱改革所带来的破坏性，又能增强改革所带来的建设性，无疑将成为当代中国的社会自我批判的重要课题。

　　对于当代中国的社会自我批判即社会主义改革，我们还必须认识到，社会自我批判有其自身的限度。这种限度绝不只是理论话语的一般限度——往往流于社会民众的街谈巷议或者权威机构的方针政策，更别说学院内知识分子口中笔下的概念术语——而是说，社会自我批判往往因为一些良善心灵的道德义愤而过于急切地希望现实的改革能够一蹴而就。这种希望无疑是美好的，但是必须谨慎对待。应该注意的是，共产主义

---

① 参见陈新汉《自我评价论》，上海人民出版社2011年版，第440—447页。

这一社会理想更不是一蹴而就的,其实现要经过极其漫长的历史过程。至于未来社会的事情具体如何发展,应该由未来的社会实践去回答。因此,马克思如此说:"共产主义对我们来说不是应当确立的状况,不是现实应当与之相适应的理想。我们所称为共产主义的是那种消灭现存状况的现实的运动。"①

马克思曾经为了探究心中的问题,屡次从政治舞台退回到书斋。而退回到书斋,是为了思入社会深处,发现问题的隐秘核心。正是基于此,系统发掘在马克思文本中内蕴着的社会自我批判思想,一方面需要我们在当代社会生活的基础上去理解和消化它,另一方面需要我们从它出发实际地领会和接触当代社会的发展实质和问题核心。原因在于,不仅我们正在进行的社会主义社会的伟大建设是以马克思主义为指导的,而且人类的当代命运与马克思主义保持着内在的联系。这既不只是德里达②、伊格尔顿③等人告诉我们的,也不只是我们从现实的社会生活中把握到的,更是马克思主义本身包含着的综合理解当下生活的实践原理和超越现实世界的行动纲领的品质所在。

如何从社会自我批判的观念去把握当代社会生活的剧烈变动,这是我们努力去发掘马克思批判思想的主要问题意识。必须明确的是,马克思主义既不是一个业已完成的封闭体系,被生搬硬套以供我们剪裁现实,也不是凝固起来的思想实体,被束之高阁以供我们观瞻或者膜拜。马克思主义如果不满足于政党学说且想求得向现实发言的权利的话,必须实际地参与当代的社会生活并活跃于其中,进而在社会生活的展开中自我揭示和确证。毋庸置疑,这很大程度上是马克思主义研究者的使命所在。作为一种研究的展望,社会自我批判的公共哲学意蕴或者政治哲学意蕴

---

① 《马克思恩格斯选集》第 1 卷,人民出版社 1995 年版,第 87 页。
② [法] 雅克·德里达:《马克思的幽灵——债务国家、悼念活动与新国际》,何一译,中国人民大学出版社 2008 年版。
③ [英] 特里·伊格尔顿:《为什么马克思是对的》,李扬、任文科、郑义译,新星出版社 2011 年版。

是值得、也需要努力发掘的。① 对于此点，我们在论述中已经有所碰触。尽管如此，本研究在一定意义上只是起到一个清扫地基的作用，这绝非谦虚。因此，这就给我们以后的研究提供了据以前行的目标、使命和动力。

---

① 社会自我批判所直面的核心问题是个人与社会的关系问题，显然是公共性问题。从哲学来谈论公共性问题，可称之为公共哲学（即政治哲学）。万俊人认为，"我们为何需要政治哲学"这个问题之所以如此重要，"主要是因为它本身涉及一个需要我们特别关注和思考的'现代性'问题，即当代德国著名哲学家和社会批评理论的杰出代表哈贝马斯所谓的'现代社会结构的公共转型'问题，用政治哲学的话语来说，也就是阿伦特所说的'复兴政治的公共性'问题"（万俊人：《我们为何需要政治哲学》，载《公共哲学：政治中的道德问题》，[美] 迈克尔·桑德尔著，朱华东、陈文娟、朱慧玲译，中国人民大学出版社 2013 年版，总序，第 8 页）。无独有偶，赵汀阳认为，政治哲学是当今时代的第一哲学（赵汀阳：《坏世界研究：作为第一哲学的政治哲学》，中国人民大学出版社 2009 年版）。然而，作为马克思主义研究者，张文喜不留情面地如此说："面对持续的现代性危机，当今中国的政治哲学的反应敷衍塞责。"（张文喜：《政治哲学为什么重要？》，《山东社会科学》2013 年第 8 期）显然，这种敷衍塞责的祛除迫切需要马克思主义政治哲学的挺身而出。因此，马克思主义政治哲学的发掘尤为关键。令人欣慰的是，近些年来这方面也取得了可喜的成果（如赵剑英、陈宴清主编《马克思主义政治哲学：阐释与创新》，社会科学文献出版社 2007 年版；韩雪冬《马克思主义政治哲学诸范畴初探》，吉林出版集团有限责任公司 2007 年版；张文喜《历史唯物主义的政治哲学向度》，江苏人民出版社 2008 年版；臧峰宇《马克思政治哲学引论：以人学视角的当代解读》，中央编译出版社 2009 年版；赵成斐《政党政治与政治现代性：基于马克思主义政治哲学视野的研究》，中央编译出版社 2010 年版；孟锐峰《马克思政治哲学对自由主义的超越》，南开大学出版社 2013 年版）。但相较而言，这些研究作为在中国政治哲学界的"发声"只是所谓"执拗的低音"，与马克思主义在中国的地位很不相称。因此，基于社会自我批判视角的政治哲学研究，必将大有可为。

主要参考文献[*]

一 经典著作

《马克思恩格斯选集》第1—4卷,人民出版社1995年版。
《马克思恩格斯全集》第1卷,人民出版社1995年版。
《马克思恩格斯全集》第3卷,人民出版社2002年版。
《马克思恩格斯全集》第30卷,人民出版社1995年版。
《马克思恩格斯全集》第31卷,人民出版社1998年版。
《马克思恩格斯全集》第47卷,人民出版社2004年版。
《马克思恩格斯全集》第2卷,人民出版社1957年版。
《马克思恩格斯全集》第3卷,人民出版社1960年版。
《马克思恩格斯全集》第4卷,人民出版社1958年版。
《马克思恩格斯全集》第46卷(上),人民出版社1979年版。
《马克思恩格斯全集》第46卷(下),人民出版社1980年版。
《列宁选集》第1—4卷,人民出版社1995年版。
《毛泽东选集》第1—4卷,人民出版社1991年版。
《邓小平文选》第1、2卷,人民出版社1994年版。
《邓小平文选》第3卷,人民出版社1993年版。

---

* 毋庸置疑,要为本人所读的文本开一个清单并不是容易的事情,因为大量著作或隐或现地对本人的思考有所恩惠。"参考文献"固然是为了展示对本研究有所助益的论著,但挂一漏万是难以避免的。因此,对于本研究来说,之所以称之为"主要参考文献"是因为一方面在于展示那些影响本人运思的主要论著,另一方面在于提醒读者本人的展示仍有一些疏漏。这些"疏漏"或者在前文注释中出现,在此处却没有"现身",或者既没在前文中出现,也没在此"露脸"。尽管如此,它们对本人而言并非不重要,而是具有相当的分量。

二 中文专著

陈嘉明等：《现代性与后现代性》，人民出版社2001年版。

陈先达：《走向历史的深处》，中国人民大学出版社2016年版。

陈先达等：《被肢解的马克思》，中国人民大学出版社2016年版。

陈新汉：《民众评价论》，上海人民出版社2004年版。

陈新汉：《评价论导论——认识论的一个新领域》，上海社会科学院出版社1995年版。

陈新汉：《权威评价论》，上海人民出版社2006年版。

陈新汉：《社会评价论——社会群体为主体的评价活动思考》，上海社会科学院出版社1997年版。

陈新汉：《自我评价论》，上海人民出版社2011年版。

成伯清：《走出现代性：当代西方社会学理论的重新定向》，社会科学文献出版社2006年版。

邓晓芒：《思想的张力——黑格尔辩证法新探》，商务印书馆2008年版。

邓晓芒：《新批判主义》，北京大学出版社2008年版。

邓正来：《国家与社会：中国市民社会研究》，北京大学出版社2008年版。

邓正来、亚历山大编：《国家与市民社会：一种社会理论的研究路径》，上海人民出版社2006年版。

邓正来编：《国家与市民社会：中国视角》，格致出版社、上海人民出版社2011年版。

段忠桥：《重释历史唯物主义》，江苏人民出版社2009年版。

费孝通：《乡土中国》，上海人民出版社2007年版。

丰子义：《现代化的理论基础》，北京大学出版社1995年版。

丰子义：《走向现实的社会历史哲学——马克思社会历史理论的当代价值》，武汉大学出版社2010年版。

冯平：《评价论》，东方出版社1997年版。

甘阳：《古今中西之争》，生活·读书·新知三联书店2006年版。

高全喜：《自我意识论》，学林出版社 1990 年版。

高瑞泉：《中国现代精神传统——中国现代性观念谱系》，上海古籍出版社 2005 年版。

高瑞泉等：《转折时期的精神转折——"新时期"以来中国社会思潮及其走向》，上海古籍出版社 2008 年版。

高兆明：《黑格尔〈法哲学原理〉导读》，商务印书馆 2010 年版。

高兆明：《心灵秩序与生活秩序：黑格尔〈法哲学原理〉释义》，商务印书馆 2014 年版。

郭湛：《主体性哲学》，云南人民出版社 2002 年版。

郭湛编：《社会公共性研究》，人民出版社 2009 年版。

贺来：《"主体性"的当代哲学视域》，北京师范大学出版社 2013 年版。

贺来：《辩证法的生存论基础：马克思辩证法的当代阐释》，中国人民大学出版社 2004 年版。

贺来：《有尊严的幸福生活何以可能》，中国社会科学出版社 2013 年版。

贺照田编：《后发展国家的现代性问题》（上、下），吉林人民出版社 2011 年版。

贺照田编：《西方现代性的曲折与展开》（上、下），吉林人民出版社 2011 年版。

胡大平：《回到恩格斯》，江苏人民出版社 2009 年版。

胡建：《现代性价值的近代追索——中国近代的现代化思想史》，上海人民出版社 2008 年版。

贾英健：《公共性视域：马克思哲学的当代阐释》，人民出版社 2009 年版。

蒋红：《马克思市民社会理论研究》，人民出版社 2007 年版。

金观涛：《探索现代社会的起源》，社会科学文献出版社 2010 年版。

金观涛、刘青峰：《中国现代思想的起源》，法律出版社 2011 年版。

金耀基：《〈从传统到现代〉补篇》，法律出版社 2010 年版。

金耀基：《从传统到现代》，法律出版社 2010 年版。

瞿同祖：《中国法律与中国社会》，商务印书馆 2010 年版。

雷颐：《面对现代性挑战：清王朝的应对》，社会科学文献出版社 2011 年版。

李德顺：《价值论（第 3 版）》，中国人民大学出版社 2013 年版。

李德顺：《与改革同行：中国特色社会主义的哲学理路之思》，黑龙江教育出版社 2008 年版。

李德顺：《走向民主法治：当代中国政治文明的价值体系初探》，法律出版社 2011 年版。

李秀林等：《中国现代化的哲学探讨》，人民出版社 1990 年版。

李泽厚：《中国古代思想史论》，生活·读书·新知三联书店 2008 年版。

李泽厚：《中国近代思想史论》，生活·读书·新知三联书店 2008 年版。

李泽厚：《中国现代思想史论》，生活·读书·新知三联书店 2008 年版。

林毓生：《中国传统的创造性转化》，生活·读书·新知三联书店 2011 年版。

《刘奔文集》，中国社会科学出版社 2008 年版。

刘森林：《辩证法的社会空间》，吉林人民出版社 2006 年版。

刘森林：《物与无：物化逻辑与虚无主义》，江苏人民出版社 2013 年版。

刘小枫：《现代性社会理论绪论——现代性与现代中国》，上海三联书店 1998 年版。

罗骞：《论马克思的现代性批判及其当代意义》，上海人民出版社 2007 年版。

罗荣渠：《现代化新论——世界与中国的现代化进程》，商务印书馆 2004 年版。

罗荣渠编：《从西化到现代化》（上、中、下），黄山书社 2008 年版。

马长山：《国家、市民社会与法治》，商务印书馆 2002 年版。

马俊峰：《马克思社会共同体理论研究》，中国社会科学出版社 2011 年版。

倪梁康：《自识与反思》，商务印书馆 2002 年版。

欧阳康：《社会认识论》，云南人民出版社 2002 年版。

欧阳康：《社会认识论导论》，中国社会科学出版社 2010 年版。

钱穆：《中国历代政治得失》，生活·读书·新知三联书店 2012 年版。

钱永祥：《纵欲与虚无之上：现代情境里的政治伦理》，生活·读书·新知三联书店 2002 年版。

秦晖：《变革之道》，郑州大学出版社 2007 年版。

秦晖：《共同的底线》，江苏文艺出版社 2013 年版。

秦晓：《当代中国问题：现代化还是现代性》，社会科学文献出版社 2009 年版。

秦晓：《追问中国的现代性方案》，社会科学文献出版社 2010 年版。

任剑涛：《中国现代思想脉络中的自由主义》，北京大学出版社 2004 年版。

佘碧平：《现代性的意义与局限》，上海三联书店 2000 年版。

石元康：《从中国文化到现代性：典范转化?》，生活·读书·新知三联书店 2000 年版。

苏国勋：《理性化及其限制》，上海人民出版社 1988 年版。

孙伯鍨：《历史、实践与社会》，江苏人民出版社 2013 年版。

孙承叔：《真正的马克思》，人民出版社 2009 年版。

孙正聿：《哲学通论》，复旦大学出版社 2012 年版。

唐昆雄：《全球语境下的"民族国家悖论"研究》，贵州科技出版社 2007 年版。

唐正东：《从斯密到马克思：经济哲学方法的历史性阐释》，江苏人民出版社 2009 年版。

唐正东：《资本的附魅及其哲学解构》，江苏人民出版社 2013 年版。

万俊人：《现代性的伦理话语》，黑龙江人民出版社 2002 年版。

汪晖：《别求新生：汪晖访谈录》，北京大学出版社 2010 年版。

汪晖：《去政治化的政治：短 20 世纪的终结与 90 年代》，生活·读书·新知三联书店 2008 年版。

汪晖：《现代中国思想的兴起》（上下卷共四部），生活·读书·新知三联书店 2008 年版。

汪晖、陈燕谷编：《文化与公共性》，生活·读书·新知三联书店 2005 年版。

汪民安：《现代性》，南京大学出版社2012年版。

汪民安、陈永国、张云鹏主编：《现代性：基本读本》（上、下），河南大学出版社2005年版。

《汪信砚论文选》，中华书局2009年版。

汪行福：《现代社会秩序的道义逻辑：对中国改革价值取向的思考》，复旦大学出版社2013年版。

王浩斌：《市民社会的乌托邦》，江苏人民出版社2011年版。

王金林：《世界历史意义的本质道说——从海德格尔的解读看马克思哲学的当代性》，上海教育出版社2002年版。

王南湜：《社会哲学：现代实践哲学视野中的社会生活》，云南人民出版社2001年版。

王小章：《经典社会理论与现代性》，社会科学文献出版社2006年版。

吴励生：《思想中国：现代性民族国家重构的前沿问题》，商务印书馆2011年版。

吴晓明：《思入时代的深处：马克思哲学与当代世界》，北京师范大学出版社2006年版。

吴晓明：《形而上学的没落：马克思与费尔巴哈关系的哲学解读》，人民出版社2006年版。

吴晓明：《哲学之思与社会现实：马克思主义哲学的当代意义》，武汉大学出版社2010年版。

吴晓明编：《当代学者视野中的马克思主义哲学：西方学者卷》（上、下），北京师范大学出版社2008年版。

吴晓明、王德峰：《马克思的哲学革命及其当代意义》，人民出版社2005年版。

吴晓明、邹诗鹏：《全球化背景下的现代性问题》，重庆出版社2009年版。

吴增定：《利维坦的道德困境：早期现代政治哲学的问题与脉络》，生活·读书·新知三联书店2012年版。

萧功秦：《超越左右激进主义——走出中国转型的困局》，浙江大学出版社 2012 年版。

萧功秦：《儒家文化的困境——近代士大夫与中西文化的碰撞》，广西师范大学出版社 2006 年版。

萧功秦：《危机中的变革——清末现代化进程中的激进与保守》，上海三联书店 2000 年版。

萧功秦：《中国的大转型——从发展政治学看中国的变革》，新星出版社 2008 年版。

徐长福：《理论思维与工程思维》，重庆出版社 2013 年版。

许纪霖：《当代中国的启蒙与反启蒙》，社会科学文献出版社 2011 年版。

许纪霖：《启蒙如何起死回生：现代中国知识分子的思想困境》，北京大学出版社 2011 年版。

许纪霖、陈达凯编：《中国的现代化史：1800—1949》，学林出版社 2006 年版。

严耕望：《治史三书》，上海人民出版社 2016 年版。

严耕望：《中国政治制度史纲》，上海古籍出版社 2017 年版。

杨耕：《东方的崛起：关于中国式现代化的哲学反思》，北京师范大学出版社 2009 年版。

杨耕：《为马克思辩护：对马克思哲学的一种新解读》，黑龙江人民出版社 2002 年版。

杨善华、谢立中主编：《西方社会学理论》，北京大学出版社 2005 年版。

衣俊卿：《现代性的维度》，黑龙江大学出版社 2011 年版。

应星、李猛编：《社会理论：现代性与本土化》，生活·读书·新知三联书店 2012 年版。

于海：《西方社会思想史》，复旦大学出版社 2010 年版。

俞吾金：《被遮蔽的马克思》，人民出版社 2012 年版。

俞吾金：《实践诠释学：重新解读马克思哲学与一般哲学理论》，云南人民出版社 2001 年版。

俞吾金：《意识形态论（修订版）》，人民出版社 2009 年版。

俞吾金：《重新理解马克思——对马克思哲学的基础理论和当代意义的反

思》，北京师范大学出版社 2013 年版。

俞吾金等：《现代性现象学》，上海社会科学院出版社 2002 年版。

郁建兴：《马克思的国家理论与现时代》，东方出版中心 2007 年版。

袁祖社：《权力与自由：市民社会的人学考察》，中国社会科学出版社 2003 年版。

张盾：《马克思的六个经典问题》，中国社会科学出版社 2009 年版。

张凤阳：《现代性的谱系》，江苏人民出版社 2012 年版。

张汝伦：《政治世界的思想者》，复旦大学出版社 2009 年版。

张世英：《自我实现的历程》，山东人民出版社 2001 年版。

张曙光：《现代性论域及其中国话语》，武汉大学出版社 2010 年版。

张文喜：《历史唯物主义的政治哲学向度》，江苏人民出版社 2008 年版。

张文喜：《重建历史唯物主义历史总体观》，中国人民大学出版社 2013 年版。

张祥龙：《海德格尔思想与中国天道：终极视域的开启与交融》，生活·读书·新知三联书店 2007 年版。

张一兵：《回到马克思》，江苏人民出版社 2009 年版。

张一兵：《马克思历史辩证法的主体向度》，武汉大学出版社 2010 年版。

张一兵编：《资本主义理解史》（六卷），江苏人民出版社 2009 年版。

张志扬：《现代性理论的检测与防御》，社会科学文献出版社 2000 年版。

赵成斐：《政党政治与政治现代性》，中央编译出版社 2010 年版。

赵鼎新：《社会与政治运动讲义》，社会科学文献出版社 2012 年版。

赵剑英、庞元正编：《马克思哲学与中国现代性建构》，社会科学文献出版社 2006 年版。

赵汀阳：《每个人的政治》，社会科学文献出版社 2010 年版。

赵泳：《社会自我意识》，陕西人民出版社 1998 年版。

朱学勤：《道德理想国的覆灭：从卢梭到罗伯斯庇尔》，上海三联书店 2003 年版。

资中筠：《启蒙与中国社会转型》，社会科学文献出版社 2011 年版。

邹诗鹏：《激进政治的兴起：马克思早期政治与法哲学批判手稿的当代

解读》，复旦大学出版社2013年版。

邹诗鹏：《生存论研究》，上海人民出版社2005年版。

三 中文译著

包亚明编：《后现代性与公正游戏——利奥塔访谈、书信录》，谈瀛洲译，上海人民出版社1997年版。

包亚明主编：《现代性的地平线——哈贝马斯访谈录》，李东安、段怀清译，上海人民出版社1997年版。

曹卫东编选：《霍克海默集：文明批判》，渠东、付德根等译，上海远东出版社2004年版。

［澳］安德鲁·文森特：《现代政治意识形态》，袁久红等译，江苏人民出版社2005年版。

［德］阿尔布莱希特·韦尔默：《后形而上学现代性》，应奇、罗亚玲编译，上海译文出版社2007年版。

［德］阿尔布莱希特·维尔默：《论现代和后现代的辩证法：遵循阿多诺的理性批判》，钦文译，商务印书馆2003年版。

［德］彼得·毕尔格：《主体的退隐》，陈良梅、夏清译，南京大学出版社2004年版。

［德］恩斯特·卡西尔：《人论》，甘阳译，西苑出版社2004年版。

［德］斐迪南·滕尼斯：《共同体与社会》，林荣远译，北京大学出版社2010年版。

［德］弗·梅林：《马克思传》，樊集译，生活·读书·新知三联书店1965年版。

［德］汉斯-格奥尔格·伽达默尔：《哲学解释学》，夏镇平等译，上海译文出版社2004年版。

［德］汉斯-格奥尔格·伽达默尔：《真理与方法》，洪汉鼎译，商务印书馆2010年版。

［德］黑格尔：《法哲学原理》，范扬、张企泰译，商务印书馆1961年版。

［德］黑格尔：《精神现象学》（上、下），贺麟、王玖兴译，商务印书

馆 1979 年版。

［德］黑格尔：《历史哲学》，王造时译，上海书店出版社 2006 年版。

［德］黑格尔：《小逻辑》，贺麟译，商务印书馆 1980 年版。

［德］亨利希·库诺；《马克思的历史、社会和国家学说——马克思的社会学的基本要点》，袁志英译，上海人民出版社 2006 年版。

［德］卡尔·洛维特：《从黑格尔到尼采》，李秋零译，生活·读书·新知三联书店 2006 年版。

［德］卡尔·洛维特：《世界历史与救赎历史》，李秋零、田薇译，上海人民出版社 2006 年版。

［德］卡尔·曼海姆：《卡尔·曼海姆精粹》，徐彬译，南京大学出版社 2005 年版。

［德］卡尔·曼海姆：《意识形态与乌托邦》，黎鸣、李书崇译，上海三联书店 2011 年版。

［德］卡尔·曼海姆：《重建时代的人与社会：现代社会结构研究》，张旅平译，译林出版社 2011 年版。

［德］康德：《纯粹理性批判》，邓晓芒译，人民出版社 2004 年版。

［德］康德：《道德形而上学原理》，苗力田译，上海人民出版社 2005 年版。

［德］康德：《历史理性批判文集》，何兆武译，商务印书馆 1990 年版。

［德］康德：《实践理性批判》，韩水法译，商务印书馆 1999 年版。

［德］康德：《未来形而上学导论》，庞景仁译，商务印书馆 1978 年版。

［德］马丁·布伯：《我与你》，陈维纲译，生活·读书·新知三联书店 2002 年版。

［德］马丁·海德格尔：《存在与时间》，陈嘉映、王庆节译，生活·读书·新知三联书店 2006 年版。

［德］马丁·海德格尔：《海德格尔选集》（上、下），孙周兴选编，上海三联书店 1996 年版。

［德］马克斯·霍克海默、［德］西奥多·阿多尔诺：《启蒙辩证法》，渠敬东、曹卫东译，上海人民出版社 2006 年版。

［德］马克斯·舍勒：《资本主义的未来》，罗悌伦等译，生活·读书·新知三联书店1997年版。

［德］马克斯·韦伯：《社会科学方法论》，李秋零、田薇译，中国人民大学出版社1999年版。

［德］马克斯·韦伯：《新教伦理与资本主义精神》，简惠美、康乐译，广西师范大学出版社2010年版。

［德］马克斯·韦伯：《中国的宗教：儒教与道教》，康乐、简惠美译，广西师范大学出版社2010年版。

［德］尼采：《论道德的谱系·善恶的彼岸》，谢地坤等译，漓江出版社2007年版。

［德］尼采：《权力意志》（上、下），孙周兴译，商务印书馆2007年版。

［德］诺伯特·埃利亚斯：《个体的社会》，翟三江、陆兴华译，译林出版社2008年版。

［德］诺伯特·埃利亚斯：《文明的进程》（上、下），王佩莉译，生活·读书·新知三联书店1998年版。

［德］齐美尔：《社会是如何可能的：齐美尔社会学文选》，林荣远编译，广西师范大学出版社2002年版。

［德］瓦尔特·本雅明：《启迪：本雅明文选》，汉娜·阿伦特编，张旭东、王斑译，生活·读书·新知三联书店2012年版。

［德］沃尔夫冈·豪格：《十三个尝试——对马克思主义思想的再阐释》，朱毅译，东方出版社2008年版。

［德］沃尔夫冈·韦尔施：《我们后现代的现代》，洪天富译，商务印书馆2004年版。

［德］乌尔里希·贝克、［德］伊丽莎白·贝克－格恩斯海姆：《个体化》，李荣山、范譞、张惠强译，北京大学出版社2011年版。

［德］尤尔根·哈贝马斯：《公共领域的结构转型》，曹卫东等译，学林出版社1999年版。

［德］尤尔根·哈贝马斯：《交往行为理论》（第一、二卷），曹卫东译，上海人民出版社2004年版。

［德］尤尔根·哈贝马斯：《重建历史唯物主义》，郭官义译，社会科学文献出版社 2000 年版。

［德］于尔根·哈贝马斯：《现代性的哲学话语》，曹卫东译，译林出版社 2011 年版。

［法］布鲁诺·拉图尔：《我们从未现代过》，刘鹏、安涅思译，苏州大学出版社 2010 年版。

［法］费尔南·布罗代尔：《15 至 18 世纪的物质文明、经济和资本主义》，顾良译，生活·读书·新知三联书店 1993 年版。

［法］费尔南·布罗代尔：《资本主义的动力》，杨超译，生活·读书·新知三联书店 1997 年版。

［法］弗朗索瓦·利奥塔：《后现代状况：关于知识的报告》，岛子译，湖南美术出版社 1996 年版。

［法］雷蒙·阿隆：《社会学主要思潮》，葛智强、胡秉诚、王沪宁译，上海译文出版社 2005 年版。

［法］雷蒙·阿隆：《想象的马克思主义》，姜志辉译，上海译文出版社 2007 年版。

［法］卢梭：《论人与人之间不平等的起因和基础》，李平沤译，商务印书馆 2007 年版。

［法］卢梭：《社会契约论》，何兆武译，商务印书馆 2003 年版。

［法］路易·阿尔都塞：《哲学与政治：路易·阿尔都塞读本》，陈越编，吉林人民出版社 2003 年版。

［法］路易·阿尔都塞：《保卫马克思》，顾良译，商务印书馆 2006 年版。

［法］路易·阿尔都塞、［法］艾蒂安·巴里巴尔：《读〈资本论〉》，李其庆、冯文光译，中央编译出版社 2001 年版。

［法］路易·迪蒙：《论个体主义：对现代意识形态的人类学观点》，谷方译，上海人民出版社 2003 年版。

［法］米歇尔·福柯：《福柯集》，杜小真选编，上海远东出版社 2004 年版。

［法］萨特：《辩证理性批判》（上、下），林骧华等译，安徽文艺出版

社 1998 年版。

［法］萨特：《存在与虚无》，陈宣良等译，生活·读书·新知三联书店 2007 年版。

［法］雅克·德里达：《马克思的幽灵——债务国家、悼念活动与新国际》，何一译，中国人民大学出版社 2008 年版。

［加］查尔斯·泰勒：《本真性的伦理》，程炼译，上海三联书店 2012 年版。

［加］查尔斯·泰勒：《自我的根源：现代认同的形成》，韩震等译，译林出版社 2001 年版。

［捷］丹尼尔·沙拉汉：《个人主义的谱系》，储智勇译，吉林人民出版社 2009 年版。

［美］阿拉斯戴尔·麦金泰尔：《追寻美德：道德理论研究》，宋继杰译，译林出版社 2011 年版。

［美］阿里夫·德里克：《后革命时代的中国》，李冠男等译，上海人民出版社 2015 年版。

［美］本尼迪克特·安德森：《想象的共同体》，吴叡人译，上海人民出版社 2011 年版。

［美］查尔斯·霍顿·库利：《人类本性与社会秩序》，包凡一、王源译，华夏出版社 1989 年版。

［美］大卫·库尔珀：《纯粹现代性批判——黑格尔、海德格尔及其以后》，臧佩洪译，商务印书馆 2004 年版。

［美］丹尼尔·贝尔：《资本主义文化矛盾》，严蓓雯译，人民出版社 2010 年版。

［美］弗莱德·R. 多迈尔：《主体性的黄昏》，万俊人译，广西师范大学出版社 2013 年版。

［美］弗朗西斯·福山：《历史的终结及最后之人》，黄胜强、许铭原译，中国社会科学出版社 2003 年版。

［美］弗雷德里克·詹姆逊：《单一的现代性》，王逢振译，中国人民大学出版社 2009 年版。

［美］古尔德：《马克思的社会本体论：马克思社会实在理论中的个性和共同体》，王虎学译，北京师范大学出版社 2009 年版。

［美］汉娜·阿伦特：《马克思与西方政治思想传统》，孙传钊译，江苏人民出版社 2007 年版。

［美］汉娜·阿伦特：《人的境况》，王寅丽译，上海人民出版社 2009 年版。

［美］赫伯特·马尔库塞：《单向度的人》，刘继译，上海译文出版社 2006 年版。

［美］赫伯特·马尔库塞：《理性和革命：黑格尔和社会理论的兴起》，程志民等译，上海人民出版社 2007 年版。

［美］列奥·施特劳斯：《苏格拉底问题与现代性》，刘小枫编，彭磊、丁耘等译，华夏出版社 2008 年版。

［美］列奥·施特劳斯：《自然权利与历史》，彭刚译，生活·读书·新知三联书店 2006 年版。

［美］列奥·施特劳斯、［美］约瑟夫·克罗波西编：《政治哲学史》，李洪润等译，法律出版社 2009 年版。

［美］马克·里拉：《当知识分子遇到政治》，邓晓箐、王笑红译，新星出版社 2010 年版。

［美］马泰·卡林内斯库：《现代性的五副面孔：现代主义、先锋派、颓废、媚俗艺术、后现代主义》，顾爱彬、李瑞华译，商务印书馆 2002 年版。

［美］马歇尔·伯曼：《一切坚固的东西都烟消云散了：现代性体验》，徐大建译，商务印书馆 2003 年版。

［美］诺曼·莱文：《辩证法内部对话》，张翼星等译，云南人民出版社 1997 年版。

［美］乔治·H. 米德：《心灵、自我与社会》，赵月瑟译，上海译文出版社 2005 年版。

［美］乔治·麦卡锡：《马克思与古人：古典伦理学、社会主义和 19 世纪政治经济学》，王文扬译，华东师范大学出版社 2011 年版。

[美] 萨缪尔·亨廷顿：《变化社会中的政治秩序》，王冠华、刘为译，上海人民出版社 2008 年版。

[美] 萨缪尔·亨廷顿：《文明的冲突与世界秩序的重建》，周琪译，新华出版社 2010 年版。

[美] 萨缪尔·亨廷顿：《现代化：理论与历史经验的再探讨》，罗荣渠译，上海译文出版社 2003 年版。

[美] 斯蒂文·贝斯特、[美] 斯蒂芬·凯尔纳：《后现代理论》，张志斌译，中央编译出版社 2004 年版。

[美] 塔尔科特·帕森斯：《社会行动的结构》，张明德、夏翼南、彭刚译，译林出版社 2012 年版。

[美] 悉尼·胡克：《理性、社会神话和民主》，金克、徐崇温译，上海人民出版社 2006 年版。

[美] 阎云翔：《中国社会的个体化》，陆洋等译，上海译文出版社 2012 年版。

[美] 约瑟夫·列文森：《儒教中国及其现代命运》，郑大华、任菁译，广西师范大学出版社 2009 年版。

[美] 约瑟夫·熊彼特：《资本主义、社会主义与民主》，吴良建译，商务印书馆 1999 年版。

[美] 詹明信：《晚期资本主义的文化逻辑》，陈清侨等译，生活·读书·新知三联书店 1997 年版。

[美] 詹姆斯·施密特编：《启蒙运动与现代性》，徐向东、卢爱萍译，上海人民出版社 2005 年版。

[挪] 何美德、[挪] 鲁纳：《"自我"中国：现代中国社会中个体的崛起》，许烨芳等译，上海译文出版社 2011 年版。

[日] 石井伸男：《社会意识论》，王永昌译，中国社会科学出版社 2010 年版。

[斯] 斯拉沃热·齐泽克：《意识形态的崇高客体》，季广茂译，中央编译出版社 2002 年版。

[苏] 科恩：《自我论》，佟景韩等译，生活·读书·新知三联书店 1986

年版。

[希] 柏拉图:《理想国》,郭斌和、张竹明译,商务印书馆 1986 年版。

[希] 亚里士多德:《尼各马可伦理学》,廖申白译注,商务印书馆 2003 年版。

[希] 亚里士多德:《政治学》,吴寿彭译,商务印书馆 2009 年版。

[匈] 阿格妮丝·赫勒:《日常生活》,衣俊卿译,重庆出版社 2010 年版。

[匈] 阿格尼丝·赫勒:《现代性理论》,李瑞华译,商务印书馆 2005 年版。

[匈] 卢卡奇:《关于社会存在的本体论》(上、下),白锡堃、张西平、李秋零等译,重庆出版社 1993 年版。

[匈] 卢卡奇:《理性的毁灭》,王玖兴、程志民、谢地坤等译,江苏教育出版社 2005 年版。

[匈] 卢卡奇:《历史与阶级意识》,杜章智、任立、燕宏远译,商务印书馆 1999 年版。

[匈] 卢卡奇:《社会存在本体论导论》,沈耕译,华夏出版社 1989 年版。

[以] S. N. 艾森斯塔特:《反思现代性》,旷新年、王爱松译,生活·读书·新知三联书店 2006 年版。

[意] 艾伯特·马蒂内利:《全球现代化——重思现代性事业》,李国武译,商务印书馆 2010 年版。

[意] 安东尼奥·葛兰西:《狱中札记》,曹雷雨、姜丽、张跣译,中国社会科学出版社 2000 年版。

[意] 尼科洛·马基雅维里:《君主论》,潘汉典译,商务印书馆 1985 年版。

[英] 艾伦·麦克法兰:《现代世界的诞生》,管可秾译,上海人民出版社 2013 年版。

[英] 艾伦·麦克法兰:《英国个人主义的起源:家庭、财产权和社会转型》,管可秾译,商务印书馆 2008 年版。

[英] 安东尼·吉登斯:《历史唯物主义的当代批判》,郭忠华译,上海译文出版社 2010 年版。

[英]安东尼·吉登斯:《民族—国家与暴力》,胡宗泽、赵力涛译,生活·读书·新知三联书店2002年版。

[英]安东尼·吉登斯:《社会的构成》,李康、李猛译,生活·读书·新知三联书店1998年版。

[英]安东尼·吉登斯:《现代性的后果》,田禾译,译林出版社2011年版。

[英]安东尼·吉登斯:《现代性与自我认同》,赵旭东、方文、王铭铭译,生活·读书·新知三联书店1998年版。

[英]安东尼·吉登斯:《资本主义与现代社会理论——对马克思、涂尔干和韦伯著作的分析》,郭忠华、潘美凌译,上海译文出版社2007年版。

[英]安东尼·吉登斯、[英]克里斯多弗·皮尔森:《现代性——吉登斯访谈录》,尹宏毅译,新华出版社2001年版。

[英]安东尼·吉登斯等:《自反性现代化》,赵文书译,商务印书馆2001年版。

[英]保罗·霍普:《个人主义时代之共同体重建》,沈毅译,浙江大学出版社2010年版。

[英]边沁:《政府片论》,沈叔平等译,商务印书馆1995年版。

[英]伯尔基:《马克思主义的起源》,伍庆、王文扬译,华东师范大学出版社2007年版。

[英]戴维·弗里斯比:《现代性的碎片:齐美尔、克拉考尔和本雅明作品中的现代性理论》,卢晖临、周怡、李林艳译,商务印书馆2003年版。

[英]恩斯特·拉克劳、[英]查特尔·墨菲:《领导权与社会主义的策略——走向激进民主政治》,尹树广、鉴传今译,黑龙江人民出版社2003年版。

[英]弗里德里希·奥古斯特·冯·哈耶克:《通往奴役之路》,王明毅、冯兴元等译,中国社会科学出版社1997年版。

[英]哈耶克:《个人主义与经济秩序》,邓正来译,生活·读书·新知

三联书店 2003 年版。

［英］哈耶克：《致命的自负》，冯克利、胡晋华等译，中国社会科学出版社 2000 年版。

［英］霍布斯：《利维坦》，黎思复、黎廷弼译，商务印书馆 1985 年版。

［英］卡尔·波普尔：《开放社会及其敌人》（第一、二卷），陆衡等译，中国社会科学出版社 1999 年版。

［英］洛克：《政府论》（上、下），瞿菊农、叶启芳译，商务印书馆 1982 年版。

［英］麦克莱伦：《马克思传》，王珍译，中国人民大学出版社 2008 年版。

［英］齐格蒙特·鲍曼：《个体化社会》，范祥涛译，上海三联书店 2002 年版。

［英］齐格蒙特·鲍曼：《流动的现代性》，欧阳景根译，上海三联书店 2002 年版。

［英］齐格蒙特·鲍曼：《现代性与大屠杀》，杨渝东译，译林出版社 2011 年版。

［英］齐格蒙特·鲍曼：《现代性与矛盾性》，邵迎生译，商务印书馆 2003 年版。

［英］特里·伊格尔顿：《历史中的政治、哲学、爱欲》，马海良译，中国社会科学出版社 1999 年版。

［英］特里·伊格尔顿：《为什么马克思是对的》，李扬、任文科、郑义译，新星出版社 2011 年版。

［英］休谟：《休谟政治论文选》，张若衡译，商务印书馆 2010 年版。

［英］亚当·弗格森：《文明社会史论》，林本椿、王绍祥译，浙江大学出版社 2010 年版。

［英］亚当·斯密：《道德情操论》，蒋自强等译，商务印书馆 1997 年版。

［英］亚当·斯密：《国富论》（上、下），郭大力、王亚南译，译林出版社 2011 年版。

［英］约翰·B.汤普森：《意识形态理论研究》，郭世平等译，社会科学文献出版社2013年版。

［英］约翰·B.汤普森：《意识形态与现代文化》，高铦等译，译林出版社2012年版。

［英］约翰·密尔：《论自由》，许宝骙译，商务印书馆1959年版。

四 期刊论文

陈新汉：《论社会的自我批判——马克思社会自我批判思想引出的思考》，《学术交流》2008年第3期。

陈志刚：《马克思现代性批判的理论旨趣及其变革实质》，《哲学研究》2005年第9期。

陈志刚：《马克思现代性批判的逻辑演变》，《哲学研究》2011年第7期。

程家明：《社会自我批判与超越》，《江汉论坛》1995年第6期。

侯才：《"中国现代性"的追寻——对当代中国哲学发展主线的一种描述》，《哲学研究》2010年第4期。

李亚宁、王仲士：《关于马克思的社会自我批判的思想》，《四川大学学报》（哲学社会科学版）1995年第4期。

吕敬美：《马克思的社会有机体概念及其评价论意蕴——基于社会自我批判的思考》，《社会主义研究》2014年第3期。

吕敬美：《马克思的社会自我批判及其当代意义》，《上海行政学院学报》2013年第4期。

吕敬美：《马克思意识形态批判理论及其实践取向》，《求实》2013年第8期。

吕敬美：《权力、话语与意识形态有效性的内在关联》，《社会科学论坛》2013年第10期。

吕敬美：《现代性论域中的启蒙理性与志愿精神》，《中共福建省委党校学报》2013年第5期。

吕敬美、韦岚：《社会转型：现代化还是现代性——当代中国"社会转型"问题述评》,《山西师大学报》(社会科学版) 2013 年第 6 期。

彭富春:《现代性的意义》,《学术月刊》2001 年第 1 期。

彭富春:《中国现代性问题》,《厦门大学学报》(哲学社会科学版) 2000 年第 6 期。

谭清华、郭湛:《马克思的社会自我批判思想》,《中国人民大学学报》 2008 年第 5 期。

唐文明:《何谓现代性?》,《哲学研究》2000 年第 8 期。

王德峰:《马克思资本批判的原则高度》,《江苏社会科学》2005 年第 6 期。

吴晓明:《文明的冲突与现代性批判——一个哲学上的考察》,《哲学研究》2005 年第 4 期。

谢立中:《"现代性"及其相关概念词义辨析》,《北京大学学报》(哲学社会科学版) 2001 年第 5 期。

晏辉:《现代性语境下公共性问题的哲学批判》,《哲学研究》2011 年第 8 期。

仰海峰:《马克思社会批判理论的科学视界》,《哲学研究》1997 年第 8 期。

衣俊卿:《现代性的维度及其当代命运》,《中国社会科学》2004 年第 4 期。

俞吾金:《论马克思对德国古典哲学遗产的解读》,《中国社会科学》 2006 年第 2 期。

俞吾金:《资本诠释学——马克思考察、批判现代社会的独特路径》, 《哲学研究》2007 年第 1 期。

张传开、方敏:《马克思哲学视域下的现代性》,《哲学研究》2007 年第 1 期。

郑莉:《现代性论争的缘起、困境及出路》,《马克思主义与现实》2007 年第 1 期。

邹诗鹏:《马克思对现代性社会的发现、批判与重构》,《中国社会科学》 2009 年第 4 期。

五 外文文献

Ajit Roy, *Civil Society and Nation State: In Context of Globalisation*, Economic and Political Weekly, 1995.

Edited by Alistair Edwards & Jules Townshend, *Interpreting Modern Political Philosophy: From Machiavelli to Marx*, Palgrave Macmillan, Publishers, 2002.

Edited by Robert J. Antonio, *Marx and Modernity*, Blackwell Publishers, 2003.

Henri Lefebver, *Introduction to Modernity*, translated by Tohn Moore, Verso, 1995.

Jean L. Cohen, Andrew Arato, *Civil Society and Political Theory*, Press M. I. T, 1992.

Jean L. Cohen, *Class and Civil Society: The Limits of Marxism Critical Theory*, The University of Massachusetts Press, 1983.

John F. Rundell, *Origins of Modernity—The Origins of Modern Social Theory from Kant to Hegel to Marx*, The University of Wisconsin Press, 1996.

John Leonard, *Modernity*, Publishend by the Author, 1996.

Nancy. S. Love, *Marx, Nietzsche, and Modernity*, New York, Columbia University Press, 1986.

Norman Geras, *The Enlightenment and Modernity*, Macmillan Press Ltd, 2000.

N. Scott Arnold, *Marx's Radical Critique of Capitalist Society*, Oxford University Press, 1990.

R. F. Baum, *Doctors of Modernity: Darwin Marx and Freud*, Sherwood Sugden & Company, Publishers, 1988.

后　记

　　本书是在我的博士论文基础上修改而成的一部专著，是我问学途中的一个阶段性成果。2014年毕业以来，我曾希望找机会对论文进行大幅度调整。但是放了几年，由于手头的教学任务比较重，科研压力比较大，我并没有真正腾出手来修改论文。如此说来，似乎为自己的"拖延症"找到了些许借口。更重要的原因或许在于：虽然多年以来我并未真正展开论文修改，但是读书问学之际论文常常萦绕心间。一方面，对于论文的相关主题，我在致思理路上更加开阔，在学术积累上更加厚实。如果要重新调整该论文，那么恐怕要推倒重来，这对我来说是一个巨大的系统工程。另一方面，虽然对相关问题的看法已经更加成熟，但是我在论文中的主要观点并没有变化，整个概念框架在很大程度上仍然经得起推敲。因此，我竭力克制自己对"少作"的悔恨，打算尊重该论文的大致原貌，保留自己致思途中不无粗疏的论证，并将之推到读者面前。借此出版之机修改论文，我主要校对了引用文字和参考文献，调整了一些错漏之处，根据出版社要求对注释进行技术处理，对文字进行一定程度的润色。

　　回首当初，我之所以选择这个主题开展研究，主要是它关联着自己读书问学的生存境遇，即那些人事物所纠缠于其中、看似混乱不堪实则有规律可循的"真实现实"。诚然，这个流变不居的"真实现实"是我读书问学的存在论基础。更要紧的是，虽然每个人都生存在传统的掌心之中，但是时代的大潮向我们席卷而来，继而把我们冲向现代的旋涡。因此，一个棘手的问题逼迫着我去直面，即我们如何在这一从传统到现代的转型社会中安身立命。毋庸讳言，回答这个问题，我们需要深刻地把握个人与社会的关系问题，即在心性秩序和社会秩序之间寻找平衡，而不是简单地偏于任何一端。在今天看来，无论是作为政治意识形态的叙事策略，还是躲在书斋成一统的学术研究，从传统社会到现代社会的现代化都是不可回避的重要主题。这个重大的理论和实践的主题已经牵引着人们去寻找答案。对于我来说，寻找更多地呈现为一个读书问学的致思过程。这一过程是异常清苦的，如果没有那些恩惠，我就无法在身心的双线磨炼中坚持下来。

提及学术道路上的恩惠，特别需要感谢的是我的导师陈新汉先生。跟随先生问学六年——硕士期间三年加上博士期间三年，我的所获已远远超越技术性的写作训练。不管是硕士学位论文，还是博士学位论文，大到篇章架构，小到词句标点，都承载着先生的心力。先生治学之严谨，思考之缜密，创造之孤往敦促着我；先生为人之素朴，交流之真诚，关怀之备至感染着我。先生之为学，钻之弥深；先生之为人，仰之弥高。为人为学的风范在先生那里是融为一体的，这无疑深深地影响着我，并将伴我前行，催我进步。必须提及的是，先生古稀之年荣休以来，仍然不断拓展和深化自己的研究，笔耕不辍，时有高质量论文发表，这让我汗颜，也给我鼓舞。虽然先生有很多期望，但是我资质愚钝，对他的教诲的领悟也比较有限。长久以来，虽然我不甘于懒惰，但也绝没有拼命之精神。这导致我读书问学不求深思甚解，只是乐于循着一些问题去以学养思，尽量争取思学并举而已。先生更多地放任着我凭着自己的兴趣博观杂览，只是偶作提醒以让我认识到时间精力的有限性。不仅如此，先生和师母时常关心我的生活和学习，让我在上海的求学生涯增添了几缕温馨。

值得铭记的还有我的论文评阅专家（和答辩专家）复旦大学马克思主义学院顾钰民教授，复旦大学哲学学院邹诗鹏教授、冯平教授，上海财经大学人文学院鲁品越教授，上海大学哲学系王天恩教授、欧阳光明教授，上海社会科学院胡振平研究员，同济大学李占才教授，他们给予我莫大的鼓励甚至期待，同时也提出了一些建设性意见。前辈学者的鼓励、期待与意见，一定程度上给予了我学术进阶的勇气，厘清了我深化研究的方向。比如有学者认为，"这是一篇具有较强创见，并经过较为扎实的分析论证的博士学位论文"，"整个论文思路清晰，结构合理，论域丰富且有机，显示作者较为成熟的问题意识与哲学理论素养"。有学者认为，这是其"十几年来读到和评阅的最好的一篇博士论文，它的选题重要，论文设计恰当，构思严谨，阅读面广，且行文极为流畅，对自己观点的阐述大气"。有学者认为，该论文"初步建构了一个范畴体系。作者对哲学思想把握准确，对原著的理解深入，反映了作者深厚的马克思主义哲学根基"。有学者对我提出期待，愿我"直面中国社会主义实践的经验教训，写出一部更好的'中国现代性批判'的论著"。

在读书问学的道路上，我还得到如下老师的恩惠——吴德勤教授、宁莉娜教授、尹岩教授、朱承教授、彭学农副教授等老师，他们或者以授课的形式来滋养我的思考，或者给我学习上、生活中的关心和鼓励。必须提及的是，组织跨院系的康德读书会和黑格尔读书会的彭立群副教授、肖瑛教授、刘友古副教授等老师，他们给我的指导和帮助是一种思想的馈赠，无疑刺激并拓展着我的运思。运思之颤栗更多地源于那无限敞开的生活世界，要感谢那些与我照面并构成我的日常生活的人们，特别是钱一栋、顾丹童、赵庆伟等读书会的重要参与者，孔祥旭、李兆山、陈广龙、曾琰、刘波亚等硕博士研究生期间的同学，黄全利、秦中亮、易永谊等伟长湖畔的室友，贺平海、罗诗钿、原魁社、师震、赵小丹、韦岚、朱英杰、李金桐、刘旭等同门师兄弟妹，与他们的交流都是愉快、美好而有所助益的。自从来到贵州师范大学工作，我得到学校和学院领导的关心和鼓励，特别是欧阳恩良教授、唐昆雄教授；不仅如此，与邓雄雁博士等同事之间的愉快交流，也让我颇受教益。在修改书稿的过程中，我的研究生杨琴珍和雷东东都指出了一些文字和标点上的问题，也一并致谢。还需感念的是，该论文能在备受广大学人青睐的中国社会科学出版社出版，不仅得到贵州师范大学2014年博士科研启动项目的支持，还得到贵州师范大学马克思主义学院的资助。中国社会科学出版社的田文老师及其编辑团队热情、严谨而专业的工作，也让我十分钦佩。

必须提及的是，家人对我一如既往的关心、理解和支持。父母的含辛茹苦促使我在问学路上孜孜以求，他们的默默付出、淳朴善良是对素朴人生的最好诠释，也让我懂得平凡作为生活底色的深远意义。弟弟和妹妹比我较早地离开学校，并早早地尝到社会生活的不易，但一直支持和鼓励我。不能落下的是，岳父岳母对我们的关心和支持，特别是岳母曾帮我们照顾小孩，让我更多专注于工作而少了些后顾之忧。我与爱人在上海大学相遇和相恋，一起徜徉于图书馆的书林之中，一起散步于风景幽美的伟长湖畔，一起出没于熙熙攘攘的学校食堂。从上海到贵阳，我们一起分享阅读中的愉悦，克服生活中的困难，疏解学业上的压力，相互激励以共同成长，携手并进，所有这些无疑是美好的。在繁重的工作和学习之余，她勤于料理家务，辅导孩子，让我的教学研究平添了几分淡定和从容。

写作和修改博士学位论文的过程是无比艰辛的，大概可以用"如鱼饮水，冷暖自知"来形容。在写作论文之前，我曾约法八章以聊作对自己的要求。现摘其部分于此，立此存照："其一，对困难的揭示和解决本身体现思考的深度。因此，应全力揭示论文可能出现的困难，并想办法解决之。其二，朴素是问题中人的一种品质。在不影响思想深刻性的前提下，语言拒绝晦涩，而应力求简洁流畅。其三，不写多余的言词，也不以大词吓唬人。为了不影响论文前后的连贯性，必要的说明可以在注释中展开，但不宜过多。借此，必要时可以从既定的写作体制之中逃逸出来。其四，在思想淡出、学术凸显的写作体制中应保持克制。每一页的引证最好不能多于五个，自己能表达的观点无需注释以标榜自己博学。其五，写作是照亮自己平日所学，使思考得以澄明，是在思想的因缘背景中进行的，因此应在交流中更多地激活自己往常所得。"至于自己是不是达到了上述要求，口说无凭。我只不过是努力为之，虽不能至，心向往之。

毕业以后，该论文曾入选2015年"上海市马克思主义理论学科研究生人才培养登峰计划"，是入选的四篇博士学位论文之一。学无止境，我深知撇去那些肯定、鼓励甚至溢美之词，该书仍有不少薄弱之处，比如原理化的冲动强劲，经典文本的基础相对较"薄"，需要引入更多思想史、社会理论的学术资源，如此等等。多年来，我愈是结识更多前辈学者和同辈中人，愈是感到自身学力尚浅。因此，按照自己的学术规划，参考前辈的研究建议，我一直在继续发力。比如，在北京大学社会学系杨善华教授的指导下作访问学者，在复旦大学哲学学院邹诗鹏教授的指导下做博士后研究，带贵州师范大学马克思主义学院研究生阅读经典文本，我不仅开阔了学术研究的理论视野，还提高了文本解读的看家本领，更加强了通过概念史进路展开马克思主义研究的想法。真心希望我在未来不断取得为人的成长和为学的进步，能够抵偿那些过往的序章。敬请有缘读到此书的各位前辈学者、同辈中人和青年后生不吝赐教！

原稿于 2014 年 5 月底于上大伟长湖畔
定稿于 2022 年 12 月初于贵阳阳明祠旁